A Ostra e a Pérola

Coleção Estudos
Dirigida por J. Guinsburg

Equipe de realização – Edição de texto: Lilian Miyoko Kumai; Revisão de provas: Eloísa Graziela Franco de Oliveira; Sobrecapa: Sergio Kon; Produção: Ricardo Neves e Raquel Fernandes Abranches.

Sobrecapa: Lívia Bennet, em *De Água e Sal*, do grupo Barisah. Foto de Mila Petrillo

Adriana Dantas de Mariz

A OSTRA E A PÉROLA
UMA VISÃO ANTROPOLÓGICA DO CORPO NO TEATRO DE PESQUISA

PERSPECTIVA

Dados Internacionais de Catalogação na Publicação (CIP)
(Câmara Brasileira do Livro, SP, Brasil)

Mariz, Adriana Dantas de
A ostra e a pérola: uma visão antropológica do corpo no teatro de pesquisa / Adriana Dantas de Mariz. – São Paulo: Perspectiva, 2008. – (Estudos; 237 / dirigida por J. Guinsburg)

Bibliografia
1a. reimpr. da 1. ed. de 2007
ISBN 978-85-273-0780-2

1. Corpo humano 2. Teatro – Aspectos antropológicos 3. Teatro – História e crítica I. Guinsburg, J. II. Título. III. Série.

07-0908				CDD-306.484

Índices para catálogo sistemático:
1. Antropologia teatral : Cultura : Sociologia   306.484

1ª edição – 1ª reimpressão

Direitos reservados à
EDITORA PERSPECTIVA S.A.

Av. Brigadeiro Luís Antônio, 3025
01401-000 São Paulo SP Brasil
Telefax: (011) 3885-8388
www.editoraperspectiva.com.br

2008

Sumário

AGRADECIMENTOS XI
TEATRO SELVAGEM – *Adauto Novaes* XVII
INTRODUÇÃO XXIII

1. ALGUMAS CONSIDERAÇÕES SOBRE O TEATRO
   NO OCIDENTE 1

   O Conceito de Teatro 1
   Da Liminaridade do Ator e do Ator como Construtor
   de Pontes 7
   Origens Rituais do Teatro 13
   O Teatro no Século XX 18
   Centros de Pesquisa Teatral: Em Busca da Unidade Perdida ... 26

2. ODIN TEATRET: FUNDANDO UMA TRADIÇÃO 41

   Eugenio Barba: Um Mestre do Olhar 41
   Um Barco Chamado Odin Teatret 49

3. A ISTA COMO RITUAL DE INICIAÇÃO
   À ANTROPOLOGIA TEATRAL 69

   Teatro e Antropologia 69
   O que Vem a Ser a Antropologia Teatral 76
   A Ista 82
   VIII Sessão da Ista: Londrina 85
   Um Dia na Ista 90
   A Ista como Ritual de Passagem 99

4. O ATOR: DUPLO MARGINAL DE DOIS MUNDOS 105

   Grotowski: Ator Santo e Ator Cortesão 105
   A Experiência de Pontedera: A Arte como Veículo. 114
   Antunes Filho: O Ator Shivaíta e a Nova Teatralidade 132

5. A CONSTRUÇÃO DO CORPO SEGUNDO
   A PERSPECTIVA DA ANTROPOLOGIA TEATRAL 155

   O Campo da Pré-Expressividade 155
   Pólo Norte e Pólo Sul 160
   O Treinamento do Ator 163
   Um Dia de Treinamento: Bahia 171
   O Significado dos Exercícios 184
   A Construção do Corpo e a Transmissão do Saber 186
   Em Busca da *Téssera* Perdida 200

6. A OSTRA E A PÉROLA: UMA ANATOMIA DO ATOR 207

7. A NEVE POR SOBRE A ESCADA 217

   BIBLIOGRAFIA 223

*A meus pais, Mabel e Antonio Mariz,
com quem aprendi o amor pelos livros,
pela arte e, principalmente, pelas pessoas*

A minha irmã e companheira, Luciana

*As minhas avós, Mabel e Noemi,
queridas interlocutoras, na vida e na arte*

A Mariana e Manuela, por toda a alegria

A Beluco, que tanto me ensinou

e

*A todos os mestres que acompanharam
este trabalho*

Agradecimentos

Originalmente uma dissertação de mestrado, defendida em dezembro de 1998, no Departamento de Antropologia (DAN) da Universidade de Brasília (UNB), este livro é fruto de muitos diálogos, encontros, viagens, amizades. De forma que seria praticamente impossível agradecer a todos aqueles que, direta ou indiretamente, contribuíram para sua concretização – e, no entanto, eles são parte integrante dele.

Agradeço a José Jorge de Carvalho, meu orientador, pelas observações precisas e sempre oportunas, que contribuíram para enriquecer este estudo.

À Coordenação de Aperfeiçoamento de Pessoal de Nível Superior (Capes), de quem fui bolsista e cujo financiamento viabilizou parte da pesquisa.

À banca examinadora, composta por Lia Zanotta Machado e Maria da Glória Veiga Moura, pelas valiosas sugestões e críticas recebidas.

Aos meus professores, em especial a Myréia Suarez e a Alcida Rita Ramos, primeiras guias na aventura antropológica, e aos funcionários do DAN, na pessoa de Rosa Venina Macêdo Cordeiro. Meu reconhecimento também aos colegas da Catacumba, pela amizade e apoio incondicional.

A Eugenio Barba, por sua atenção e generosidade. Aos atores do Odin Teatret, especialmente a Iben Nagel Rasmussen, cuja arte me mostrou o que significa sentir uma emoção no estômago.

A Antunes Filho, pela forma atenciosa com que me recebeu para uma entrevista no Sesc, em São Paulo, e por sua profunda gentileza em ceder as fotos que ilustram o capítulo referente ao seu trabalho. Agradeço também a Jucimara Serra, secretária do CPT, por sua indispensável colaboração.

Minha gratidão ao ator Thomas Richards – colaborador de Jerzy Grotowski –, que me possibilitou assistir a *The Action* (A Ação), desenvolvida pelo Workcenter de Pontedera, Itália, de importância fundamental para este estudo.

Aos professores Marco de Marinis e Patrice Pavis, das universidades de Bolonha e de Paris VIII, respectivamente, pelas valiosas observações e indicações bibliográficas sobre a Antropologia Teatral.

Aos fotógrafos Randal Andrade, Emidio Luisi, Carlos Rennó, Paulo Henrique de Carvalho e Mila Petrillo, pela cessão de imagens que integram este livro.

Aos amigos Eliana Marra, Ronaldo Simões Coelho, Iracema e Oscar B. Marra, pelo carinho e generosidade com que, juntamente com sua família, me acolheram durante as entrevistas de campo em Belo Horizonte.

Agradeço especialmente a Evandro Salles, pelo apoio e incentivo carinhosos, e a Adauto Novaes, Sônia Portella, Flávia Lima e Alves, Patrícia Messemberg, Rob Miller, José Flores, Leo Sykes, Luciana Aires Mesquita e Patrícia Rodrigues, pela inestimável colaboração nas diversas etapas deste trabalho.

Aos amigos que estiveram mais próximos e cujo apoio e estímulo foram fundamentais na travessia: Thelma Rebello, Wellington Coelho [Leto], Adriana Mandarino, Débora Messemberg Guimarães, Lucialice Cordeiro, Kátia Loureiro, Izabela Campos, Rosane Stuckert, Ana Maria Gondim, Santinha, Maione Queiroz, Leu, João Vianney, Tião Viana, Valéria Rodrigues Motta, Osmir L. de Moraes, Isabela Beluco, Marcelo Beluco, Alex Haidar, Alessandra Arraes, Ana Regina Dantas, Jacinto Dantas, Tatiana Mariz, Patrícia Dantas e Gilson Dantas.

Aos colegas de teatro, com quem compartilho o prazer e as agruras do ofício. Em especial, a Rita de Cássia de Almeida Castro (pela inestimável e sempre enriquecedora colaboração), Bidô Galvão, André Amaro, Cesário Augusto e meus companheiros da Cia. dos Sonhos, com quem tenho vivido mais de perto e intensamente a aventura da pesquisa e do teatro. Ao meu mestre e diretor Hugo Rodas, quem me iniciou nos segredos do ofício. Aos diretores Dácio Lima e Ivan Garrido. Aos alunos-bolsistas do projeto de pesquisa *Ator: Ofício e Tradição – Em Busca de uma Identidade*, cuja parceria foi extremamente rica e inspiradora.

A Antonio Beluco Marra, pelo apoio e companheirismo incondicionais durante essa longa jornada e pela leitura crítica das várias versões deste trabalho.

Aos meus pais, Mabel e Antonio Mariz, meus primeiros mestres, por ladrilhar o caminho. A minha irmã, Luciana Mariz, e ao meu cunhado, Hélio Meira de Sá, pelo carinho e pela infindável disposição em me socorrer em qualquer circunstância.

A Prem Baba, por me ensinar o caminho de volta.

Agradeço, por fim, aos atores, diretores e professores entrevistados, cujo discurso poético fez de suas entrevistas um prazer inenarrável, pela receptividade e atenção com que se dispuseram a colaborar com esta pesquisa.

Porque a maçã contém uma semente
Crescerá, viva e extensa alegria
Em florescente árvore de frutos
Pela eternidade e mais um dia.

AUDEN

Teatro Selvagem

Ao ler *A Ostra e a Pérola*, uma estranha potência nos interpela e põe em questão duas admiráveis certezas: nossa visão de mundo e nossa idéia de teatro. O olhar da antropóloga procura, de maneira incessante, decifrar o olhar do outro. Com esse gesto, o seu olhar crítico abre novos caminhos para ela e para seus leitores; o olhar da atriz, em diálogo muitas vezes silencioso com o outro, constrói um mundo de imagens, idéias e sentimentos, que ganham expressão no teatro. O livro é, pois, o entrecruzamento da teoria e da experiência: sabe-se que aquele que observa sem idéia observa em vão, da mesma maneira que aquele que procura a idéia longe da coisa acaba por arruinar o pensamento. Alain, filósofo francês e autor do clássico *Système de beaux-arts*, observa que a percepção pede a presença do entendimento e da observação, que ordenam melhor as aparências, e dá um exemplo do trabalho do pensamento que nos ajuda a descrever as idéias de imanência propostas pelo ensaio de Adriana Mariz:

> As aparências celestes estão bem distantes desta ordem que se vê em um tratado de cosmografia. Mas a gente se enganaria se pensasse que as idéias estão apenas no tratado sem a presença da coisa percebida. O movimento das estrelas dia a dia, o deslizamento da lua para leste, o deslizamento mais lento do sol... tudo isso muitas vezes oculto por nuvens, sempre em parte invisível pela luz do sol, nada deixaria claro à memória sem um sistema de formas invisíveis em relação ao qual tudo se ordena e se mede... A tudo isso responde uma outra geometria da mão do artesão.

Para descrever a geometria do teatro, a autora traz à discussão o conceito de Antropologia Teatral, o trabalho do ator como "marginal de dois mundos" e a idéia de corpo. Desvenda os mundos de Grotowski, Eugenio Barba e Antunes Filho para concluir com uma engenhosa anatomia do ator. Em *A Ostra e a Pérola*, a criação teatral é analisada como o ato que nos faz sair de nós mesmos, uma exigência do olhar "que destrói o mundo visível para criar uma nova visão de mundo", recompõe seus sonhos no "momento mesmo em que são narrados".

A tradição costuma opor antropologia e teatro, como se o rigor e o trabalho do intelecto de um não pudesse coexistir com a emoção criadora dos dramas, tragédias e comédias do outro. A fragmentação do pensamento, a indiferença das trocas e a racionalidade técnica tendem a aprofundar arbitrariamente essas oposições, enfraquecendo o trabalho do antropólogo e do artista. Um dos grandes poetas do seu século, que também foi um filósofo rigoroso, escreveu:

se o lógico fosse apenas lógico, jamais seria nem poderia ser um lógico; e se o outro fosse apenas poeta sem a mínima esperança de abstrair e raciocinar, jamais deixaria vestígio poético. Penso sinceramente [conclui Paul Valéry] que se cada homem não pudesse viver uma quantidade de outras vidas além da sua, não poderia viver a própria vida.

A inteligência do livro consiste em nos advertir que nenhum dos dois olhares é plenamente realizável isoladamente. Realizável, no entanto, foi a junção apaixonada da experiência sensível com o trabalho intelectual proposta pela autora. Estamos, portanto, diante de uma tentativa exemplar de relação do pensamento antropológico com a experiência artística. Mas o que interessa Adriana Mariz, atriz e antropóloga, não é mostrar apenas a relação da antropologia com a arte, duas de suas paixões, mas sim o movimento que vai de uma a outra. E é exatamente a idéia de movimento que torna mais difícil ainda o trabalho de quem se propõe a escrever sobre este ensaio, em particular se quem escreve jamais participou da experiência teatral e tem com a antropologia apenas a experiência da leitura, portanto dois olhares presentes e ausentes ao mesmo tempo. Mas isso é parte da provocação da autora: estrangeiros, somos convidados a participar de um novo campo de relações não apenas como espectadores de um teatro mudo, mas também como atores em movimento do teatro do mundo. É por isso que ninguém lê este livro impunemente: ele é uma justa medida do que existe entre nós e o mundo imaginário. Uma leitura atenta nos leva, pois, a interrogar o mundo prosaico e a desejar um novo olhar.

Se colocamos em evidência a idéia do olhar, é porque ele é fio que conduz toda a reflexão do ensaio. Ele nos remete, ainda que de maneira indireta, a Jean Starobinski, que escreve em *L'oeil vivant*: o olhar é menos a faculdade de recolher imagens e mais a de estabelecer uma relação. Mas essa nova relação expõe um eterno paradoxo: o espaço visível atesta, ao mesmo tempo, nossa "potência de descobrir e nossa impotência de realizar" inteiramente nossas imagens, o que transforma cada um de nós, leitores, em um potencial inimigo do que é imediatamente visível, sem, no entanto, arruinar, com nossa impaciência, "todo o admirável teatro da visão" primeira. A autora mostra que isso vale também para a experiência teatral.

O título do livro, *A Ostra e a Pérola*, nos intriga. Ele nos leva a pensar em um texto célebre do pensamento estético e filosófico moderno, *L'homme et la coquille*, de Paul Valéry: nele, vemos de que maneira as obras de arte e as obras de pensamento se diferenciam da desordem ordinária do conjunto das coisas sensíveis: as obras de arte são para nós objetos privilegiados "mais inteligíveis à vista, ainda que mais misteriosos para a reflexão do que todas as outras obras que vemos indistintamente". Diante da "obra de arte" da natureza – a ostra –, tendemos, segundo Valéry, à pergunta ingênua: "quem, pois, fez isso?" A pergunta perde a ingenuidade se atribuímos a fabricação de obra não à natureza, mas ao homem e se pomos em evidência a idéia do *fazer*, que é "a primeira e a mais humana" das idéias.

Certa vertente da antropologia tende a uma distinção radical e incomunicável entre natureza e sociedade que, de alguma maneira, a Antropologia Teatral põe em questão. Uma visão apressada diria que a ostra simboliza a natureza em oposição ao artifício construído pelo homem. Mas a primeira ação do texto de Adriana consiste em desmontar essa dicotomia, ao mostrar que existe uma relação carnal, corporal, do homem com a natureza e o mundo, que se expressa por meio da obra de arte, no caso o teatro. Vemos que a cisão efetiva da sociedade em relação à natureza é uma ilusão: a natureza nos fabrica tanto quanto nós a fabricamos. É certo que devemos ficar atentos a todas as nuanças dessa "identidade": se podemos atribuir à natureza uma "imaginação" que não é infinitamente diferente da nossa, como escreve Valéry, entretanto devemos reconhecer não só tudo aquilo que há de não-humano na natureza, o que nos desconcerta, mas também tudo o que existe nela de humano que se faz compreender pelos homens. O homem, portanto, faz corpo com a natureza e nisso as idéias da autora aproximam-se muito das de Merleau-Ponty, que propõe uma volta ao "Espírito selvagem e ao Ser bruto", anterior à constituição das dicotomias sujeito/objeto, natureza/sociedade, corpo/espírito, consciência/mundo. Com espírito selvagem, Merleau-Ponty quer dizer a práxis do homem que quer e pode alguma coisa, aquilo que Valéry define como "potência de transformação". O Ser bruto é o ser da indivisão. Voltar ao espírito selvagem e ao ser bruto é voltar ao pensamento anterior a toda divisão e à retomada do "momento originário" da criação. Em síntese, tornar novamente selvagem o mundo domesticado. Em uma nota de trabalho do seu livro *O Visível e o Invisível*, Merleau-Ponty escreve: "O Ser é o que exige de nós criação para que dele tenhamos experiência [...] Filosofia e arte juntas não são fabricações arbitrárias no universo da cultura, mas contato com o ser justamente enquanto criações". O mesmo pensamento é desenvolvido pelo mais ilustre dos antropólogos. Para Lévi-Strauss, a ambição primordial do etnólogo consiste em "voltar sempre às fontes": "O homem só cria algo de verdadeiramente grande no começo; em qualquer domínio, apenas a primeira *démarche* é integralmente válida". Em síntese, voltar a uma concepção porosa do mundo, que não é "opaco e fechado sobre si mesmo", fecundar o mundo com a criação, dar ao gesto humano novos significantes, além da simples existência do fato, "inaugurar um sentido", e que cada um deles seja um começo ou uma retomada do que foi dito e feito pelos antecessores, "como aliado ou cúmplice de todas as outras tentativas de expressão".

Para falar da Antropologia Teatral, Adriana faz um enorme alargamento do conceito de natureza, vista como histórica; em cada período da história constituímos um estado de natureza e tudo o que a define: sensibilidade, valores, percepção etc. Tudo o que se realiza do ponto de vista do saber e da criação envolve necessariamente o corpo e o mundo no qual se vive. Entrar no mundo do outro (corpo e espírito juntos) para desconcertar as próprias idéias, ser surpreendido pelo outro como forma de desestruturar a ordem estabelecida. É a partir dessa visão que a autora analisa a experiência do teatro de pesquisa, que busca novas dimensões para o teatro, novas linguagens que se opõem às positividades sedimentadas. É a partir das idéias e não com idéias, como pretende o teatro clássico, que o teatro de pesquisa constrói a história.

> O que faz de uma obra de arte algo insubstituível e mais do que um instrumento de prazer [escreve Merleau-Ponty em *A Prosa do Mundo*] é que ela é um órgão do espírito, cujo análogo se encontra em toda obra filosófica e política, se forem produtivas, se contiverem não idéias, mas *matrizes de idéias*, emblemas cujo sentido jamais acabaremos de desenvolver, justamente porque elas instalam em nós e nos instalam num mundo cuja chave não possuímos [...] O que julga um homem – artista, filósofo, político – não é a intenção nem o fato, mas que tenha conseguido ou não passar os valores nos fatos. Quando isso acontece, o sentido da ação não se esgota na situação que foi sua ocasião, nem em algum vago juízo de valor, mas ela permanecerá exemplar e sobreviverá em outras situações, sob uma outra aparência. Abre um campo, às vezes institui um mundo e, em todo caso, desenha um porvir.

Ao dizer que a obra de arte é órgão do espírito ("potência de transformação"), que não é idéia, mas matriz de idéia, Merleau-Ponty quer afirmar que a arte não é feita com "discurso interior" ou imagens, mas com linguagem. Valéry conta que Degas às vezes escrevia versos, mas que encontrava grandes dificuldades nesse trabalho acessório à pintura. Certa vez ele disse ao poeta Mallarmé: "Seu trabalho é infernal.

Não consigo fazer o que quero apesar de estar cheio de idéias [...]".
Mallarmé respondeu: "Não é com idéias, meu caro Degas, que se faz versos. É com *palavras*".

Como a poesia, o teatro é uma arte da linguagem. A exemplo das formas da astronomia citadas por Alain, a invenção de linguagens teatrais que lemos neste belo ensaio, *A Ostra e a Pérola*, dá sentido novo às aparências do mundo.

Adauto Novaes

Introdução

O antropólogo é um ser habituado a transitar entre dois mundos: o seu próprio e o dos grupos com os quais trabalha como pesquisador. A constante dialogia entre o *eu* e o *outro* faz parte de seu ofício, e grande parte do seu esforço intelectual, de sua formação, é dedicada aos problemas e questões que surgem desse confronto permanente com a alteridade. Confronto que, mesmo intermediado por regras, está sujeito ao imponderável, às ambigüidades da linguagem. Não bastasse isso, o antropólogo vê-se ainda diante da difícil questão de *como* transmitir a mensagem que lhe foi, de certa forma, confiada.

Vincent Crapanzano[1] aponta para a semelhança existente entre Hermes, o mensageiro grego, e o antropólogo, no sentido de que ambos transitam entre dois desejos, o daquele que envia a mensagem e o daquele que a recebe. Emissor e receptor tentam seduzir o mensageiro. O primeiro, para enviar sua mensagem, o segundo, para receber a mensagem que deseja. No entanto, o antropólogo se diferencia de Hermes, na medida em que é, ele próprio, "um mensageiro à procura de uma mensagem".

Nesse sentido, ao buscar uma *mensagem* que pudesse ser analisada à luz da antropologia, me vi diante de um dilema particular, pois o tema escolhido, a Antropologia Teatral, impõe uma mudança no foco da alteridade, no sentido de que diz respeito à minha própria cultura,

---

1. V. Crapanzano, The Self, the Third, and Desire, *Hermes's Dilemma & Hamlet's Desire:* on the epistemology of interpretation, p. 70-90.

já que, além de antropóloga, sou também atriz. O desafio passa a ser o de estranhar aquilo que é familiar e que, de certa forma, já foi naturalizado, ou seja, *o outro* em *mim*. Sendo assim, enquanto mensageira, me encontro na difícil posição de "um duplo marginal, alienado de dois mundos"[2], transitando entre o desejo de dois grupos que me são familiares: de um lado, o dos atores teatrais e, do outro, o dos antropólogos. Este livro seria, assim, uma espécie de barca que, espero, possibilite a travessia.

O olhar antropológico está longe de ser um olhar imparcial. Construído ao longo de uma tradição de grandes pesquisadores, é permeado pelas idéias do seu tempo, por motivações socioculturais, políticas e psicológicas e, por que não dizer, às vezes, poéticas. Tanto quanto as sociedades que estudamos, estamos marcados e comprometidos com as idéias, os conceitos e os preconceitos do nosso tempo. Geertz[3] coloca uma questão interessante a esse respeito, ao afirmar que bastaria saber o que o antropólogo pensa que é um "selvagem"[4] para obter a chave de sua obra. Do mesmo modo, saber o que o antropólogo pensa de si mesmo torna possível imaginar o tipo de coisas que dirá sobre a comunidade que está estudando. Aquilo que chamamos de nossos dados, diz ele, são, na realidade, nossa própria construção a respeito das construções de outras pessoas[5]. Em sua opinião, portanto, "toda etnografia é em parte filosofia e em parte confissão"[6]. Este trabalho não foge à regra.

Meu interesse pela tribo do teatro não difere, em sua origem, do senso comum da maioria das pessoas: os jogos dramáticos, as brincadeiras de circo, o imaginário que povoa a infância. Sobretudo, o brincar de *ser* e *não ser*, o *faz de conta que eu era...*, a possibilidade de criar outras realidades, de experimentar outras peles, outras sensibilidades, que não a sua própria. Em suma, *a aventura do outro em si mesmo* me

2. Em sua clássica definição sobre a liminaridade vivida pelo antropólogo, Evans-Pritchard afirma que: "Talvez seja melhor dizer que o antropólogo vive simultaneamente em dois mundos mentais diferentes, que se constroem segundo categorias muitas vezes de difícil conciliação. Tornamo-nos, ao menos temporariamente, uma espécie de duplo marginal, alienado de dois mundos" (E. E. Evans-Pritchard, *Bruxaria, Oráculos e Magia entre os Azande*, p. 303).

3. C. Geertz, The Cerebral Savage: on the work of Claude Lévi-Strauss, *The Interpretations of Cultures*, p. 287.

4. O termo *selvagem* designava os indivíduos pertencentes àquelas sociedades que, à época de Geertz, eram consideradas "primitivas", e constituíam o principal objeto de estudo da antropologia. Tais conceitos caíram em desuso, na medida em que os próprios etnólogos se deram conta de que, na verdade, tratava-se de uma visão de mundo eurocêntrica e colonialista. De modo que, à semelhança dos gregos, para quem todo estrangeiro era bárbaro, para os antropólogos euro-americanos de então, quem não pertencia à sua cultura, "civilizada", era tido como "selvagem".

5. C. Geertz, Uma Descrição Densa: por uma teoria interpretativa da cultura, *A Interpretação das Culturas*, p. 19.

6. Idem, p. 287.

levou a buscar, aos quatorze anos, minha primeira experiência com o teatro amador. Minha relação com essa arte, como atriz, vem, pois, desde essa época. Inicialmente, como fruto de uma curiosidade e, mais tarde, como objeto de curiosidade. Foi, talvez, o mesmo desejo, a mesma fascinação pela alteridade, pelo diferente do familiar, do cotidiano, que me levou, tempos depois, à antropologia. O anseio de ver no Mundo outros mundos, plurais e igualmente interessantes.

O teatro e a antropologia têm essa característica em comum: partem do encontro com o outro. Ambos, antropólogo e ator[7], lidam com a alteridade e são mensageiros à procura de uma mensagem. Debatem-se, na tentativa de encontrar a forma ideal de captar e de transmitir as mensagens que lhes são confiadas. De certa maneira, ambos são detentores de um *texto* que deve ser passado adiante, que deve ser comunicado a um público. A eficácia da compreensão depende, em grande parte, do modo como esse é transmitido.

O encontro com a alteridade, que marca o teatro e a antropologia, é intermediado por regras que, sendo ao mesmo tempo objetivas e subjetivas, variam de acordo com o contexto. Tanto o ator, como o antropólogo, recebe um treinamento específico que o capacita para o seu ofício. Eles são preparados para lidar com a alteridade, seja ela um personagem, um espectador ou um interlocutor de determinado grupo. O que difere em seu contato com o outro é que o ator é observado, ao passo que o antropólogo observa. Claro que o ato de observar, assim como o de ser observado, engendra uma contrapartida. Aquele que observa também é objeto de observação e vice-versa. Pode ocorrer, ainda, uma mudança no foco da alteridade, um deslocamento em relação ao sujeito, no sentido de que o *eu* e *o outro* passam a ser o mesmo – *o outro em mim*.

Esse estranhamento de si mesmo parece ser uma tendência tanto na antropologia quanto no teatro. São cada vez mais numerosos os estudos etnográficos nos quais o antropólogo discorre sobre aspectos de sua própria cultura, ou próximos a ela. Banais ou relevantes, esses trabalhos fazem surgir novas questões epistemológicas e metodológicas. Se, de um lado, a ponte semântica se torna mais fácil, de outro, é muito mais difícil, porque os termos e as categorias usados pelo interlocutor são os mesmos de que se utiliza o etnógrafo, o que pressupõe um estranhamento do que é familiar, do que já foi "naturalizado" por este enquanto

---

7. Utilizo o termo ator em sua acepção mais comum, aquela constante dos dicionários: "Agente do ato. Aquele que representa em peças teatrais, filmes e outros espetáculos; comediante, intérprete; artista." (A. B. H. Ferreira, *Novo Aurélio Século XXI: o dicionário da língua portuguesa*). Sendo assim, as palavras comediante e intérprete, quando utilizadas no texto, terão também essa significação. As discussões que porventura possam surgir em relação à distinção que certas escolas de teatro fazem entre esses termos não serão priorizadas aqui, apesar de uma ou outra referência aparecer, quando necessária, ao longo do texto.

ator social, enquanto pessoa. Ao passo que, diante de uma alteridade radical, o estranhamento é um dado objetivo, quase "natural".

No caso específico do teatro, há uma tendência, bastante difundida entre os grupos de pesquisa, de colocar o ator no centro da representação, fazendo dele o objeto central de suas investigações. O ator é visto como um ator-pesquisador, cujo objeto de estudo é ele próprio, em "estado de representação". Em alguns desses centros de pesquisa o ator assume tamanha importância que a platéia deixa de ser fundamental, podendo, até mesmo, ser descartada – conforme se observa no trabalho desenvolvido pelo diretor teatral Jerzy Grotowski, discutido no capítulo 4. Poder-se-ia perguntar se o teatro existe sem platéia, já que sua essência, até hoje, sempre residiu no encontro, na dicotomia palco/platéia, ator/espectador. Em que pese a polêmica que a linha de pesquisa do mestre polonês suscita, o objetivo deste estudo não é dar respostas a esse tipo de questão, mas sim observar mais de perto a figura do ator-pesquisador; esse ser sincrético, "duplo marginal, alienado de dois mundos", que une o universo do sensível, da arte, com o da ciência, da razão. Trata-se de um tema amplo, e é prudente fazer um recorte.

Desejo mostrar como esses atores, à medida que desenvolvem uma técnica corporal, constroem uma noção de corpo que pode ser lida como uma espécie de gramática simbólica, de mapa semântico, que revela uma cosmogonia de grupo. Nessa perspectiva, o corpo é visto como uma espécie de *tout*, à maneira de Marcel Mauss, no sentido de que constitui a especificidade, o eixo principal em redor do qual a maioria dos grupos de pesquisa não apenas se articula, mas se torna inteligível. O ator constrói uma nova anatomia – simbólica – do corpo, baseada em princípios tomados de empréstimo tanto da física, quanto da metafísica e, é claro, do próprio teatro. É minha intenção, portanto, verificar de que maneira se dá essa construção; como o corpo é visto pelo ator. Para tanto, é preciso seguir o conselho de Mauss, e partir do concreto.

Ao delimitar o objeto desta pesquisa procurei escolher, dentre as diversas tradições e estilos teatrais, aquele que mais me instigava, no teatro ocidental. Talvez, não por acaso, acabei optando por um gênero de teatro que une a arte à investigação formal e filosófica: o teatro de pesquisa. Nele, a figura do ator-pesquisador se destaca, aflora em toda sua pujança, guiada pelas mãos quase sempre precisas de um diretor que, muitas vezes, se confunde com a figura de um mestre, de um sacerdote condutor do rito teatral. A característica de associar, a um trabalho eminentemente estético e artístico, o labor da experimentação da linguagem me pareceu extremamente sedutora. Há, nesse tipo de teatro, o frescor, a vivacidade das coisas em estado de latência, que me fascinou, por seu caráter germinativo. Todavia, a necessidade de restringir ainda mais o objeto se fez evidente diante da diversificação de caminhos e de linguagens existentes no macro-grupo do teatro experimental.

Adoto, pois, como objeto central de análise, a idéia de ator e de teatro que orienta um grupo de pesquisa que considero um dos mais representativos desse tipo de teatro, e um de seus principais divulgadores: o Odin Teatret, da Dinamarca, cujo diretor, Eugenio Barba, é também o fundador do Teatro Antropológico e da Antropologia Teatral.

Espécie de híbrido de antropologia e teatro, a Antropologia Teatral é definida por Barba como sendo o estudo do comportamento cênico pré-expressivo[8] que se encontraria na base das diferentes tradições e estilos teatrais. O Teatro Antropológico, por sua vez, é concebido por ele como "o teatro cujo ator enfrenta sua própria identidade"[9]. É, portanto, dentro da perspectiva colocada pela Antropologia Teatral que a relação corpo/ator/teatro será examinada. O Teatro Antropológico e a Antropologia Teatral são discutidos no capítulo 5.

Como contraponto à concepção de corpo e teatro de Eugenio Barba, apresento, de forma mais breve, aquela do diretor polonês Jerzy Grotowski, considerado uma espécie de "lenda-viva" no universo do teatro experimental, à época em que foi realizada esta pesquisa. Criador do célebre Teatro Laboratório de Wroclaw, na Polônia, e do não menos lendário conceito de teatro pobre, Grotowski representa uma das principais fontes de inspiração do teatro de pesquisa e exerce profunda influência na história do teatro contemporâneo, ao lado de mestres como Stanislávski, Craig e Meierhold, entre tantos outros.

Grotowski abandonou os palcos e as montagens teatrais nos anos de 1970 e passou a se dedicar ao que denominava "pesquisas parateatrais". Nos últimos anos de sua vida dirigiu um centro de pesquisa teatral em Pontedera, na Itália, dedicado à arte do ator, compreendida como um veículo capaz de permitir o acesso a outros níveis, mais sutis, de percepção. Seus derradeiros trabalhos eram desenvolvidos em regime fechado, e só eventualmente o grupo apresentava os resultados de seus experimentos a uma audiência seleta, de mais ou menos quinze a vinte *testemunhas*, escolhidas por eles ou indicadas por pessoas de seu relacionamento, em caráter gratuito. Tive a oportunidade de presenciar uma dessas apresentações por ocasião do simpósio internacional *A Pesquisa de Jerzy Grotowski e Thomas Richards sobre a Arte como Veículo*, realizado na cidade de São Paulo, em 1996.

O terceiro diretor a fechar o nosso triângulo de análise é Antunes Filho, do grupo Macunaíma, do Centro de Pesquisa Teatral (CPT) do Sesc, de São Paulo, cujo cerne do trabalho é o ator. Criado em 1982, o CPT realiza, sob a batuta de Antunes, experimentações que envolvem a utilização do corpo e da voz, baseadas em um método que ele define como dialético, e em uma concepção particular de ator-artista. Seus paradigmas sofrem influência direta da psicologia junguiana, das

---

8. O conceito de pré-expressividade é discutido, mais amplamente, no capítulo 5.
9. E. Barba, *Além das Ilhas Flutuantes*.

correntes filosóficas e místicas orientais – sobretudo o budismo – e da nova física, particularmente, a física quântica. Antunes Filho é um dos poucos diretores brasileiros empenhados na elaboração de um método de treinamento para o ator e, talvez por isso mesmo, sua influência se faça sentir na formação de várias gerações de artistas.

O foco do trabalho, portanto, recairá sobre Eugenio Barba e o Odin Teatret, tendo como pano de fundo a Antropologia Teatral. Assim sendo, as referências a Grotowski e a Antunes serão mais pontuais, visto que objetivam tornar mais claros certos aspectos e servir de contraste a alguns outros, de forma a balizar a visão de mundo e de teatro que permeia os grupos de pesquisa teatral – mais especificamente, o conceito de ator-pesquisador e sua relação com a construção do corpo.

Apesar de seguirem trajetórias absolutamente distintas, é possível identificar, no trabalho desenvolvido por esses três mestres do teatro contemporâneo, alguns elos. O primeiro, deve-se ao fato de todos eles se dedicarem à busca de uma linguagem, de uma forma específica de fazer teatro, que se baseia, essencialmente, em sua maneira particular de ver o mundo e o ator. Para construir essa nova teatralidade, é necessário formar o novo ator; debruçar-se sobre os problemas que envolvem sua formação e seu ofício. Observar, identificar e, de certa maneira, codificar os princípios que regem a atuação. Nisso reside o segundo ponto em comum entre eles: a idéia de experimentação, de laboratório de pesquisa, que caracteriza seu trabalho.

Barba, Grotowski e Antunes empreendem uma investigação profunda sobre as forças envolvidas na arte de atuar. Cada um, à sua maneira, está empenhado na elaboração de um método para o ator, de técnicas que o auxiliem em sua profissão. No entanto, os sistemas desenvolvidos por eles não têm a pretensão de ser perenes. São efêmeros, como o próprio teatro. Contêm em si a noção fundamental de transição. Estão *a caminho*. Constituem um meio e não um fim em si mesmos. Sendo assim, ator e método são obras abertas, em constante desenvolvimento, sujeitas às influências do porvir.

O terceiro ponto em comum entre os três diretores, e o principal para esta análise, é que seus atores mantêm um treinamento diário, contínuo e árduo, centrado no trabalho de corpo e de voz[10]. É no treinamento que o ator social constitui sua identidade como ator teatral, como membro de uma comunidade específica de atores. Ele é o espaço de criação, de experimentação, que permite ao ator construir uma linguagem corporal cênica, carregada de significações, que traz impressa a visão de mundo que lhe dá origem.

---

10. No caso de Antunes, embora o treinamento no CPT seja contínuo, há uma rotatividade entre seus atores, que o singulariza em relação a Barba e Grotowski, cujos atores permanecem em seus respectivos grupos durante muitos anos.

A escolha dos três grupos deveu-se, basicamente, à sua condição exponencial, dentro do universo maior de interesse deste estudo, os centros de pesquisa teatral – cujo trabalho baseia-se, essencialmente, na figura do ator e em suas técnicas de representação –, e à oportunidade que tive de travar contato com eles – o que me serviu, de certa forma, como campo.

A idéia desse trabalho surgiu a partir de questões suscitadas pela própria prática teatral, bem como pelo convívio com diversos grupos. O próprio fato de ter tido, como atriz, a oportunidade de participar de cursos e estágios com grupos emblemáticos de diversos países – em geral de difícil acesso – fez nascer o desejo de empreender uma reflexão sobre o processo teatral no qual estávamos todos envolvidos, a partir de uma perspectiva antropológica. Este estudo, portanto, embora não estivesse previsto à época em que vivenciei muitos dos eventos nele contemplados (a International School of Theatre Anthropology – Ista, por exemplo), é fruto de um campo privilegiado, em que observação e prática se misturam.

ALGUMAS CONSIDERAÇÕES SOBRE OS PROCEDIMENTOS DA PESQUISA

Meu interesse pelo Teatro Antropológico teve início em 1993, quando, pela primeira vez, ouvi falar de Eugenio Barba. Naquela época eu havia formado, juntamente com outros atores, um grupo que se propunha a estudar o trabalho do diretor italiano e as premissas da Antropologia Teatral. Meu primeiro contato efetivo com o Odin Teatret se daria um ano depois: em 1994, tive a rara oportunidade de participar da VIII Sessão da Ista, realizada em Londrina. Idealizada por Eugenio Barba e fundada em 1979, a Ista é uma espécie bastante *sui generis* de escola, de caráter internacional. Sua sede coincide com a do Odin, em Holstebro, Dinamarca.

Dedicada ao estudo e à difusão da Antropologia Teatral, a Ista realiza sessões públicas em diferentes países, mediante o financiamento de instituições culturais dinamarquesas e internacionais, que garantem sua manutenção. Como escola, pretende ter uma dimensão transcultural, no sentido de provocar reflexões sobre o ofício do teatro a partir do encontro entre diferentes culturas teatrais. A idéia de transculturalidade permeia toda a investigação sobre os fundamentos do trabalho do ator e a recepção, por parte do espectador. Tal como concebido por Eugenio Barba, o transculturalismo se distingue do sincretismo e do multiculturalismo, uma vez que preserva a integridade das culturas envolvidas. Não se trata, segundo ele, de mesclar ou adaptar elementos das diversas tradições, mas de estimular a observação dos princípios que regulam a arte do ator e que estariam presentes na base dos diversos estilos teatrais. Existem, naturalmente, controvérsias a respeito do assunto. Alguns artistas e estudiosos vêem nessa prática o risco de descontextualizar conceitos e técnicas.

A Ista possui o caráter de laboratório de pesquisa e seus membros efetivos, ou *staff* permanente, como são chamados, compõem-se, de um lado, de atores e bailarinos ocidentais e orientais (*staff* artístico), e, de outro, de estudiosos de várias áreas (*staff* científico) – especialmente da antropologia e do teatro –, predominantemente europeus. Seus fundamentos, organização e a forma como opera são examinados no capítulo 3.

A VIII Sessão Pública da Ista em Londrina teve a duração de dez dias. Minha participação no evento se deu como atriz, o que me permitiu vivenciar de dentro toda a sua programação, participando das palestras, das aulas e das discussões temáticas. Preservo, dessa época, o meu "diário de bordo", cujas anotações foram muito úteis na elaboração deste trabalho.

Meu segundo contato com o Odin ocorreu em 1995, quando participei de um seminário para atores ministrado por uma de suas atrizes mais antigas, Iben Nagel Rasmussen, em Salvador, que teve a duração de quatorze dias. Foi a partir desse curso, cuja carga horária (cem horas) e de exercícios era muito intensa, que a relação entre a construção de uma nova corporalidade e a constituição da identidade do ator teatral me chamou a atenção. Esse assunto é discutido no capítulo 5.

O meu terceiro contato com o Odin, e o segundo com Eugenio Barba, se deu em Brasília, em 1996, quando tive a possibilidade de participar de um encontro fechado entre ele e os professores do Departamento de Artes Cênicas do Instituto de Artes da Universidade de Brasília (UNB). Já cursando o mestrado em antropologia, pude então lhe dirigir algumas perguntas diretamente relacionadas ao tema desta pesquisa. Em um encontro com Iben, nesse mesmo período, aproveitei para esclarecer algumas questões relativas ao treinamento e a alguns conceitos básicos da Antropologia Teatral, que norteiam o trabalho dos atores do Odin e, conseqüentemente, seus exercícios. Reencontrei o grupo por ocasião do I Encontro Mundial das Artes Cênicas (Ecum), realizado em maio/junho de 1998, em Belo Horizonte. Na ocasião, pude acompanhar, um pouco mais de perto, os integrantes do Odin Teatret, desde sua chegada ao Teatro Sesiminas, para instalação dos equipamentos e ensaio, até a apresentação do espetáculo, no dia seguinte. Realizei também algumas entrevistas com Barba e Iben, que, gentilmente, me concederam um espaço em suas agendas sobrecarregadas.

Ao longo desses quatro anos de contato esparsado com o Odin Teatret, assisti a várias demonstrações de trabalho de seus atores – algumas delas, mais de uma vez – e a alguns de seus espetáculos, o que me possibilitou observar, na prática, os princípios e preceitos teóricos defendidos pelo grupo e pela Antropologia Teatral. Assisti, ainda, diversas conferências de Eugenio Barba sobre temas variados. Outra fonte de que lanço mão neste estudo são os próprios livros de Barba e de alguns de seus colaboradores que fazem parte da Ista. O conjunto desses encontros e experiências me ajudou a compor o que seria um esboço do grupo, que espero transmitir aqui. Esboço, porque entendo que a complexidade do Odin, com seus mais de quarenta anos de estrada, não se reduz aos termos de um único trabalho. O ângulo apresentado aqui é apenas um entre as múltiplas possibilidades do olhar.

O Ecum funcionou para mim como um segundo pequeno campo. Lá estiveram presentes não apenas Eugenio Barba e seu grupo, mas também atores, diretores, estudiosos e críticos de teatro, nacionais e internacionais, de grande peso no cenário teatral do Ocidente, o que me possibilitou realizar entrevistas com várias dessas personagens, entre elas, Marco de Marinis e Patrice Pavis, professores das universidades de Bolonha e Paris VIII, respectivamente, e membros do *staff* científico da Ista; Raimund Hoghe, da Alemanha, que durante dez anos foi o dramaturgista da Companhia Tanztheater Wuppertal de Pina Bausch e atualmente desenvolve seu próprio trabalho no limiar entre o teatro e a dança; José Celso Martinez Corrêa; e Carlos Simioni, do grupo teatral Lume, de Campinas, São Paulo.

Minha participação no Ecum teve a duração de onze dias. Destes, três foram dedicados à oficina teórica "A Dramaturgia do Ator", ministrada por Marco de Marinis, e, os demais, à participação no Fórum de Debates, propriamente dito. Realizei a maior parte das entrevistas ao longo desse tempo. O clima de descontração que costuma cercar esse tipo de encontro possibilitou realizá-las em situações privilegiadas como, por exemplo, durante as refeições ou as pausas para o café – momentos em que o clima geralmente formal das entrevistas era amenizado e substituído por uma fala mais descontraída e, ao que me pareceu, menos estudada. Foi em um desses momentos que se deu minha conversa com Iben Nagel Rasmussen, atriz do Odin.

Interessada na questão da importância semântica do corpo no contexto do teatro de pesquisa, fui buscar, em Antunes Filho, o contraponto brasileiro que faltava à minha análise. Meu contato com o trabalho de Antunes se deu por três vias. A primeira delas foi uma palestra do diretor no Teatro Dulcina, em Brasília, aberta ao público. A segunda consistiu em um dia de trabalho com os seus atores, no qual eles demonstravam e ensinavam alguns dos exercícios praticados pelo grupo. E a terceira foi uma oficina de cinco dias, realizada em junho de 1997, com o próprio Antunes, no qual ele apresentava seu método a um pequeno grupo de atores de Brasília. O curso compunha-se de exercícios utilizados pelo diretor na formação de seus atores e de uma conversa diária, na qual ele respondia a perguntas e discorria sobre o seu teatro e o método desenvolvido por ele junto ao CPT.

Um ano depois, fui ao encontro de Antunes, em São Paulo, para entrevistá-lo, disposta a esclarecer alguns pontos relativos à sua concepção de corpo, que haviam ficado obscuros, por ocasião da oficina. Ele foi extremamente receptivo e pediu-me apenas que falasse primeiramente com uma de suas atrizes, Daniela Nefussi, para só depois conversar com ele. De fato, a entrevista com Daniela foi fundamental para iluminar algumas questões e ter uma idéia de como o método era percebido e vivenciado, na prática, pelo ator.

Realizei, ainda, entrevista com o ator Paulo Autran, cujas observações a respeito do teatro e do ator foram extremamente valiosas.

Uma de minhas maiores preocupações, nesta pesquisa, foi associar a teoria à prática, de modo que, além de efetuar entrevistas, participei de vários cursos ministrados por diretores ou atores que enfrentam o desafio de estabelecer métodos de treinamento teatral. Neles, pude observar o processo de construção do corpo e da voz do ator e perceber que essa construção está intimamente ligada a uma cosmogonia de grupo. Minha presença em todos esses cursos se deu essencialmente como atriz, o que me possibilitou vivenciar os processos de aprendizagem e de treinamento das diversas técnicas em meu próprio corpo, ampliando, assim, o universo da análise. Todas as entrevistas realizadas em campo, durante o mestrado, foram registradas em fitas cassete. Utilizei também vários cadernos[11] para registrar impressões e detalhes dos diferentes encontros e experiências que fundamentaram este estudo.

Paralelamente ao contato intensivo e quase cotidiano com as pessoas do teatro, por meio de cursos, palestras, entrevistas, ensaios e espetáculos, coordenei, juntamente com outras duas atrizes, Bidô Galvão e Rita de Almeida Castro, esta também antropóloga, o projeto de pesquisa de iniciação científica *Ator: Ofício e Tradição – Em Busca de Uma Identidade*, com alunos do Departamento de Artes Cênicas do Instituto de Artes da Universidade de Brasília (UNB), bolsistas do programa UNB/CNPq (Pibic). O foco da pesquisa era o ator, segundo a perspectiva da Antropologia Teatral e do Teatro Antropológico. Dividida metodologicamente em duas partes, uma prática, de treinamento, e a outra teórica – em que se discutiam basicamente os livros de Barba e de Grotowski e alguns textos de filosofia[12] e de antropologia cultural[13] –, a pesquisa durou dois anos e meio e serviu como uma espécie de campo.

Durante esse período, pude observar os jovens atores desde o primeiro dia de trabalho, em que nada ou pouco sabiam da visão de mundo que permeia os atores do Odin Teatret, e dos preceitos da Antropologia Teatral, até o encerramento da pesquisa, quando fizeram

---

11. A indicação "Caderno de Campo", sempre que surgir, refere-se a esse tipo de material.
12. W. Benjamin, A Obra de Arte na Época de suas Técnicas de Reprodução, *Os Pensadores*; e D. Diderot, Paradoxo do Comediante, *Textos Escolhidos*, entre outros.
13. Faziam parte do programa de leituras os textos de Marcel Mauss sobre a noção de pessoa e as técnicas cotidianas do corpo (As Técnicas Corporais, em *Sociologia e Antropologia*), assim como o livro *A Via das Máscaras*, de Lévi-Strauss, entre outros.

sua própria demonstração de trabalho, utilizando esses preceitos. Foi possível observar a forma como cada ator lutava para desembaraçar-se de vícios adquiridos na utilização cotidiana do corpo – a forma de andar, de sentar, de falar. A busca de uma nova corporalidade, de uma utilização do corpo que não fosse o retrato fiel das atitudes habituais, mas seu equivalente simbólico. Para isso, é necessário adquirir o domínio do corpo, investigar suas possibilidades de ação e de expressão. Transformá-lo, no sentido de torná-lo cenicamente expressivo. Esse campo privilegiado de observação suscitou muitas das questões aqui relacionadas. No entanto, por ser demasiado próximo, não me senti à vontade para fazer dele tema deste trabalho, o que não impede que sua presença viva paire, como fonte de inspiração e como parâmetro, ao longo da narrativa.

A proximidade excessiva foi também o principal motivo que me levou a optar por não realizar entrevistas com atores e diretores de Brasília. Sendo eu mesma um membro da tribo, da comunidade teatral da cidade e amiga pessoal de vários desses artistas, achei difícil obter o distanciamento e o estranhamento mínimo necessários para que o encontro antropológico se estabelecesse. Todavia, seria impossível separar minha experiência com a classe teatral brasiliense da elaboração de um estudo sobre teatro. Assim, muito das coxias, das conversas de bastidores, dos ensaios e espetáculos dos quais participei, e aos quais assisti, se fará sentir, senão nas entrelinhas, naquela fração do trabalho que Geertz, acertadamente, identifica como confessional.

1. Algumas Considerações sobre o Teatro no Ocidente

O CONCEITO DE TEATRO

> *A concentração de esforços artísticos, em torno do efêmero, atribui ao teatro miséria e grandeza inconfundíveis.*
>
> SÁBATO MAGALDI[1]

A palavra teatro suscita muitas imagens. Entre as mais comuns, estão aquelas de teatro como edificação no qual se representam peças teatrais, e de teatro como gênero literário. Dizemos que vamos ao teatro, ou que estamos lendo teatro. De fato, esses dois verbos, ir e ler, são parte integrante da experiência teatral. Revelam parte da tríade que, de modo geral, constitui o teatro no Ocidente: o ator, o espectador e o texto. Mas é o verbo ver que mais se aproxima da origem do termo teatro, que em sua etimologia grega possui o sentido de miradouro, lugar de onde se vê. O *théatron*, na Grécia antiga, correspondia à platéia, e não ao edifício, ou local destinado à encenação, o qual era chamado *odeion*, auditório. Conforme observa o crítico teatral Sábato Magaldi, a palavra teatro é indissociável da idéia de visão. O teatro pressupõe a presença do espectador, da platéia.

É interessante notar que não é o palco, ou o espaço reservado para a atuação, que dá origem à palavra teatro. O que origina o termo não é a perspectiva do ator, mas aquela da recepção, do espectador – aquele

1. S. Magaldi, *Iniciação ao Teatro*, p. 7.

que ali vai para ver, ou, como dirá Grotowski, para "testemunhar um ato espiritual". O olhar, portanto, desempenha papel crucial na experiência do teatro. O ato de olhar requer a contrapartida do objeto a ser visto, observado, captado. Olhamos alguma coisa. De modo que o vocábulo "teatro" traz, em sua etimologia, a noção de complementaridade que constitui o fenômeno teatral, uma vez que ao *ver* corresponde o *fazer ver*. Essa duplicidade de funções se reflete no próprio espaço teatral. O ator está para o espectador, assim como o palco está para a platéia. O que caracteriza o teatro, portanto, é o que Grotowski, poeticamente, denominou "um encontro de humanidades". É a partir desse encontro que o fenômeno teatral se realiza em sua totalidade, unindo dramaturgia[2], atuação e recepção[3]. É nessa tríade complementar, e não em suas partes, que reside a substância do teatro.

Sábato Magaldi[4] chama atenção para o fato de que a noção de teatro como gênero literário tem gerado muitos equívocos. O principal deles é justamente o que advoga a precedência do texto sobre o conjunto do espetáculo. Considerar o texto a parte mais importante do teatro é restringir este último à esfera da palavra, do literário. E o teatro não se limita ao campo da literatura. Pertence também ao gênero espetacular. De forma que o debate sobre a primazia do texto ou da interpretação parece totalmente estéril e pouco proveitoso, uma vez que ambos são complementares. Magaldi chega a apontar um provável "ranço acadêmico", na origem da discussão. Ranço esse que, a meu ver, consiste em atribuir à palavra escrita uma nobreza e uma superioridade que adviriam tanto do caráter de permanência que ela possui, face à efemeridade da prática teatral, quanto da distinção de valor que as sociedades ocidentais costumam fazer entre o trabalho intelectual e o artesanal, em decorrência de motivos históricos, políticos e econômicos específicos.

Richard Schechner[5], fundador do Departamento de Estudos da Performance, da Universidade de Nova York, considera, assim como Magaldi, que uma representação teatral (performance) é muito diferente, vai muito mais além, é muito mais complexa do que a mera encenação de um texto dramático, a qual não representa mais do que uma pequena parte da atividade teatral do mundo, quer no sentido histórico, diacrônico, quer no sentido sincrônico. Segundo ele, o conhecimento da performance é integrativo, engloba a experiência de atores, espectadores, autores, diretores e, mesmo, da crítica especializada e de

---

2. O termo dramaturgia é utilizado aqui em uma acepção mais ampla, que engloba temas, fragmentos, enredos, mitos etc. e, não necessariamente, apenas o texto dramático ou escrito, propriamente dito.
3. Utilizo o termo recepção na acepção de Patrice Pavis como a "atitude e atividade do espectador diante do espetáculo" (P. Pavis, *Dicionário do Teatro*, p. 329).
4. S. Magaldi, op. cit., p. 8.
5. R. Schechner, Points of Contact between Anthropological and Theatrical Thought, *Between Theater and Anthropology*.

estudiosos do próprio teatro, ou de áreas diferentes como, por exemplo, a antropologia, cujas teorias acabam influenciando, de alguma maneira, o processo teatral. Além disso, a performance envolve uma transformação – permanente ou temporária – dos sujeitos envolvidos. Não é experiência linear nem tampouco individual, mas multifacetada e plurivocal. Abrange, portanto, diversos níveis de relações que extrapolam o texto escrito.

É justamente essa dimensão de dialogia, de interação, de relação que se estabelece entre humanidades, entre subjetividades – e não sua dimensão literária –, que faz do teatro uma espécie de universal. A literatura dramática surge em determinados lugares, em circunstâncias históricas precisas, não sendo, de forma alguma, universal. Desse modo, a necessidade, a importância e a própria existência do texto dramático variam conforme as culturas e o contexto histórico. Não se deve, portanto, generalizar uma característica específica de certos estilos teatrais, estendendo-a ao teatro de maneira geral. Não se trata, obviamente, de diminuir ou de ignorar a importância e o vigor da literatura dramática mundial, cujo caráter de permanência, de "eternidade" é, por si só, vivamente assegurado pela grandeza e pela força poética de autores como Ésquilo, Sófocles, ou Shakespeare, mas de compreender o teatro naquilo que ele tem de realmente universal e que persiste ao longo dos tempos: o encontro de humanidades; a presença física de atores e espectadores. Pois o teatro, como assinala Grotowski, é o que "nasce diante dos outros".

Conforme observa Schechner[6], sabe-se muito pouco a respeito dos "teatros-templos do paleolítico" e de seus "dançarinos-xamãs". Existiria, provavelmente, uma espécie de "roteiro ritual" a ser seguido pelos atores-dançarinos, conhecido também pela audiência, e transmitido de geração para geração. De acordo com ele, essas "performances rituais" remontariam a 25 mil anos atrás. A uma época em que as culturas eram iletradas, no sentido de que não conheciam a escrita. Sendo assim, os roteiros rituais consistiriam em "modelos de ações", mais do que em "modos de simbolização separados da ação".

No período paleolítico, desenhos e esculturas estariam associados a ações, fatos e condutas, muito mais do que a signos e símbolos desvinculados da ação Segundo destaca Schechner[7], tampouco a fala era configurada em palavras escritas. Ela era soada. A palavra era, então, "sopro e tom vocal". Ação. Somente milhares de anos depois, afirma ele, com o surgimento da escrita, é que o drama apareceria como "uma forma especializada de roteirizar", concebida de maneira isolada, independente do fazer. Só então tornou-se possível ler um

6. Idem, p. 22.
7. Idem, ibidem.

texto teatral sem, necessariamente, ter que representá-lo, ou assistir à sua representação.

Do ponto de vista histórico, ressalta Schechner[8], o drama, no Ocidente, separou-se do fazer, o que significa dizer que a "comunicação substituiu a manifestação". A manifestação potencial, que antes era codificada em um modelo de ações, passou a ser codificada em um modelo de palavras escritas. Desse modo, embora os dramas gregos continuassem sendo códigos para a transmissão da ação, tal como definia Aristóteles, esta não mais significava "uma forma concreta de se mover/cantar", mas uma metáfora, "um movimento na vida das pessoas".

Entretanto, se a literatura dramática é fundamental para o teatro de certas culturas, como as euro-americanas, a ponto de se confundir com ele, o teatro não-literário continua em pleno florescimento em outras partes do mundo. É interessante assinalar que esse tipo de teatro mantém, na maioria de suas manifestações, um forte vínculo com o sagrado, com o religioso, como é o caso do *Kathakali* indiano e do teatro balinês, por exemplo, que mantêm vivas suas fontes míticas, ritualísticas e não podem ser compreendidos isoladamente. Nesses casos, o teatro não se separa da religião – entendida aqui, no sentido oferecido por Émile Durkheim, como um todo formado de partes; "um sistema mais ou menos complexo de mitos, dogmas, ritos e cerimônias"[9]. Para Durkheim[10], os fenômenos religiosos estariam ordenados em duas categorias fundamentais: as crenças e os ritos. As primeiras seriam "estados de opinião" e consistiriam em representações, ao passo que os últimos equivaleriam a formas de ação determinadas.

Todavia, o fato de esses gêneros teatrais não priorizarem o texto dramático escrito não significa que ele não seja utilizado, mas sim, que não é essencial. Nessas tradições, o conhecimento da performance remonta a séculos atrás e é transmitido através do tempo pelas sucessivas gerações e famílias de atores. Não se funda em critérios de originalidade, mas em uma tradição profundamente enraizada, cuja linguagem é extremamente codificada.

Independente da questão da precedência ou não da literatura dramática, o que garante a especificidade do teatro, enquanto arte, em todas as épocas e estilos, não é a palavra, mas o ator, sua presença física perante o espectador. Em alguns casos, o teatro pode até prescindir do texto, como na mímica; ou da platéia, como é o caso do trabalho de Grotowski, que veremos adiante. Mas, sem o ator, o teatro, em seu sentido pleno, não

---

8. Idem, ibidem.
9. E. Durkheim, *As Formas Elementares da Vida Religiosa*: o sistema totêmico da Austrália, p. 67.
10. Idem, ibidem.

pode existir; passa a ser outra coisa. Talvez literatura. Evidentemente, não se trata de discutir a autonomia do texto dramático em relação à encenação ou vice-versa. É indiscutível que o teatro, enquanto gênero literário, é obra completa. Refiro-me aqui ao teatro como arte cênica, como representação.

O texto, quando utilizado, é um dos veículos, a ponte, o pretexto para o ato teatral, para o encontro que, em última instância, constitui o teatro. O que distingue este último de outros gêneros literários é justamente o fato de que ele não se compõe apenas de palavras, mas de silêncios, de gestos, de espaços poéticos que se erguem e ganham corpo por intermédio dos atores e dos espectadores. Por mais extraordinário e completo que seja o texto dramático, há nele uma espécie de latência. O texto sonha atingir sua potência máxima no contato com a respiração, o suor, a imaginação e a inteligência do ator, do diretor, da audiência. Ao me referir à imaginação, estou considerando, assim como Gaston Bachelard, que essa não é, tal como sugere a etimologia, a capacidade de produzir imagens da realidade, mas de criar imagens que a extrapolam, que "cantam a realidade".

O texto teatral é escrito para ser compartilhado, edificado junto, não somente com o leitor, mas com todas as outras categorias sociais que formam o conjunto da atividade teatral. O teatro não é apenas verbo. É também o corpo que o personifica. É edifício poético, que se constitui da criatividade e do trabalho coletivos. E criatividade, tal como sugere Schechner[11], é justamente a "habilidade de introduzir mudança", quer seja ela "coletiva ou pessoal, repentina ou gradual". A esse respeito, Ortega y Gasset dirá: "Pelo teatro de Ésquilo, de Shakespeare, de Calderón entenda-se, ademais e inseparavelmente, junto com suas obras poéticas, os atores que as representaram, o palco em que foram executadas e o público que as presenciou"[12].

Embora seja indiscutível o prazer solitário proporcionado pela leitura de obras teatrais de mestres da esgrima literária, tais como Sófocles ou Shakespeare, completas em si mesmas, é no espetáculo que elas se concretizam, adquirem volume, peso, densidade, corporeidade. É no ato, na cerimônia teatral, que a especificidade do teatro, enquanto gênero literário, se revela, assume sua plena realização, pois o teatro é escrito para ser encarnado, vivido, apresentado e não somente para ser lido. Não é experiência individual apenas, mas coletiva por excelência.

O teatro se apresenta como uma espécie de metáfora da experiência humana, no sentido de que "a unidade social mínima não é o homem, e sim dois homens", como define Brecht. A experiência do teatro, para se realizar em plenitude, em plena potência, exige essa unidade social

---

11. R. Schechner, Performer Training Interculturally, op. cit., p. 253.
12. J. Ortega y Gasset, A Idéia do Teatro, p. 25.

mínima: o ator e o espectador. Um se constitui em relação ao outro. O coreógrafo, ator e dançarino alemão Raimund Hoghe, que por muitos anos foi dramaturgista[13] do Tanztheater Wuppertal, de Pina Bausch, instado por mim a descrever a forma como desenvolve seu trabalho solo, revelou que não gosta de ensaiar em frente ao espelho. Prefere se posicionar diante da janela, que lhe permite vislumbrar vagamente sua silhueta refletida no vidro e imaginar que há algo além dela, alguma coisa lá fora; talvez alguém, em algum lugar, que o esteja observando. Ainda que sejam pássaros. Essa imagem, poética, revela muito da substância do teatro.

No horizonte do teatro contemporâneo ocidental existe a tendência a identificar, além da dramaturgia propriamente dita, duas outras dramaturgias, complementares e constitutivas do sentido: a do ator e a do espectador. Considerando a dramaturgia como o trabalho de composição e entrelaçamento de ações, que constitui a obra teatral, teríamos a ação[14] como o cerne do trabalho cênico. De modo que, ao invés de se ater unicamente ao sentido do texto tal como idealizado pelo autor, o espetáculo seria fruto de um complexo processo criativo, de intrincada trama de sentidos, envolvendo autor, encenador, ator e espectador. Assim, as estruturas significativas do espetáculo são muito mais amplas e ambíguas do que aquelas previstas no texto, e/ou no momento de sua criação. Nesse sentido, podemos falar em uma dramaturgia do ator e do espectador que, unidas ao texto do dramaturgo e às idéias do encenador, formam o universo semântico do espetáculo, ampliando suas possibilidades de significação e de entendimento.

Bertolt Brecht exerceria papel fundamental na discussão sobre a atitude da platéia frente à encenação. Para ele, era necessário provocar no espectador o espírito crítico, fazê-lo reagir, tomar posição. Substituir a passividade da recepção por uma atitude crítica em relação ao espetáculo. Brecht dirá: "Um dos prazeres específicos da nossa época, que tantas e tão variadas modificações efetuou no domínio da Natureza, consiste em compreender as coisas de modo que nelas possamos intervir"[15].

---

13. Na definição de Patrice Pavis, o termo dramaturgista (*dramaturg*) designa a nova figura do "conselheiro literário e teatral agregado a uma companhia teatral, a um encenador ou responsável pela preparação de um espetáculo". (P. Pavis, op. cit., p. 117).

14. Patrice Pavis oferece uma definição do vocábulo "ação" que considero bastante apropriada, por ser ao mesmo tempo genérica e didática, já que existem muitas e contraditórias utilizações do termo, dependendo da época, do estilo e do contexto teatral. Diz ele: "[A ação é] o elemento transformador e dinâmico que permite passar lógica e temporalmente de uma para outra situação" (P. Pavis, op. cit., p. 3.). E ainda: "[A ação] a passagem de um a outro estádio, de uma situação de partida a uma situação de chegada, descreve exatamente o percurso de toda ação" (Ibidem). Considerando, como Austin (*How To Do Things with Words*), que a fala é algo mais do que referência ou significado, e que falar é fazer, ou seja, atuar, utilizo o termo "ação" indistintamente para me referir tanto a ações físicas quanto vocais.

15. B. Brecht, *Estudos sobre Teatro*, p. 115.

Na concepção de Brecht, considerando que o público "não é solicitado a lançar-se na fábula como se fosse num rio, e a deixar-se levar à deriva", os fatos isolados devem ser interligados de maneira a tornar evidentes as funções[16]. Os acontecimentos, afirma ele, não devem se suceder de modo imperceptível, mas de forma que possamos intervir neles com os nossos juízos críticos.

Ao apontar a importância do que denomina "a arte do espectador", que é a contribuição, por parte deste, para a constituição do sentido, Brecht inverte a perspectiva tradicional de estética, que identifica na obra e na cena as estruturas de significação. O público passa a ser visto como construtor de significados e não apenas como passivo "receptor de signos". Como tal, cabe a ele descobrir e "se comprometer em sua própria pista hermenêutica", como define Patrice Pavis[17]. Desse modo, o espectador, tornado sujeito, tem participação ativa na constituição da obra.

A dramaturgia do ator se insere no trabalho teatral propriamente dito. Marco de Marinis[18], professor de história da cenografia e história do teatro e do espetáculo, da Universidade de Bolonha, identifica na dramaturgia do ator dois níveis distintos: o do ator enquanto autor teatral – como Shakespeare, Molière e Dario Fo, por exemplo –, e o do trabalho compositivo do ator a partir de ações físicas e vocais. No âmbito deste trabalho, sempre que me referir à dramaturgia do ator, estarei me referindo ao segundo caso: o da composição de ações.

DA LIMINARIDADE DO ATOR E DO ATOR COMO CONSTRUTOR DE PONTES

Aqui, agora, verdadeiramente, rapidamente.

ARIANE MNOUCHKINE

Existe um mito muito bonito, no Japão, que fala da origem do teatro. Nele, Amaterasu, deusa do sol, enfurecida com as travessuras de seu irmão, confina-se em uma gruta escura, privando o mundo de luz. A escuridão reinante traz consigo inúmeras desgraças. Preocupados, os deuses se reúnem com os representantes dos clãs. Trazem uma árvore Sakaki florida (a árvore sagrada em que habitam os deuses) e a ornamentam com trajes azuis e brancos e fios de pedras preciosas, lapidadas em forma de lua. Por entre os galhos, prendem um enorme espelho. Alguns deles trazem consigo instrumentos sagrados, enquanto outros recitam

---

16. Idem, p. 128.
17. P. Pavis, op. cit., p. 330.
18. Caderno de Campo, Belo Horizonte, 1998. Notas do curso A Dramaturgia do Ator, oferecido por Marco de Marinis, por ocasião do I Ecum.

canções mágicas. A deusa Uzume[19], por sua vez, prendendo suas mangas com gavinhas, amarra uma faixa em torno da testa e colhe um feixe de bambus gigantes. Feito isso, pega um barril, vira-o de cabeça para baixo, e põe-se a dançar sobre ele, batendo os pés com vigor. Possuída por um espírito, Uzume entra em êxtase e desnuda os seios e os genitais. Os deuses, ao verem aquilo, soltam estrondosa gargalhada. Curiosa, Amaterasu aparece na entrada da gruta para ver do que os deuses estão rindo e se surpreende com sua imagem ofuscante e luminosa refletida no espelho. Ela sai da gruta, e palavras mágicas impedem que retorne[20].

É interessante observar que a representação feita pelos deuses desperta a curiosidade de Amaterasu; é um artifício para que ela, vendo-se a si mesma refletida, saia da gruta escura em que se escondera e devolva a luz ao mundo. Conforme observa Tambiah[21], toda metáfora ilumina uma semelhança. A idéia contida no mito japonês é semelhante àquela de Jerzy Grotowski, para quem a arte "é um amadurecimento, uma evolução, uma ascensão que nos torna capazes de emergir da escuridão para uma luz fantástica"[22]. A metáfora expressa no mito sugere que o teatro é lugar de transformação, de *transiluminação*, como dirá Grotowski. Ator e espectador se transformam, na experiência teatral. Ambos têm a consciência alterada, ampliada. No mito de Amaterasu, teatro e rito se confundem. Espaço e tempo são rituais, não cotidianos. Teatro feito por deuses, para deuses. Música, dança e palavra. Há um entrelaçamento de linguagens unindo rito, teatro e dança de transe (a dança de Uzume), no qual os atores são o elo de uma corrente sagrada, ligando dois reinos da experiência. Reinos estes que são os únicos com os quais a performance sempre se relaciona: "o mundo da existência contingente", com seus objetos e pessoas comuns, e "o mundo da existência transcendente", que abriga deuses, demônios, personagens e implementos mágicos[23].

Essa liminaridade, característica do ator, esse transitar entre mundos – cotidiano e sagrado, ou, como quer Eugenio Barba, cotidiano e extracotidiano –, não implica, contudo, em *deixar de ser o que se é* para *tornar-se um outro*, mas em experimentar, em si mesmo, a multiplicidade de possíveis *eus*, em que *eu são muitos*. Como diz Schechner[24]: "múltiplos eus" coexistindo em uma "irresolvida tensão dialética".

19. As dinastias de atores/dançarinos no Japão, cujas tradições familiares são ininterruptas e remontam a centenas de anos, gostam de estender sua árvore genealógica até à deusa Uzume, considerada a primeira atriz/dançarina; aquela de cuja dança nasce o teatro e, por extensão, a luz (F. Mayer; T. Immoos, *Japanese Theatre*).
20. F. Mayer; T. Immoos, op. cit.
21. S. J. Tambiah, A Performative Approach to Ritual, *Culture, Thought and Social Action*, p. 36.
22. J. Grotowski, *Em Busca de um Teatro Pobre*, p. 211.
23. R. Schechner, Points of Contact Between Anthropological and Theatrical Thought, op. cit., p. 6.
24. Idem, ibidem.

ALGUMAS CONSIDERAÇÕES SOBRE O TEATRO NO OCIDENTE 9

O diretor Antunes Filho procura lidar com essa tensão dialética no sentido de uma complementaridade que se estende a todo o seu método de trabalho com atores:

> É porque normalmente é tudo ser *ou* não ser. Mas na verdade é ser *e* não ser, simultaneamente. Porque são probabilidades de ser. Tudo fica obsoleto permanentemente e as coisas são *e* não são. Esta realidade, ela é *e* não é. Ela não deixa de ser existente, mas ela é uma ilusão[25].

Assim, para Antunes Filho, o clássico dilema de Hamlet, ser *ou* não ser, transforma-se em ser *e* não ser. Não há uma unidade de consciência da pessoa, indivisível e constante, mas uma pluralidade de intra-interlocuções que constituem o sujeito e suas ações. Cada ação, cada pensamento, cada sentimento contém em si seu contrário complementar, sua outra face. O sujeito social se constrói a partir de um processo dialético, de uma complementaridade constante.

Victor Turner, em seu clássico estudo sobre as relações entre teatro e drama social, *From Ritual to Theatre*, também identifica um tipo de tensão dialética que caracterizaria, segundo ele, os diferentes gêneros performativos (ritual, jogo, espetáculo, carnaval etc.): aquela entre fluxo (*flow*) e reflexividade (*reflexivity*). O fluxo estaria no domínio da estrutura, e conteria "exigências coerentes, não-contraditórias de ação", providenciando um "*feedback* claro, sem ambigüidade às ações de uma pessoa"[26]. Para que isso ocorra, é necessário que a consciência esteja limitada a um campo restrito de possibilidades, o que equivale a dizer que o fluxo de possibilidades é reduzido pela cultura a canais definidos como, por exemplo, exercícios de *yoga*, futebol, teatro, ações litúrgicas etc. Já a reflexividade, o ser reflexivo, implica em ser "ao mesmo tempo seu próprio sujeito e objeto direto"[27].

Sendo assim, para Turner, uma "performance bem-sucedida, em qualquer que seja o gênero, transcende a oposição entre padrões de ação espontâneos e autoconscientes"[28]. A *performance* e, por extensão, o *performer* constroem uma realidade que é, ao mesmo tempo, espontânea e refletida. Não há apenas o fluxo do condicionamento sociocultural, mas também, e sobretudo, a possibilidade de refletir – e agir – ativamente sobre ele. Conseqüentemente, poderíamos dizer que há, na *performance* e no *performer*, dois tipos de tensão dialética: aquela que, na linguagem de Antunes Filho, corresponderia ao *ser e não ser*, e a que, na visão antropológica de Turner, estaria relacionada à simultaneidade entre o

---

25. Entrevista realizada em 4.4.1998, São Paulo.
26. V. Turner, Liminal to Liminoid, *From Ritual to Theatre:* the human seriousness of play, p. 57.
27. Idem, Dramatic Ritual/ RitualDrama, op. cit., p. 100.
28. Idem, p. 101.

espontâneo (determinado culturalmente) e o *refletido* (autoconsciente). Ambas agindo concomitantemente.

Não há, nesse caso, movimento retilíneo constante. O ator, esse ser ambíguo e plural, encarna a dicotomia fundamental *eu/um outro*. Enfrenta a questão da alteridade não apenas como observador – como o faz o antropólogo –, mas em si mesmo, em seu próprio corpo/mente. Mesmo na antropologia, como aponta José Jorge de Carvalho, em seu artigo "Saber Acadêmico e Experiência Iniciática", já existe um movimento no sentido de pleitear a dimensão humanística que caracterizaria sua verdadeira vocação enquanto ciência. O que significa acrescentar, ao "discurso acadêmico supostamente racional e objetivante", a dimensão subjetiva implícita no contato com a alteridade[29]. Nessa perspectiva, o antropólogo, assim como o ator, também vivencia, no exercício de sua profissão, uma tensão dialética, uma "polaridade básica", que consiste em vincular as teorias científicas sociais, "universalizáveis e supraindividuais", aos impactos sofridos por sua "humanidade particular" no confronto com a humanidade das pessoas com as quais conviveu, em seu trabalho de campo[30].

O antropólogo, o observador, observa também a si mesmo. O impacto entre humanidades que caracteriza o encontro etnográfico provoca aquela reflexividade a que se referia Turner: ser sujeito e objeto de si mesmo. Em outras palavras, e respeitando o oráculo, equivaleria a dizer que conhecer o outro é, de certa forma, conhecer a si mesmo. Tzvetan Todorov, em seu livro *A Conquista da América*, fornece uma definição primorosa da questão da alteridade. Diz ele: "Pode-se descobrir os outros em si mesmo, e perceber que não se é uma substância homogênea, e radicalmente diferente de tudo o que não é si mesmo; eu é um outro. Mas cada um dos outros é um *eu* também, sujeito como eu"[31].

O ator, portanto, assim como o antropólogo, pode ser visto como um construtor de pontes entre humanidades – quer sejam estas culturalmente diferentes dele mesmo, quer sejam semelhantes. A matéria com a qual edifica essas pontes é o próprio corpo. É por seu intermédio que ele tem acesso a outras subjetividades, a outras formas de ver e de sentir o mundo. O ator constrói, com seu corpo, com sua voz, outras humanidades em si mesmo. Conhece, como ninguém, a trajetória da metamorfose (não esqueçamos que esse era o dom de Dioniso). Sabe que, por meio de ritmo, respiração, forma de andar, figurino, maquiagem, gestos, atitudes, pode compor outra "pessoa", manejar comportamentos. Lembremos que em sua origem etimológica o termo pessoa significava máscara.

---

29. J. J. de Carvalho, Antropologia: saber acadêmico e experiência iniciática, *Anuário Antropológico/90*, p. 92.
30. Idem, ibidem.
31. T. Todorov, *A Conquista da América*, p. 3. Grifo do autor.

A noção de pessoa é vista por Marcel Mauss como uma dessas categorias do espírito humano que julgamos inatas. De acordo com ele, o sentido original do termo parece estar diretamente relacionado à idéia de máscara, cuja etimologia deriva, segundo os etimologistas latinos, do vocábulo latino *persona*, que significa *per/sonare*, a máscara por meio da qual ressoa a voz (do ator)[32].

Mauss observa, no entanto, que, tendo sido a Etrúria, provavelmente, o berço principal das máscaras de ancestrais – e não a Grécia ou a Itália –, é mais razoável supor que a origem do termo seja etrusca. Não obstante, ressalta ele, ainda que os latinos não tenham inventado o termo, foram eles que lhe emprestaram o sentido que conhecemos hoje. Em sua acepção jurídica, a noção de pessoa está relacionada à idéia de direito da pessoa. A ela, somou-se a dimensão moral do termo, dada pelos estóicos, que consiste no voluntarismo e no personalismo. Para Mauss, "a consciência moral introduz a consciência na concepção jurídica do direito"[33]. Assim, no sentido moral e jurídico, a noção de pessoa compreende a autonomia, a consciência, a independência e a responsabilidade do sujeito. Já a dimensão metafísica do termo estaria ligada, por sua vez, à noção cristã de *pessoa humana*, e compreende "substância e forma, corpo e alma, consciência e ato"[34]. A pessoa é vista como uma "substância racional indivisível, individual"[35].

No entanto, para adquirir o sentido que tem hoje, de *categoria do eu*, a noção de pessoa sofreria outra transformação, dessa vez, de ordem psicológica. À consciência do eu, viria juntar-se a consciência psicológica e, a partir daí, feita a "revolução das mentalidades nós temos, cada um, o nosso eu"[36]. Portanto, para Mauss, a noção de pessoa não é algo dado desde Adão, mas uma categoria do espírito humano construída ao longo do tempo, e com conotações claramente culturais. Assim, sempre que me referir ao termo *pessoa* estarei considerando a noção brilhantemente sintetizada por Mauss, ainda que reconheça a existência de muitas outras acepções.

Ezra Park lembra que o fato de a palavra pessoa, em sua acepção primeira, significar máscara, talvez não seja um simples acidente histórico, mas, antes, o reconhecimento do fato de que estamos "sempre e em todo lugar, mais ou menos conscientemente, representando um papel"[37]. Na concepção de Park, é precisamente "nesses papéis que nos

---

32. M. Mauss, Une catégorie de l'esprit Humain: la notion de personne celle de "moi", *Sociologie et anthropologie*, p. 350.
33. Idem, p. 355.
34. Idem, p. 358.
35. Idem, ibidem.
36. Idem, p. 361.
37. E. Park apud E. Goffman, Representações, *A Representação do Eu na Vida Cotidiana*, p. 27.

conhecemos uns aos outros; [...] que nos conhecemos a nós mesmos"[38].
Park vai mais além e identifica a máscara com o que denomina de "o nosso mais verdadeiro eu". Diz ele:

> Em certo sentido, e na medida em que esta máscara representa a concepção que formamos de nós mesmos – o papel que nos esforçamos por chegar a viver –, esta máscara é o nosso mais verdadeiro eu, aquilo que gostaríamos de ser. Ao final, a concepção que temos de nosso papel torna-se uma segunda natureza e parte integral de nossa personalidade. Entramos no mundo como indivíduos, adquirimos um caráter e nos tornamos pessoas[39].

Erving Goffman, por sua vez, nota, em relação ao ator social e à vida cotidiana, que a arte de observar parece "mais bem desenvolvida do que nossa capacidade de manipular nosso próprio comportamento"[40]. É mais fácil observar do que operar a mudança. No caso do ator teatral, a capacidade de observar está intimamente relacionada à capacidade de compor e de manipular o comportamento das personagens. Ele não apenas observa, mas experimenta, vivencia, em seu próprio corpo, outras corporalidades, outras sensibilidades. Nesse sentido, o ator é uma espécie de artesão de almas. Escultor de substância.

No mito japonês, o teatro nasce para restituir a luz ao mundo, para fazer ver. Essa é a metáfora do espelho preso à árvore sagrada. Uma vez mais, temos a idéia de teatro como *lugar de onde se vê*. Grotowski dirá:

> Se o ator, estabelecendo para si próprio um desafio, desafia publicamente os outros, e, através da profanação e do sacrilégio ultrajante, se revela, tirando sua máscara do cotidiano, torna possível ao espectador empreender um processo idêntico de auto-penetração[41].

Essa é a arte de Uzume, essa é a arte milenar do ator. Seu desnudamento ritual, em transe, a exposição pública e não convencional do corpo, sua dança, levam Amaterasu a se descobrir, a se revelar. A oferenda pública do corpo (que não está à venda, e que, portanto, não é mercadoria), oferecido em sacrifício, é o que caracteriza o trabalho do ator, segundo Grotowski. Para ele, o ator é "um homem que trabalha em público com o seu corpo, oferecendo-o publicamente". No entanto, diz ele, "se este corpo se limita a demonstrar o que é – algo que qualquer pessoa comum pode fazer –, não constitui um instrumento obediente capaz de criar um ato espiritual"[42]. Assim, tal como o tempo e o espaço, o corpo, no ritual e no teatro, é dilatado, ritualizado, distinto do habitual. Simbolicamente construído. De acordo com Grotowski:

---

38. Idem, ibidem.
39. Idem, ibidem.
40. E. Goffman, op. cit., p. 17-18.
41. J. Grotowski, op. cit., p. 29.
42. Idem, ibidem.

Somente o mito – encarnado na realidade do ator, em seu organismo vivo – pode funcionar como tabu. A violação do organismo vivo, a exposição levada a um excesso ultrajante, faz-nos retornar a uma situação mítica concreta, experiência de uma verdade humana comum[43].

A busca de uma linguagem ritualizada – ainda que esteticamente ritualizada –, bem como a utilização de símbolos arquetípicos e de mitologias diversas, por parte de grupos teatrais de pesquisa como os de Grotowski, Barba e Antunes Filho, parece evidenciar aquilo que Antunes define como a "busca da essência, da essência das realidades", e que Grotowski considera a "experiência de uma verdade comum". É como se, por entre o emaranhado de fragmentos, descontinuidades e diferenças culturais que constituem o mundo e o homem contemporâneo, esses artistas buscassem o espelho mítico preso à árvore sagrada Sakaki – o teatro –, capaz de refletir o que se considera o eterno do homem, e de restituir uma unidade que se supõe perdida.

ORIGENS RITUAIS DO TEATRO

Os livros de história e de teoria do teatro são praticamente unânimes em afirmar que as origens dessa arte parecem estar, em toda parte, ligadas a cerimônias religiosas de celebração de ritos agrários ou de fecundidade. Nelas, havia a representação simbólica da morte e da ressurreição de um deus; o relato mítico a ser narrado/representado; um local especialmente escolhido para esse fim e papéis representados pelos *atores* e pelos *espectadores*. As pessoas envolvidas no jogo dramático eram partícipes de uma mesma crença, de uma mesma celebração.

De fato, existem nesses rituais elementos muito próximos àqueles normalmente encontrados no teatro, tais como o vestuário dos celebrantes, a decoração cenográfica do espaço, a escolha dos objetos simbólicos. A simbolização de um espaço sagrado, de um tempo cósmico e mítico diferente daquele habitualmente vivido pelos fiéis, que é própria do rito, também caracteriza, de certa forma, o teatro. No entanto, as semelhanças entre eles não nos autorizam a identificar os rituais como pré-teatro, nem seus elementos como pré-teatrais, como normalmente o fazem alguns compêndios de história do teatro que trazem, ainda que de maneira subliminar, resquícios de um pensamento evolucionista, que tende a buscar, em um tempo remoto, o que se acredita ser a origem comum dos fenômenos, ignorando suas diversas manifestações – inclusive contemporâneas – no tempo e no espaço. Estudiosos de grandeza inquestionável sucumbem a essa categoria do pensamento, fortemente arraigada entre os ocidentais.

A forma tradicional de historiografar o teatro parece estar, ainda hoje, impregnada de uma perspectiva, senão evolucionista, no mínimo,

43. Idem, p. 21.

etnocêntrica, pois, embora o teatro ocidental de raízes gregas tenha de fato se laicizado, existem outras formas de teatralidade que se mantêm ligadas ao culto, e que não precisam, necessariamente, desvincular-se dele para serem consideradas teatro. O teatro/dança tradicional balinês, o indiano e, de certa maneira, o teatro japonês, por exemplo, guardam um forte vínculo com a religiosidade. A teoria do teatro e a própria historiografia teatral teriam muito a ganhar se, em vez de privilegiar e de se concentrar em uns poucos estilos cênicos, ampliassem seu escopo analítico, tornando mais abrangente o universo da palavra teatro, contemplando, também, aquelas manifestações que, ainda hoje, são classificadas como pré-teatro ou pré-teatrais.

O estudo das formas de teatralidade presentes nas diversas sociedades lançaria, com certeza, novas luzes sobre questões técnicas e conceituais que há muito vêm sendo tratadas sob um mesmo ponto de vista. O conhecimento das técnicas vocais e corporais, dos diferentes métodos de preparação do corpo e do ator, da construção da presença cênica, e, ainda, da concepção do espaço e da relação ator/espectador enriqueceria, sobremaneira, a visão que se tem hoje de ator e de teatro. Muitas representações, que atualmente são vistas como manifestações rituais teatralizadas, poderiam ser também analisadas, inversamente, como manifestações teatrais ritualizadas. O ritual e o teatro, ao que tudo indica, sempre estiveram muito próximos e, se é verdade que existem formas teatrais completamente laicas, desvinculadas do culto, não é menos verdade que existem outras, inteiramente vinculadas a ele, como é o caso de inúmeros rituais indígenas e festas populares tradicionais.

Aproximar essas formas de teatralidade do universo maior do teatro seria uma maneira de torná-lo mais rico, mais abrangente e múltiplo em sua diversidade; de reconhecê-lo como uma corrente composta de muitos elos, como diria Grotowski. Olhar o teatro sob uma perspectiva não-evolucionista, que abarque a pluralidade cultural que caracteriza as diferentes sociedades, significa restituir-lhe sua verdadeira vocação de metáfora universal, de metacomentário da humanidade. Considerado como arte da representação, como manifestação performática, o teatro está longe de se restringir a um tipo específico de teatralização. Tal como a humanidade, ele é plural e culturalmente diversificado, o que impede generalizações universalizantes. O que parece ser generalizável é que o teatro contém estruturas rituais, do mesmo modo que o ritual possui elementos teatrais.

No Brasil, temos a oportunidade – infelizmente pouco explorada científica e esteticamente – de conviver com culturas cuja teatralidade é extremamente rica, variada e criativa. Nelas, o jogo dramático é compartilhado pela comunidade, unida em torno de um mesmo código, das mesmas crenças. A pluralidade de manifestações teatrais, dramáticas, é nossa contemporânea. Não está situada em um passado remoto, longínquo, quase mítico: é tempo presente, atualidade gritante.

Campo vasto e precioso para a pesquisa, do qual podem surgir novos fundamentos e teorias estéticas inovadoras que muito contribuiriam para a arte mundial.

Os índios Karajá, por exemplo, que habitam a região da Ilha do Bananal, no vale do rio Araguaia, possuem personagens mascaradas, os aruanãs[44], que são representações de seus ancestrais míticos. Eles estão relacionados a rituais de iniciação e de fertilidade, e podem aparecer tanto na época da primeira iniciação masculina, caracterizada pela perfuração do lábio inferior, como da segunda, o Hetohokÿ, que coincide com o período das colheitas. Constituem uma forma de performance que não se separou do culto. Se ela irá ou não desvincular-se dele, é uma questão que depende de fatores culturais, religiosos, políticos e econômicos e não de um determinismo histórico, ou, mesmo, natural.

A atuação dos aruanãs, bem como os figurinos e os temas, obedecem a regras precisas, instituídas de antemão e conhecidas por todos. Elas estabelecem quem pode representar (os atores) e quem pode ver (os espectadores) os aruanãs; orientam a atuação e a recepção; definem como devem se portar os atores e de que modo a platéia deve reagir. Dependendo do sexo e da idade é vedado olhar para o aruanã. Há uma convenção, no sentido de que todos, por mais que reconheçam o ator por detrás da máscara, devem fingir não saber de quem se trata e acreditar que estão vendo o verdadeiro aruanã. Existe, assim, uma clara e indiscutível teatralidade envolvendo o ritual dos aruanãs, cujas técnicas e fundamentos estéticos mereceriam ser aprofundados[45].

Mas voltemos ao mito de origem japonês. Nele, têm-se a demarcação cênica do espaço ritual, com a árvore sagrada ornamentada com trajes especiais e fios de pedras preciosas e a gruta, onde se esconde Amaterasu, a deusa do sol. Objetos simbólicos, como o espelho, o barril, o feixe de bambus, os ornamentos da árvore e os instrumentos musicais. As palavras mágicas. A roupa improvisada por Uzume e, finalmente, o tema/roteiro ritual: morte e ressurreição simbólicas da deusa do sol. Reconstrução do ciclo da vida.

Na Grécia, a tragédia parece ter surgido dos ditirambos, do culto de Dioniso. Assim como Uzume, que dá origem ao teatro/dança para os japoneses, Dioniso também é um deus – o preferido de Zeus. É ele quem conduz "misticamente a procissão dos iniciados nos Mistérios de Elêusis"[46]. Dioniso possui o dom da metamorfose. Para fugir à fúria

---

44. Para maiores detalhes a respeito dos aruanãs e o Hetohokÿ ver M. F. Lima Filho, *Hetohobÿ*: um ritual Karajá e P. M. Rodrigues, *O Povo do Meio*: tempo, cosmo e gênero entre os javaé da Ilha do Bananal. Sobre outras manifestações teatrais indígenas que também apresentam personagens mascaradas, ver J. C. Melatti, *Índios do Brasil* e P. Erikson, Pères Fouettards em Amazonie: bats-moi, mais tout doucement, *L'univers du Vivant*.
45. O mesmo se observa em relação a diversos rituais agrários e afro-brasileiros.
46. J. de S. Brandão, *Teatro Grego*: tragédia e comédia, p. 9.

dos Titãs, metamorfoseia-se em bode. Devorado por eles, ressuscita na forma de um bode divino: o mesmo que será ritualmente "imolado para purificação da *pólis*"[47].

Na Grécia Antiga, existiam locais de espetáculos, considerados sagrados, cuja construção, em madeira, era temporária e erguida por ocasião das cerimônias religiosas. Com o tempo, essas construções passaram a ser permanentes. No entanto, desde sua origem, os teatros gregos possuíam, no centro da *orchestra* (local reservado aos atores e ao coro), um altar destinado ao sacrifício ritual ao deus Dioniso.

Os mitos grego e japonês apontam para a origem sagrada do ofício de ator. Falam de uma tradição que remonta aos deuses. As idéias de sacrifício e de ressurreição, contidas nos dois mitos e associadas simbolicamente à figura do ator, estão presentes no teatro de Jerzy Grotowski. Para ele, o ator é o bode divino a ser imolado para purificação da pólis. Aquele que doa o próprio corpo em sacrifício: o ator santo. Grotowski diz não utilizar o termo santo no sentido religioso, mas como uma metáfora para definir "uma pessoa que, através de sua arte, transcende seus limites e realiza um ato de auto-sacrifício"[48]. Também o encenador Gordon Craig, para quem o ator ideal deveria ser uma espécie de supermarionete, via o ator como uma fênix que, "com amor e paixão", cria, a partir de sua própria destruição, "vida nova e beleza"[49]. O artista, dizia ele, morre por sua arte.

O ritual cria um sentido de espaço e de tempo outro, diferente daquele do cotidiano. Há uma suspensão e, nesse espaço/tempo suspenso, dilatado, tudo o que se traz da vida ordinária, mundana, fica mais evidente, adquire um significado mais profundo. Conforme observa o antropólogo Stanley Tambiah, o ritual pretende congregar as pessoas que fazem parte de um mesmo e determinado universo cultural. Nesse sentido, ele enfeixa e reforça a cosmologia do grupo. O ritual se cumpre, mesmo que as pessoas não se dêem conta. Para Tambiah, a forma social é, por si só, tão eficiente, que não importa se o praticante aplica-se de corpo e alma, se acredita ou não na prática – ela é eficaz da mesma maneira. Há uma distância entre seu sentimento e o desempenho de seu papel social: ele pode não crer no ritual, mas sua simples presença já lhe garante uma ação, um papel. O ritual impõe aos participantes (atores e espectadores) uma organização sintagmática (de palavras, gestos e intervenções físicas), escolhida de um repertório paradigmático de cuja organização dependerá a eficácia da representação. De acordo com Michel Foucault:

> O ritual define a qualificação que devem possuir os indivíduos que falam; [...] define os gestos, os comportamentos, as circunstâncias, e todo o conjunto de sinais que

---

47. Idem, p. 10.
48. J. Grotowski, op. cit., p. 38.
49. O. Aslan, *O Ator no Século XX*, p. 104.

devem acompanhar o discurso; fixa, enfim, a eficácia suposta ou imposta das palavras, seu efeito sobre aqueles aos quais se dirigem, os limites de seu valor de coerção[50].

O mesmo acontece no teatro. A escolha e organização dos signos em uma seqüência espaço/temporal, a distribuição de papéis entre os sujeitos que falam e os que a eles assistem, bem como o discurso a ser transmitido, garantem a eficácia do espetáculo teatral. Nesse sentido, conforme observa Patrice Pavis, "todo trabalho coletivo na encenação é execução de um ritual"[51]. No entanto, se o teatro surge das cerimônias de culto e traz em si uma estrutura ritual, pondera Brecht, surge "precisamente por ter se desprendido destas". Não adotou, portanto, "a missão dos mistérios", mas sim, "o prazer do exercício do culto, pura e simplesmente"[52].

Para Brecht, a missão do teatro "é a de recrear os filhos de uma era científica, proporcionando-lhes o prazer dos sentidos e a alegria"[53]. Para tanto, o autor utiliza a linguagem e o método daquela que é considerada por ele "a nova ciência social": a dialética materialista. Lança mão, portanto, do instrumental da ciência que marca a sua época, para estimular no espectador o senso crítico e, por conseguinte, fazê-lo intervir ativamente no processo social.

A Grotowski interessa, no teatro, trabalhar a passagem de níveis grosseiros de energia para outros mais sutis. No processo da Arte como Veículo adota a linguagem do ritual, a qual, segundo ele, é capaz de proporcionar o que denomina "o elevador primordial", conforme veremos no capítulo 4.

O mestre polonês parece caminhar na contramão da modernidade. Ao buscar a sacralização do teatro, a volta ao caráter ritualístico da atuação, rejeita não apenas a noção de teatro como mercadoria, mas o próprio mercado cultural. Para ele, o teatro, assim como o ator, não se vende, não está à venda – sua "moeda de troca" é a subjetividade, tem "valor de relação e não de mercadoria"[54]. Grotowski dirá: "As pessoas de teatro nunca foram atadas a uma só Nação. Eram nômades, falavam várias línguas. O teatro nasceu dos anseios de pessoas que não podiam adaptar-se, e não do anseio, da expressão de uma Nação"[55].

Grotowski[56] confessa que se sentia sempre muito distante de Brecht, mas que, como espectador, admirava sua *Mãe Coragem,* sua

50. M. Foucault, *A Ordem do Discurso*, p. 39.
51. P. Pavis, op. cit., p. 346.
52. B. Brecht, op. cit., p. 102.
53. Idem, p. 133.
54. Caderno de Campo, São Paulo, 1996. As nostas foram coligidas durante o simpósio internacional *A Pesquisa de Jerzy Grotowski e Thomas Richards sobre a Arte como Veículo,* promovido pelo Centro de Pesquisa Teatral (CPT) do Sesc.
55. Idem.
56. Idem.

forma de trabalhar, completamente distinta da sua. Ele critica aqueles que só se interessam pelo próprio trabalho; considera essa atitude "absurda", uma vez que atribui grande valia à observação da maneira como outros artistas desenvolvem sua obra, como definem o objeto de sua busca e as soluções que encontram. Ressalta que o importante é não se imobilizar, não se fixar em fórmulas. Em sua opinião, o teatro não se restringe a apenas uma função. Tudo depende do tipo de teatro e do nível do trabalho pretendido. O que importa é "a função social do que você faz". Na ciência como na arte, diz ele, a questão fundamental é indagar: "Será que isso funciona? Será que há uma função? Qual é a realidade? Ela está de acordo com seu sonho?" No seu entender "não se deve jamais pensar em idéias gerais, mas em realidades"[57].

Não obstante, afora trabalhos inovadores e radicais como o de Grotowski e Thomas Richards, por exemplo, a visão de teatro que prevalece hoje é justamente a de espetáculo, diversão, mercadoria. Essa dimensão de prazer que o teatro possui exige de nós a capacidade de fruição. Ora, como observa Brecht, "somos filhos de uma era científica", fragmentada, complexa, cuja unidade foi rompida. Nossa capacidade de fruição, diz ele, parece estar atrofiada em relação à dos antigos. Alimenta-se de "fontes diversas das que, tão possantemente, se abriram para aqueles que viveram antes de nós"[58]. Não comungamos mais, como nossos antepassados, de uma mesma e única crença. Se, para eles, havia uma comunhão de valores em torno do objeto reproduzido, para nós, essa unidade se rompeu. O homem já não é visto, da mesma maneira que no ideal clássico, como uma consciência una, indivisível, mas sim fragmentada, descontínua, contraditória. Rompe-se, assim, com a clássica unidade de consciência do herói no teatro. Por conseguinte, também as unidades de ação e de tempo são rompidas, substituídas pela noção de descontinuidade de tempo e de espaço. Desfaz-se a visão homogênea do Homem, característica do classicismo, para dar lugar a uma visão marcada pela diversidade, pela dialogia e pelo homem plural. A idéia reconfortante de uma ordem, de uma unidade, inerentes ao espírito humano vai sendo, aos poucos, substituída pela desconcertante multiplicidade de concepções sobre o homem. Desse modo, se o Homem são muitos, numerosas serão as formas de representá-lo. E, como ele, efêmeras.

O TEATRO NO SÉCULO XX

Conforme observa Odette Aslan, o teatro, no Ocidente, tem vivido, ao longo dos séculos, a alternância entre duas tendências que

---

57. Idem.
58. B. Brecht, op. cit., p. 104.

seriam pólos extremos da cadeia que compõe a arte de atuar: o teatral e o natural, ou espontâneo. Na Grécia Antiga, por exemplo, o tipo de atuação era fundamentalmente teatral. Os atores usavam máscaras, vestimentas e coturnos[59] que os tornavam maiores do que realmente eram. Supõe-se que o gestual e o próprio uso da máscara (trágica ou cômica) também contribuíam para criar uma dimensão dilatada e não naturalista dos personagens representados. Esse tipo de atuação adequava-se aos ideais estéticos e culturais de uma época cujo teatro era, em grande parte, dedicado à representação dos grandes heróis míticos gregos e não de simples mortais.

Séculos depois, no período elizabetano, William Shakespeare aproveitaria uma fala de Hamlet para aconselhar os atores sobre a forma como deveriam atuar. A julgar pelos seus conselhos, os atores da época primavam pelo exagero, por uma teatralização excessiva e, talvez, grosseira. Daí a necessidade de o bardo inglês reclamar maior naturalidade de expressão e maior justeza entre palavras e ações, utilizando, para isso, a fala e a autoridade do Príncipe da Dinamarca:

> Dize, por favor, aquela tirada tal como a declamei, com desembaraço e naturalidade, mas se gritares, como é de hábito em muitos de teus atores, melhor seria que desse meu texto para que o pregoeiro público o apregoasse. Nem ceifes muito o ar com a mão, deste jeito. [...] Oh! Fere-me a alma ter que ouvir um robusto camarada com uma enorme peruca, despedaçar uma paixão até convertê-la em frangalhos, em farrapos, fendendo os ouvidos do baixo povo o qual, na maior parte, só se deixa comover, habitualmente, por incompreensíveis pantomima e barulhada. [...] Que a ação responda à palavra e a palavra à ação, pondo especial cuidado em não ultrapassar os limites da simplicidade da natureza, porque tudo o que a ela se opõe, afasta-se igualmente do próprio fim da arte dramática, cujo objetivo, tanto em sua origem como nos tempos que correm, foi e é o de apresentar, por assim dizer, um espelho à vida[60], mostrar à virtude suas próprias feições, ao vício sua verdadeira imagem e a cada idade e geração sua fisionomia e características[61].

Muitos dos trechos dessa fala de *Hamlet* são de uma atualidade impressionante. Nota-se, desde lá, a preocupação com a gestualidade, com o uso do corpo. A necessidade de normatizar a atuação. A busca de equilíbrio, de justeza entre ações físicas e vocais. Sobretudo no que diz respeito à má atuação dos atores, o texto é extremamente atual.

O horror ao excesso de gestualização e ao texto gritado é quase uma unanimidade na história do teatro ocidental. Denis Diderot, para quem o paradoxo do comediante consistiria no fato de que somente os atores menos dotados de sensibilidade poderiam representar com maestria a sensibilidade humana, também condenaria os excessos:

59. Os coturnos eram sapatos de sola espessa, muito altos, usados pelos atores gregos, distinguindo-os dos coreutas.
60. Vemos que a metáfora do espelho de Uzume é recorrente.
61. W. Shakespeare, *Hamlet, Príncipe da Dinamarca*, p. 571.

É a extrema sensibilidade que faz os atores medíocres: é a sensibilidade medíocre que faz a multidão dos maus atores; e é a falta absoluta de sensibilidade que prepara os atores sublimes. As lágrimas do comediante lhe descem de seu cérebro; as do homem sensível lhe sobem do coração[62].

Por conseguinte, o grande comediante, para Diderot, é justamente aquele que examina e aprende – coleciona, como diz ele – tudo aquilo que impressiona às pessoas, de modo geral. Observa e estuda o que as pessoas comuns, sensíveis, sentem. No seu entender, não é o coração do comediante que atua, mas seu cérebro, porquanto "não é o homem violento que está fora de si que dispõe de nós" – essa é uma "vantagem reservada ao homem que se domina". Isso porque, na opinião de Diderot, a "sensibilidade nunca se apresenta sem fraqueza de organização". O segredo da atuação, para o iluminista, era justamente a frieza de sentimentos e a inteligência, características tanto dos atores quanto dos sábios. É claro que as palavras de Diderot foram escritas em um contexto em que a racionalidade surgia como reação às trevas impostas por anos de obscurantismo religioso, representado pela Inquisição promovida pela Igreja Católica, e cujos efeitos nefastos sobre as artes e as ciências se fizeram sentir durante séculos. O que Diderot de fato condenava era a sensibilidade medíocre, o arrebatamento cego, irracional, posto que, para ele, "as paixões exageradas são quase todas sujeitas a trejeitos que o artista sem gosto copia servilmente, mas que o grande artista evita"[63]. Criticava, igualmente, os atores que não conseguiam representar mais do que a eles próprios no palco: "transportai ao teatro vosso tom familiar, vossa expressão simples, vosso gesto natural e vereis quão pobre e fraco sereis", alertava[64].

À sua maneira, Diderot antecipava o que, mais tarde, viria a ser a idéia de distanciamento na arte de representar, que marcaria o teatro do século XX e o pensamento de encenadores como Brecht, Barba e Antunes. Brecht diria, quase duzentos anos após Diderot, que o ator deveria assumir uma "distância idêntica" àquela adotada pelo historiador em relação aos fatos e diferentes comportamentos contemporâneos. Tal atitude possibilitaria provocar distanciamento semelhante por parte do espectador no que se refere à percepção das ações e personagens, levando-o a refletir criticamente sobre eles. Brecht buscava suscitar na audiência aquela mesma frieza que Diderot exigia do ator quando afirmava que este deveria ter discernimento e que era necessário haver nele "um espectador frio e tranqüilo"[65].

62. D. Diderot, Paradoxo do Comediante, *Textos Escolhidos*, p. 164.
63. Idem, p. 167.
64. Idem, p. 166.
65. Idem, p. 162.

Diderot reagia contra a idéia de o palco ser um retrato fiel da natureza. Perguntava-se de que modo a natureza poderia formar um grande comediante, uma vez "que nada se passa exatamente no palco como na natureza, e que os poemas dramáticos são todos compostos segundo um certo sistema de princípios"[66]. Assim, a seu ver, entre a natureza e o comediante existe a mediação estabelecida pela arte. Não basta, portanto, ao ator, ao artista, imitá-la. Ele deve recriá-la a partir de certas técnicas, o que constitui a sua arte. Para isso, são necessários anos de treinamento e de experiência, já que o ator não deve se contentar com os recursos que lhe são oferecidos pela natureza – como, por exemplo, um bom porte, um belo corpo, uma voz possante e agradável –, mas procurar desenvolvê-los, aprimorá-los, buscar atingir a maestria. Caso contrário, limitar-se-á sempre a tecer retratos pobres da realidade e dos homens. Será um imitador e não um criador. A esse respeito, Brecht dirá: "O ator, uma vez transformado no caixa bancário, no médico ou no general que está representando, necessita de tão pouca arte como a que o caixa, o médico ou o general necessitam na vida real"[67].

Zeami, o mestre japonês do teatro Nô, cujo pensamento exerceria uma influência marcante na obra de artistas do século XX, tais como Brecht, Gordon Craig, Eugenio Barba, Grotowski e Peter Brook, entre outros, afirmava, em 1420: "O que se vê com o espírito é a substância. O que se vê com os olhos, é o efeito segundo. Como conseqüência, o iniciante vê o efeito segundo e o imita. Isto aí é imitar desconhecendo a causa do efeito segundo. O efeito segundo é por definição inimitável"[68].

Representar a substância ou a manifestação da substância; o significado ou o significante? E, sobretudo, como representar? Eis o desafio lançado aos artistas ao longo da história do teatro e das artes, de um modo geral. Cada época apresenta sua proposta, seu estilo, seus fundamentos e ideais estéticos e, cada uma à sua maneira, representa uma reação à época que a precede. Teatralidade e naturalidade, ou espontaneidade, alternam-se, mesclam-se; constituem sempre duas modalidades extremas de atuação. Conforme observa Pierre Bourdieu, o teatro, ao mesmo tempo em que divide, se divide, de modo que as diferenças entre o teatro burguês e o teatro de vanguarda são essencialmente estéticas e políticas.

A visão de mundo construída pelos vários tipos de teatro, seu posicionamento político diante dos acontecimentos e da humanidade engendram uma contrapartida estética. Assim, o drama burguês surgiu, no século XVIII, como uma forma revolucionária proposta pela classe ascendente que se opunha aos valores da aristocracia dominante. No século XIX, já havia se estabelecido como uma forma de dramaturgia

---

66. Idem, ibidem.
67. B. Brecht, op. cit., p. 58.
68. Zeami apud O. Aslan, op. cit., p. 108.

(drama romântico, melodrama e *vaudeville*) caracterizada pelos valores e pelos novos mitos burgueses. No século XX, o drama burguês passaria a ser visto como uma reprodução, uma apologia da ideologia dominante. O teatro de vanguarda surge, nesse contexto, como reação a essa ideologia. O teatro, portanto, reflete diferenças e antagonismos sociais e ideológicos.

Enquanto a vanguarda luta para estabelecer novos paradigmas para a arte, para o indivíduo e para a vida em sociedade, o teatro burguês ou "comercial" continua prosperando e representa dois terços da produção teatral, segundo aponta Patrice Pavis. Esse tipo de teatro, também conhecido como "teatrão", é, em geral, considerado pelo público como "o teatro por excelência", o que parece ser coerente com a idéia de Homem ou de Humanidade por excelência, característica do classicismo e, ainda hoje, amplamente difundida e aceita pelo senso comum, que reluta em admitir as diferenças e reconhecer-lhes o sentido de equivalência. Por conseguinte, os temas do teatro burguês, comercial, giram sempre em torno das mesmas questões: adultério, conflitos amorosos e geracionais, desagregação da família etc., e são, quase sempre, repletos de "estereótipos tranquilizadores", como observa Pavis.

Os excessos, muitas vezes degradantes e decadentes, do classicismo e do romantismo levariam à reação que caracterizaria o naturalismo, celebrizado por Émile Zola, que estabeleceria uma espécie de império nas artes cênicas do fim do século XIX e início do século XX. É nesse contexto que surge o trabalho inovador e, em certo sentido, fundador de Constantin Stanislávski, ator e diretor russo, cujo método de preparação do ator revolucionaria a arte de representar, sendo considerado, ainda hoje, fundamental para a formação do ator em várias escolas.

Stanislávski é uma referência canônica no teatro. Conforme observa Grotowski, o trabalho elaborado por ele não é nem experimental, nem de vanguarda. É um trabalho "sólido e sistemático sobre o *métier*", o que faz com que qualquer que seja a linha de trabalho, ou a orientação estética adotada no teatro, lá se encontre Stanislávski[69]. Ele seria o interlocutor por excelência; uma espécie de grande pai arquetípico da classe teatral. De acordo com Grotowski, é Stanislávski quem desenvolve a "noção moderna de companhia como fundamento do trabalho profissional"[70]. De fato, o perfil de companhia teatral estabelecido pelo mestre russo influenciaria de forma marcante as gerações seguintes, sobretudo os grupos de teatro de pesquisa, no que diz respeito à organização interna, às regras e à ética de tra-

---

69. J. Grotowski, De la compagnie théâtrale à l'art comme véhicule, em T. Richards, *Travailler avec Grotowski sur les actions physiques*, p. 175.
70. Idem, ibidem.

balho. De tal sorte que levaria Eugenio Barba a afirmar que "os homens do teatro ocidental não descendem do macaco, mas de Stanislávski"[71].

Gerd Bornheim identifica em Stanislávski a figura liminar, divisora de dois mundos: o que engendra uma concepção clássica do homem como ser racional, indivisível, uno, e aquele marcado pela crise de valores, pela fragmentação da consciência que abala a compreensão ocidental tradicional do homem. Na visão de Bornheim, embora ainda impregnado da concepção clássica do homem, Stanislávski elabora um método de trabalho para o ator, cuja profundidade e dimensão permitem abranger uma enorme extensão dramatúrgica. Paradoxalmente, Stanislávski representaria, simultaneamente, a última etapa de um determinado estilo de realismo teatral – associado a uma concepção clássica do homem e do teatro – e a porta de entrada para o teatro do século XX, com suas pesquisas inovadoras sobre a arte do ator. A quebra da, assim chamada, unidade fundamental do Homem, que marca o pensamento clássico desde Aristóteles, acarretaria, no século XX, a ruptura da unidade do fenômeno teatral – unidade de estilo, de tempo, ação, espaço e caráter da personagem.

Em seu *O Sentido e a Máscara*, Bornheim chama atenção para o fato de que, até o século XIX, era possível identificar a unidade do fenômeno teatral, pois, até então, cada época possuía um estilo específico, único, que abarcava, de maneira geral, toda a dramaturgia da época – respeitadas suas variações –, assim como os problemas técnicos e artísticos, inclusive aqueles referentes à relação entre espetáculo e platéia.

Na visão de Bornheim, o que caracteriza o teatro contemporâneo é justamente o fato de ele apresentar uma imensa gama de variações, na qual cada autor possui "o seu estilo e exige a sua forma inconfundível de teatro"[72]. O mesmo pode ser dito em relação aos diretores/encenadores, que constroem um modo particular de *mise-en-scène* e, por extensão, exigem dos atores uma forma de atuação condizente com a linguagem que buscam estabelecer em seus teatros. Dessa maneira, a maioria dos diretores ligados ao teatro de pesquisa – e, mesmo, alguns associados ao teatro convencional – busca estabelecer um método de treinamento e de atuação para seus atores que viabilize e caracterize a especificidade de sua linguagem. Segundo Bornheim, a falta de unidade do teatro do século XX poderia ser explicada por dois motivos: a ânsia de originalidade e o desgaste progressivo da tradição cultural no Ocidente.

Odette Aslan enumera em seu utilíssimo livro, *O Ator no Século XX*, alguns dos fatores que, a seu ver, caracterizariam a cena contem-

---

71. E. Barba, *A Canoa de Papel*: tratado da Antropologia Teatral, p. 91.
72. G. Bornheim, *O Sentido e a Máscara*, p. 10.

porânea: a reação contra o naturalismo; o sentido de provocação e o desejo de destruir a tradição e o academicismo burgueses; a desintegração da linguagem, que teve como conseqüência a aceitação da inverossimilhança, a busca de uma escrita que contemple o universo do inconsciente, o desaparecimento da intriga e a explosão do texto; a simultaneidade de ações; a ruptura da idéia de personagem; o fracionamento da noção de autor, em que o encenador passa a ser co-autor e, mais recentemente, o ator torna-se *dramaturgo*; e a fragmentação do espaço cênico.

Gerd Bornheim[73], por sua vez, distingue, no emaranhado da cena contemporânea, alguns dos problemas enfrentados pelo teatro do século XX, destacando quatro questões fundamentais: o problema da situação do realismo e a necessidade de vencer seus limites, a consciência histórica, a situação dos fundamentos estéticos do teatro, e a relação entre palco e platéia.

O primeiro ponto diz respeito ao fato de o teatro ocidental ter se prendido, nos últimos séculos, ao que cada escola julga ser o realismo. Atualmente, o teatro convive com várias formas de realismo, algumas contrárias umas às outras, de modo que não há uma "definição unívoca" para o termo. No entanto, o tipo de realismo que invadiu o teatro no final do século XIX e início do século XX foi o naturalismo. Este adotava uma visão cientificista e, de certa forma, determinista do homem e do meio ambiente. Apresentava a realidade como um dado imutável e buscava criar a ilusão cênica por meio da reprodução da realidade *tal como ela é*. Enquanto movimento artístico, o naturalismo surge "em plena euforia positivista e cientificista", quando se pretende observar a sociedade a partir da aplicação de um método científico (a exemplo do que fazem o clínico e o fisiólogo), mas, na realidade, acaba se fechando em um "determinismo não dialético"[74].

A encenação naturalista é detalhada. Nela, cenografia e figurinos buscam criar uma ambientação semelhante à "vida real". A atuação baseia-se na criação da ilusão cênica. O espectador tem a sensação de que o ator/personagem está improvisando ou criando seu texto no momento mesmo da encenação, pois existe uma total identificação entre ator e personagem. Há como que uma quarta parede separando o palco da platéia – invisível para o espectador, espessa e intransponível para o ator. A platéia é, assim, levada a uma espécie de voyeurismo: vê, sem ser vista. É induzida a acreditar na realidade do teatro; a esquecer que o que vê é uma representação.

A reação ao naturalismo viria por parte daqueles que defendiam a reteatralização do teatro e lutavam contra o ideal de ilusão cênica: simbolistas, expressionistas, futuristas, dadaístas, surrealistas,

---

73. Idem, p. 12.
74. P. Pavis, op. cit., p. 261.

construtivistas e defensores do teatro épico e político, entre outros. Para eles, "lutar por um teatro teatral" significava lutar "por algo que aceita o teatro por aquilo que ele é: teatro"[75]. Essas transformações profundas seriam marcadas pela pesquisa formal. A superação "da estreita compreensão do real", que marca o naturalismo, daria passagem ao que Bornheim classifica como "uma abertura para a anti-realidade"[76].

A distinção feita por Brecht entre naturalismo e realismo é clara. Os naturalistas, diz ele, "mostram os homens como se mostrassem uma árvore a um transeunte. Os realistas mostram os homens como se mostra uma árvore a um jardineiro"[77]. Os efeitos de distanciamento utilizados pelo naturalismo, portanto, subtrairiam o "objeto reproduzido da intervenção do espectador", tornando-o inalterável. De maneira que, para o espectador, fica a impressão, ao mesmo tempo angustiante e reconfortante – dependendo do ponto de vista: se o espectador é operário ou burguês –, de que "o que permanece inalterado há muito tempo, parece ser inalterável"[78]. O efeito do distanciamento, tal como proposto por Brecht, toca o quarto ponto ressaltado por Bornheim: a relação entre palco e platéia. Brecht buscava estimular o que definia como a arte do espectador, em que este não é um mero receptor passivo, mas um construtor de significados capaz de, como o jardineiro, modificar não apenas a natureza, mas as relações sociais e a própria realidade. Esse ponto está intimamente relacionado ao segundo, aquele da consciência histórica.

A historicização da consciência tornou mais complexo, segundo Bornheim, o trabalho do teatro como um todo, uma vez que o ator – para citar apenas um dos aspectos – já não pode se restringir a um determinado estilo, ou "prender a sua arte a convenções fixas", como era o caso das escolas anteriores. No teatro contemporâneo, espera-se que o ator seja capaz de dominar todas as técnicas, ou grande parte delas, de modo a poder "trabalhar qualquer tipo de texto"[79], o que faz com que dedique muito mais tempo à sua formação.

O terceiro ponto levantado por Gerd Bornheim diz respeito à situação dos fundamentos estéticos do teatro, pois o teatro contemporâneo, de acordo com ele, enfrenta uma "crise de fundamentos". Não obstante, essa "tão comentada crise resolve-se", afirma ele, "em variedade de diretivas, em uma vitalidade transbordante que deixa ver no teatro atual um amplo laboratório de experiências"[80]. O teatro do século XX

---

75. G. Bornheim, op. cit., p. 16.
76. Idem, p. 17.
77. B. Brecht apud P. Pavis, op. cit., p. 327.
78. B. Brecht, op. cit., p. 261.
79. G. Bornheim, op. cit., p. 20.
80. Idem, p. 30.

depara-se, portanto, com o que Bornheim define como "o informe que busca formas".

CENTROS DE PESQUISA TEATRAL: EM BUSCA DA UNIDADE PERDIDA

> *Atenta para as sutilezas*
> *que não se dão em palavras.*
> *Compreende o que não se deixa capturar pelo entendimento.*
>
> JALAL UD DIN RUMI

O teatro do século XXI convive com uma imensa gama de tendências e estilos. No entanto, é possível identificar, no Ocidente, duas tendências opostas e, todavia, complementares. A primeira, procura acompanhar e se apropriar das inovações tecnológicas que surgem a todo momento, buscando fazer do teatro uma arte capaz de competir com o cinema, a televisão e o vídeo. Nela, o teatro é marcado essencialmente – e, eu diria, praticamente ditado – pelas tendências de mercado. A larga utilização da tecnologia (som, iluminação, vídeo, materiais de figurino e cenografia) na produção de efeitos cênicos parece caracterizar a firme disposição de atualizar a linguagem teatral, adaptando-a aos novos padrões de imagem, ritmo, tempo, velocidade e movimento estabelecidos pelos meios de reprodução de massa[81]. Há como que uma síntese de elementos artísticos e efeitos especiais que, na maioria das vezes, acaba por fazer do ator um mero acessório da encenação.

Walter Benjamin, em seu célebre e, ainda hoje, atualíssimo ensaio "A Obra de Arte na Época de suas Técnicas de Reprodução", já previra essa inversão de valores. Dizia ele que: "quando o ator se torna acessório da cena, não é raro que, em decorrência, os próprios acessórios desempenhem o papel de atores"[82]. É assim que, em muitos teatros da atualidade, a figura do ator vagueia, diluída em meio ao caos – que parece estar sempre associado à fumaça, no teatro moderno –, envolta nas chamas de uma pirotecnia cênica que lhe consome a importância, mas garante o luxo do espetáculo. De forma que, muitas vezes, "cenários ou figurinos excepcionais" constituem o principal atrativo do teatro, conforme observa o crítico teatral Sábato Magaldi[83]. Nesse contexto, o teatro sem efeitos especiais passa a ser visto como um teatro pobre.

---

81. É praticamente impossível, hoje em dia, analisar qualquer fenômeno cultural sem levar em consideração o poder e a influência da televisão, da internet e do conjunto das mídias.
82. W. Benjamin, A Obra de Arte na Época de suas Técnicas de Reprodução, *Os Pensadores*, p. 16.
83. S. Magaldi, op. cit., p. 10.

A segunda tendência busca, ao contrário, um retorno às origens do teatro[84], na tentativa de resgatar a transcendência, a dimensão simbólica e poética da atuação e, porque não dizer, o *homem* em meio ao caos. Nessa perspectiva, o ator readquire sua importância como figura central do teatro, tornando-se um ser criador, muito mais do que um mero repetidor. Ele é visto como alguém capaz de estabelecer o elo entre o sagrado e o profano, o cotidiano e o extracotidiano, a poesia e a práxis. É nesse contexto que se inserem os chamados Laboratórios de Teatro ou Centros de Investigação Teatral, que se dedicam a uma rigorosa pesquisa sobre os princípios que regem a arte da representação.

Preocupados em restabelecer a dimensão simbólica do teatro, esses centros de pesquisa pretendem romper com os valores e ideais da sociedade pós-industrial, que reduzem o homem a uma condição de massa consumidora, cujo gosto e desejo são determinados pelas regras de mercado e pelos novos mitos globalizantes do capitalismo financeiro. Sua obra é marcada pela necessidade de criar novas cosmogonias, empreendendo um retorno ao que consideram ser as origens rituais e míticas do teatro. Nesse sentido, o contato com culturas ditas exóticas – como as de origem oriental, por exemplo, ou com aquelas equivocadamente classificadas como primitivas – veio povoar e alimentar o imaginário desses artistas, fornecendo-lhes matéria-prima na forma de mitos e símbolos, bem como de estruturas rituais e de técnicas de êxtase.

A enorme influência exercida pela "arte primitiva" nas artes ocidentais, a partir da segunda metade do século XIX e começo do século XX, especialmente nas artes plásticas – nas obras de Picasso, Matisse e Modigliani, por exemplo –, no que toca ao aspecto não-naturalista de suas obras, ao conteúdo mítico e à utilização que fazem de símbolos, também atingiria fortemente o teatro e a música. Conforme observa Raymond Firth[85], isso se deve ao fato de que essas obras, além de contribuírem para a solução de problemas técnicos e conceituais enfrentados pelos artistas, instigam a formulação de novos paradigmas. A assim chamada arte primitiva (africana, mexicana e pré-colombiana, entre outras) influencia, portanto, a arte do Ocidente, tanto do ponto de vista estético como de suas técnicas, o que nos leva a reconsiderar a noção, bastante arraigada no senso comum, de que a sociedades simples correspondem técnicas simples. Na maioria das vezes, culturas aparentemente simples, ou consideradas como tal, possuem uma arte extremamente complexa e refinada, que nada

---

84. Mircea Eliade, em seu clássico *O Mito do Eterno Retorno:* arquétipos e repetição, observa que a busca do retorno às origens é uma tendência recorrente em todas as sociedades. O mesmo parece se observar no teatro.
85. R. Firth, O Contexto Social da Arte Primitiva, *Elementos de Organização Social.*

mais é do que o reflexo do refinamento da sociedade que a produz. O preconceito embutido em noções como as de *arte primitiva* ou *cultura exótica* deriva da maneira extremamente etnocêntrica de ver a arte e a cultura, por parte do mundo ocidental, que estabelece e controla os ideais estéticos e artísticos por intermédio da crítica especializada, da produção de tecnologia e das tendências de mercado.

A dicotomia arte primitiva e arte erudita ou arte erudita e arte exótica imprime uma divisão absolutamente arbitrária ao universo da arte, que nada contribui para a análise científica dos fenômenos sociais e estéticos envolvidos em sua produção. Ananda Coomaraswamy, em seu estudo *Sobre la doctrina tradicional del arte,* afirma que a arte oriental não representa outro tipo de arte, mas uma forma "genericamente diferente do que chegamos a entender por 'arte' nos tempos modernos"[86]. Coomaraswamy ressalta que não se trata apenas de uma "diferença étnica e estilística", mas de "uma atitude diante da vida" que é completamente distinta da ocidental. Segundo ele, a dificuldade do Ocidente em compreender o sentido da arte oriental deve-se exatamente ao fato de vê-la na forma de "fragmentos extraídos de um contexto esplêndido", dos quais gostamos ou não gostamos, sem, no entanto, penetrar em seus fundamentos, em seu contexto, em seus mistérios. Em sua concepção, "o produto final da arte asiática é uma organização da vida à semelhança de um *canon* eterno", no sentido de que é condicionado por uma visão de mundo na qual cada ínfima necessidade, ou ação, por mais humildes que sejam, podem se referir a "razões transcendentais"[87]. A arte asiática, segundo ele, não seria feita para ser utilizada ou mostrada em outro contexto que não aquele ao qual se destina.

Em seu estudo, Coomaraswamy distingue duas classes de arte muito diferentes entre si. A primeira, constante e "normal", englobaria as formas de arte tradicionais, passadas de mestre para discípulo, ao passo que, a segunda, variável e "anormal", compreenderia as artes baseadas no individualismo e no personalismo artístico, características do Ocidente. No primeiro grupo, encontram-se as artes da Ásia, de modo geral, do Egito, da Grécia (até o fim do período arcaico) e da Idade Média européia, bem como as chamadas artes primitivas e populares. No segundo, aquelas da "decadência clássica e da Europa pós-renascentista"[88]. Nas artes tradicionais, o artista cria dentro de um código já estabelecido, e o desafio consiste em produzir "coisas do mesmo tipo que nunca são iguais". Nesse contexto, a arte não seria uma imitação da Natureza, mas de "seu modo de operar", pois a Natureza, diz Coomaraswamy, "se renova continuamente em formas

---

86. A. K. Coomaraswamy, *Sobre la doctrina tradicional del arte,* p. 17.
87. Idem, p. 40.
88. Idem, p. 17-18.

idênticas, com originalidade sem deformação"[89]. Já o artista pertencente à classe das artes variáveis estaria, em sua opinião, escravizado pela arte acadêmica, que lhe dita os temas que ele supõe ter escolhido. Em sua definição:

> Pode-se dizer que enquanto nas sociedades unânimes há variedade na semelhança, nas sociedades individualistas há uma uniformidade em toda variedade. O que nas artes tradicionais nos parece uma questão de memória e uma tediosa repetição, é, em realidade, uma recriação[90].

Coomaraswamy sugere uma leitura diferente do fenômeno artístico. Apresenta um ponto de vista completamente diverso daquele com o qual estamos acostumados a lidar e que normalmente encontramos nos tratados e compêndios sobre arte. A visão desse grande orientalista coloca em xeque a pretensão e a arrogância da noção generalizante de arte que o Ocidente tenta globalizar.

Pode-se imaginar o fascínio e o impacto que as artes tradicionais exerceriam sobre os artistas ocidentais. Sobretudo se considerarmos a crise de valores que atinge o Ocidente desde o século XIX, com a ascensão desmesurada do racionalismo e do positivismo, e a crescente desvalorização do simbólico, dos níveis mais sutis e subjetivos da experiência humana. O confronto desses artistas com outras culturas, com sociedades *unânimes*, como denomina Coomaraswamy, no final do século XIX e início do século XX, surtiria um efeito revolucionário no campo da arte e tem sido, até hoje, fundamental para alimentar e renovar a arte ocidental.

No que toca ao teatro, centenas de artistas circulam ao redor do mundo, nos confins mais distantes, em busca de conhecimento, de soluções técnicas e estéticas para suas preocupações artísticas e, até, em busca de novos problemas que possam enriquecer seu ofício. Fazem parte desse imaginário, desse *kula* simbólico que se estabelece entre a gente de teatro, países como o Brasil (que vem sendo descoberto mais recentemente), o México, o Haiti, a Índia, Bali, o Japão e a China, entre outros, bem como o continente africano. É claro que esse movimento engendra sua contrapartida e se faz em duas vias, uma vez que os *exóticos* acabam indo em busca de seus buscadores.

Na antropologia, assim como no teatro, os conceitos, as idéias e as técnicas circulam em uma espécie de troca semelhante àquela estabelecida no *kula* melanésio[91]. É por meio da troca, da circula-

---

89. Idem, p. 36.
90. Idem, p. 39.
91. O *kula*, estudado por Bronislaw Malinowski em seu clássico *Argonautas do Pacífico Ocidental*, é definido por Marcel Mauss, em seu não menos clássico "Ensaio sobre a Dádiva: forma e razão da troca nas sociedades arcaicas", como uma espécie de imenso *potlatch*, que se estende por todas as ilhas Trobriand, por uma parte das ilhas En-

ção de substância conceitual estabelecida quer entre os etnógrafos, quer entre os artistas – e, em alguns casos, como neste estudo, entre ambos – que as tradições da antropologia e do teatro se constroem e asseguram sua permanência. As idéias, os conceitos, as técnicas, as descobertas precisam circular, pois, como dirá Marcel Mauss em seu "Ensaio sobre a Dádiva: forma e razão da troca nas sociedades arcaicas": "A coisa que é dada não é inerte. Animada, freqüentemente individualizada, ela tende a voltar [...] a seu lugar de origem ou a produzir, para o *clã* e o solo de onde veio, um equivalente que a substitua"[92].

A continuidade das tradições faz-se, portanto, no tempo e no espaço descontínuos, em uma diacronia que permite o diálogo entre mestres distantes e suas descendências, e em uma sincronia que estimula o intercâmbio entre os diversos grupos de artistas ou de etnógrafos de uma mesma época. De tal modo que não se poderia afirmar, nesses reinos, a existência de uma tradição ou idéia pura, totalmente original. Gaston Bachelard[93] daria uma contribuição decisiva para a reformulação do conceito de tempo ao defender a noção de um tempo descontínuo. Para ele, não haveria, necessariamente, uma continuidade na história da própria ciência, de forma que esta estaria sujeita a cortes epistemológicos. Não obstante, descontinuidades de fenômenos no tempo e no espaço permitem criar uma continuidade fenomenológica.

É interessante observar a semelhança entre as viagens empreendidas pelo antropólogo e pelo artista. Ambos buscam a alteridade radical, o diferente de si mesmo. E, cada um à sua maneira, procuram novos paradigmas. De certo modo, algumas culturas das ex-colônias, que muitos compêndios ainda insistem em classificar como *primitivas*,

---

trecasteaux e das ilhas Amphlett, veiculando um grande comércio intertribal. O *potlach* consiste em uma maneira de troca; um meio de circulação de riquezas que se manifesta sob a forma ritual de uma demonstração de generosidade, em que há uma espécie de rivalidade, de disputa para ver quem pode dar o maior número de objetos de valor. Implica, muitas vezes, em uma grande destruição de riquezas, em um tipo de "desperdício", de esbanjamento, seja de alimentos, seja de bens materiais. De acordo com Mauss, a palavra *kula* quer dizer círculo e, pelo menos aparentemente, "assim como o *potlatch* do noroeste americano, consiste em dar, da parte de uns, e de receber, da parte de outros; os donatários de um dia sendo os doadores da vez seguinte". Não se deve, porém, diz ele, guardar por muito tempo os objetos recebidos, nem demorar a se desfazer deles, nem tampouco, "dá-los a outra pessoa que não os parceiros determinados num sentido determinado". Trata-se, no fundo, ressalta, de misturas. "Misturam-se as almas nas coisas, misturam-se as coisas nas almas. Misturam-se as vidas, e assim as pessoas e as coisas misturadas saem cada qual de sua esfera e se misturam: o que é precisamente o contrato e a troca" (M. Mauss, Ensaio sobre a Dádiva: forma e razão da troca nas sociedades arcaicas, *Sociologia e Antropologia* (2003), p. 212, 214, 215 e 218.

92. M. Mauss, Essai sur le don: forme et raison de l'échange dans les Sociétés Archaïques, *Sociologie et anthropologie*, p. 161.
93. G. Bachelard, Literatura, *O Direito de Sonhar*.

continuam fornecendo não apenas técnicas e concepções artísticas para as *vanguardas* ocidentais, mas também categorias *nativas* – tais como *tótem, tabu, kula, potlatch* etc. –, que servem de base para a elaboração de conceitos antropológicos e categorias de análise. Evans-Pritchard, ao refletir sobre sua relação com os Azande durante seu trabalho de campo, reconhece que aprendeu muito mais com os "primitivos" do que eles consigo[94].

Lévi-Strauss é um desses cientistas cuja erudição e paixão pela arte, e, sobretudo pela música, o levaram a discorrer sobre o tema em diversos trabalhos. Segundo ele, muitas das coleções de objetos *indígenas* que hoje se encontram em museus etnográficos terão, em breve, um "lugar nos museus de Belas Artes, entre o Egito ou a Pérsia antigos e a idade média européia", pois a arte indígena não fica a dever às chamadas grandes artes. Ao contrário, demonstra uma "diversidade superior à delas" e o desenvolvimento de "dons aparentemente inesgotáveis de renovação"[95]. Seu clássico *A Via das Máscaras* é um brilhante exemplo de como a antropologia pode penetrar no universo semântico de uma cultura a partir da arte produzida por ela. A comparação de diversos tipos de máscaras, tendo como ponto de partida uma região delimitada, o fez perceber analogias e diferenças entre elas, associadas aos mitos que explicam suas origens e que lhes dão lugar no ritual. Os traços estilísticos de cada uma delas permitem identificar não apenas o grupo étnico ao qual pertencem, mas também sua significação ritual e mítica. Segundo ele, o estudo das transformações plásticas sofridas pelas máscaras poderia revelar transformações análogas por parte dos mitos aos quais estão relacionadas.

O estudo comparativo dos fundamentos estéticos e culturais que orientam as diversas artes permite, justamente, resgatar a dimensão polissêmica da arte, garantindo o espaço para a coexistência de diferentes centros de interlocução. Assim, do mesmo modo que para as artes plásticas e para a música o contato com os ideais estéticos africanos e asiáticos foi fundamental e revolucionário, para os laboratórios de teatro sua influência também seria marcante.

A questão da tradição ocupa um espaço privilegiado nas preocupações dos grupos ligados à pesquisa teatral. Fazem parte de seus estudos ensinamentos de mestres do teatro, tais como Stanislávski, Dullin, Decroux, Meierhold e Craig, entre outros, e/ou da tradição mística, como Gurdjieff e os mestres budistas. A tradição é vista como fonte de renovação, de conhecimento. É ela que permite dar o salto, ir além.

Ao tratar da necessidade de se conhecer a tradição para que o novo possa florescer, Gadamer salienta que sem a intimidade com a

---

94. E. E. Evans-Pritchard, *Bruxaria, Oráculos e Magia entre os Azande*, p. 305.
95. C. Lévi-Strauss, *La voie des masques*, p. 9-10.

linguagem da tradição nenhum artista atual poderia desenvolver suas próprias audácias. Mesmo o admirador da arte, diz ele, está "constantemente cercado da simultaneidade de passado e presente"[96]. A esse respeito, Barba observa que as tradições possuem o poder de estratificar e refinar, nas suas formas, o conhecimento de "sucessivas gerações de fundadores", permitindo "a cada novo artista começar sem ser obrigado a recomeçar do início". As tradições, destaca ele, "são heranças preciosas, nutrição espiritual, raízes"[97].

Essa busca de valorização da tradição, de retorno às origens rituais, de resgate dos símbolos e dos mitos é sintomática em uma época de fragmentação, em que o cientificismo e o racionalismo levaram a uma visão mecanicista do homem. Segundo o antropólogo José Jorge de Carvalho, por trás do conceito de tradição se encontra "a transmissão viva e direta de um conhecimento arcano e fundamental", que resistiria ao desgaste do tempo justamente por sua capacidade de renovação através das sucessivas gerações[98].

No mundo contemporâneo ocidental tudo aquilo que foge ao âmbito da ciência, como o misticismo e as religiões, por exemplo, tem sido relegado a uma condição secundária. A supervalorização da razão em detrimento do simbólico, imposta pelo racionalismo e pelo positivismo, fez com que muitas práticas e narrativas, orais ou escritas, fossem relegadas à categoria do fantástico, do imaginário, no sentido do fictício, do fantasioso, do irreal. Há como que uma hierarquia na qual a razão e a ciência têm ascendência sobre todas as coisas. É a ciência que confere credibilidade a um fenômeno. É como se este só passasse a existir depois que ela lhe tivesse assegurado a confiabilidade. Até lá, permanece sob suspeição, em uma espécie de existência latente, de limbo, à espera do cientista que o descobrirá e o legitimará como objeto da ciência.

A esse respeito, Ortega y Gasset observa que, em grego, o termo *lathein* significa estar coberto, oculto. Ele lembra que averiguar quer dizer "certificar, tornar manifesto algo oculto", e que o vocábulo grego para verdade – *aletheia* – significa o mesmo, de modo que "*a* equivale a *des;* portanto, *aletheia* é des-ocultar, des-cobrir, des-latentizar"[99]. Sendo assim, é como se a verdade de um fenômeno determinado só existisse depois que este fosse averiguado, "descoberto" pelo cientista. Ignoram-se as outras formas de tornar manifesto o que está latente (por exemplo, os mitos); outras verdades, que não a científica.

---

96. H-G. Gadamer, *A Atualidade do Belo*: a arte como jogo, símbolo e festa, p. 20.
97. E. Barba apud R. Skeel, *A Tradição da Ista*, p. 92.
98. J. J. de Carvalho. Antropologia e Esoterismo: dois contradiscursos da modernidade, *Revista Horizontes Antropológicos*, p. 65.
99. J. Ortega y Gasset, op. cit., p. 18.

No século XX, porém, como nota Mircea Eliade, as pequenas pepitas flamejantes da imaginação, seus significados, seu conteúdo simbólico e sua ligação estreita com os sistemas de representações responsáveis pela tessitura da vida social começaram a ser reunidas e lapidadas, revelando-se verdadeiras jóias para o conhecimento científico. As narrativas míticas, por exemplo, têm demonstrado, com o vigor de sua permanência e o alcance de sua força poética e simbólica, que estão longe de ser uma forma de expressão prestes a desaparecer, ou, como queriam os estudiosos do século XIX, um modo primitivo de pensamento, anterior, na escala evolutiva, ao pensamento filosófico, racional. Os mitos possuem uma linguagem própria, uma coerência conceitual e simbólica, que fazem deles verdadeiros mapas semânticos. Tanto é assim que ciências como a psicologia, a filosofia e a antropologia, entre outras, têm-se debruçado sobre a sua análise na tentativa de, através das imagens neles refletidas, iluminar questões relativas à teoria do conhecimento.

O fascínio exercido pela mitologia está justamente no fato de que os conteúdos míticos não dizem respeito apenas às sociedades que os criaram. Apesar das diferenças culturais profundas que se encontram em sua origem e formulação, os mitos possuem aquela aura de universalidade, de atemporalidade, que cerca temas fundamentais da humanidade, como a disputa pelo poder, a paixão, o sexo, a magia, a religião, a criação do mundo etc. Poderíamos dizer, parafraseando Tambiah, que os mitos, assim como as metáforas, iluminam semelhanças. O conhecimento da linguagem mítica auxilia artistas e pesquisadores, no exercício de suas respectivas disciplinas, a explicitar o que permanece latente.

O problema é que até a ciência tomar para si o direito exclusivo de explicar o mundo e, efetivamente, de recriá-lo, também aos reles mortais era dado construir cosmogonias. Não era preciso o aval da ciência para que deuses e demônios habitassem o mundo. Mas, hoje, é a ciência quem dá o respaldo para que qualquer coisa tenha credibilidade ou importância. Daí o uso bastante difundido da expressão "é científico". O teatro não escapa dessa realidade. O emprego de termos como energia, por exemplo, por parte de atores e diretores, vem sempre seguido de uma explicação que pretende ser científica. O mesmo acontece em relação às noções oriundas do pensamento oriental, utilizadas por determinados grupos de pesquisa, as quais, para serem aceitas, precisam do amparo da ciência – particularmente, da nova física. É o que observa o diretor Antunes Filho, ao falar a respeito da origem da noção de complementaridade, presente em seu trabalho: "Ela vem do pensamento oriental, e o pensamento oriental foi chancelado pela Nova Física. Para poder colocar no Sesc, eu precisava da Física"[100].

---

100. Entrevista realizada em 4.4.1998, São Paulo.

Segundo Mircea Eliade, a tentativa de resgatar o símbolo "como modo autônomo de conhecimento" se insere no que ele identifica como uma "reação contra o racionalismo, o positivismo e o cientificismo do século XIX", característica do segundo quarto do século XX[101]. Entretanto, ele chama atenção para o fato de que a descoberta do símbolo enquanto "instrumento de conhecimento"[102], apesar de parecer inédita, ou própria da vanguarda[103], não passa, na verdade, da retomada de uma orientação que teria sido geral na Europa até o século XVIII, e que é "conatural às outras culturas, extra-européias"[104].

Na realidade, o símbolo, compreendido na acepção oferecida por Gadamer[105] como um pedaço de recordação, é parte integrante do conhecimento, ou do re-conhecimento. De acordo com Gadamer, o símbolo é um termo técnico grego e se refere à *téssera hospitalis*, pedaço de osso ou madeira que o anfitrião grego quebrava ao meio para dar ao seu hóspede, guardando consigo a outra metade, de modo que, anos depois, quando se reencontrassem, pudessem se reconhecer, ao juntar os pedaços, tornando-os e tornando-se novamente uma unidade. A tentativa de resgatar o símbolo seria, assim, ela própria, uma tentativa simbólica de resgatar a unidade perdida – essa categoria mítica cara à nossa história –; o encontro de humanidades, a que se refere Grotowski, cuja metáfora, o símbolo ilumina.

De fato, a própria física moderna parece empreender, atualmente, um retorno às suas origens filosóficas, conforme observa o físico austríaco Fritjof Capra, autor da obra que é uma espécie de livro de cabeceira de vários grupos de pesquisa teatral: *O Tao da Física: um paralelo entre a física moderna e o misticismo oriental*. Capra acredita que o fato de a física nos conduzir, hoje, "a uma visão do mundo que

---

101. M. Eliade, *Imagens e Símbolos*: ensaio sobre o simbolismo mágico-religioso, p. 5.
102. Não devemos nos esquecer de que o conhecimento pode ter aquela dimensão, defendida por Platão, de maravilhamento, de espanto perante o mundo. É justamente essa capacidade de espanto, de se surpreender de que as coisas sejam precisamente como são, que caracteriza o conhecimento.
103. De acordo com Christopher Innes, o termo vanguarda precisa ser redefinido, uma vez que se "converteu numa etiqueta ubíqua, aplicada ecleticamente a qualquer tipo de arte que seja de feitura antitradicional ou incompreensível". Em sua opinião, apesar de o termo vanguardista se referir às vezes "a um estilo, ou antes, à determinada ausência de 'estilo'", o que interessa nele é a questão da substância. Innes nota que o termo vanguarda, ao ser cunhado no século XIX, descrevia "os artistas de idéias políticas radicais que acreditavam estar prefigurando a mudança social mediante uma revolução da estética". Segundo ele, para os críticos marxistas como Georg Lukács, a vanguarda seria "sinônimo de decadência, sintoma cultural de um estado social em particular"; enquanto que, para seus apologistas, ela seria o "imperativo definidor de toda arte de nosso tempo". C. Innes, *El teatro sagrado*: el ritual y la vanguardia, p. 9 e 13.
104. Idem, p. 7-8.
105. H-G.Gadamer, op. cit., p. 50.

se afigura essencialmente mística" corresponde, de certa forma, "a um retorno às suas origens, cerca de 2.500 anos atrás". Para ele, as raízes da física e da ciência ocidental encontram-se na fase inicial da filosofia grega do século VI a.C., em uma cultura em que a ciência, a filosofia e a religião não estavam separadas[106].

De acordo com Capra, o termo física deriva da palavra grega *physis*, que originalmente significava "a tentativa de ver a natureza essencial de todas as coisas"[107]. Considerando que esse era o objetivo também dos místicos, física e misticismo não se diferenciavam. Émile Durkheim, cujos estudos clássicos sobre religião fornecem, ainda hoje, a base de sustentação para qualquer discussão em torno do tema, acreditava que "os primeiros sistemas de representações que o homem produziu do mundo e de si mesmo são de origem religiosa". Para ele, toda religião é, "ao mesmo tempo, cosmologia e especulação do divino"[108]. Nesse sentido, a religião não apenas contribuiu para enriquecer "com certo número de idéias um espírito humano previamente formado", como ajudou a formá-lo. De maneira que "se a filosofia e as ciências nasceram da religião" é porque esta, no início, "fazia às vezes de ciência e filosofia"[109].

As divisões conceituais geralmente utilizadas para viabilizar o estudo dos diferentes fenômenos da vida social representam, não raro, uma camisa-de-força para o pesquisador que deseja cruzar fronteiras. Uma delas consiste em separar o real do imaginário, e a razão da imaginação. Conforme observa a antropóloga Alcida Rita Ramos: "por ironia, ao tentarmos capturar a desejada totalidade, acabamos compartimentalizando e tendemos a esquecer que essa categorização é apenas uma proposição, 'como se'"[110]. Desse modo, a divisão da experiência humana em categorias autônomas faz com que percamos a noção de totalidade.

No modelo de ciência atual, os vários níveis da atividade humana passam a ser nomeados em relação a seus atributos de razão, conforme observa José Jorge de Carvalho: "a razão ética, a razão estética e a razão científica". De sorte que estas, aparentemente, só podem ser "alcançadas e analisadas a partir do investimento em atos de conhecimento setorizados e sistemáticos"[111]. Aristóteles considerava a poesia "mais filosófica e de caráter mais elevado que a história, porque a poesia permanece no universal e a história estuda apenas o particular". De maneira que, para ele, a diferença entre o

---

106. F. Capra, *O Tao da Física:* um pararelo entre a física moderna e o misticismo oriental, p. 23.
107. Idem, ibidem.
108. E. Durkheim, op. cit., p. 37.
109. Idem, p. 37.
110. A. R. Ramos, *Vozes Indígenas:* o contato vivido e contado, p. 28.
111. J. J. de Carvalho, op. cit., p. 64.

historiador e o poeta é que o primeiro escreve "o que aconteceu e o outro o que poderia ter acontecido"[112]. Platão, por sua vez, de maneira poética, identificava a perda da unidade como uma punição divina, impingida por Zeus aos homens, com o objetivo de enfraquecê-los e de torná-los, assim, mais úteis aos seus propósitos. É, pois, a essa unidade perdida que grupos de teatro como os de Barba, Grotowski e Antunes procuram resgatar. O sentido da transcendência, buscado por eles, parece ser uma tentativa de se rebelar contra o que José Jorge de Carvalho denomina "a medida niveladora da razão embutida no projeto da modernidade"[113].

O desprezo pelas manifestações do imaginário, numa época que pretende primar pelo racionalismo científico, mas que, curiosamente, não consegue resolver problemas básicos da humanidade, como, por exemplo, a fome, as injustiças sociais e a destruição do meio ambiente, é sintomático. Sabemos, hoje, que a própria ciência, como de resto qualquer manifestação humana, fundamenta-se em um sistema de representações sujeito a mudanças no decorrer da história, o qual determina não apenas o olhar científico, mas a forma de olhar e, ainda, o objeto desse olhar em cada época. A conseqüência imediata é que o velho etnocentrismo, parceiro inseparável do evolucionismo, começa a ruir, dando lugar a uma visão de mundo e de ciência mais plural e menos linear. O próprio fato de que as ciências sociais passaram a adotar um comportamento dialógico, e não mais meramente unilateral, trouxe a consciência de que as representações de mundo, as cosmogonias, variam de cultura para cultura, e pôs em questão a velha crença nos universais. Se eles existem, são hoje cada vez mais reduzidos e há um cuidado maior em estabelecê-los. A crença em uma linearidade histórica, centrada no continente europeu, que deu margem a uma concepção evolucionista do homem, vai sendo, ainda que com algumas interrupções, gradativamente substituída por uma compreensão mais relativista da experiência humana.

A revolução causada pela teoria da relatividade de Einstein, bem como os avanços dos estudos etnográficos, traria, para o problema do conhecimento, conseqüências e significações que se fazem sentir até hoje, seja na física quântica, seja nas ciências sociais, ou no teatro. O mito de uma ciência objetiva, isenta de valores, cuja missão primeira seria a de descobrir ou estabelecer a "verdade", cai por terra no século XX, assim como cairia, no teatro, a ilusão de representar o *Homem* de maneira geral. Fritjof Capra, um dos principais divulgadores da física quântica, chama atenção para o fato de que praticamente a metade dos cientistas e engenheiros da atualidade trabalha para as Forças Armadas, o que faz com que a ciência que se produz seja basicamente orientada

---

112. Aristóteles, História e Poesia, *Arte Retórica e Arte Poética*, p. 286.
113. J. J. de Carvalho, op. cit. p. 66.

para a guerra e não para a paz. Como dizia Evans-Pritchard: "na ciência, como na vida, só se acha o que se procura"[114]. Essa frase lapidar e, aparentemente, simples, contém em si praticamente toda a trajetória do pensamento científico do século XIX ao século XXI. Traduz o que parece ser o novo imaginário científico: a verdade não é absoluta, mas relativa; é *como se*.

A ciência e o imaginário estão de tal forma entrelaçados, que é inútil persistir na idéia e no erro de acreditar que existam categorias puras, e que a ciência escape da trama simbólica que constitui a organização social e as demais manifestações humanas. De modo geral, a ciência se coloca na posição de sujeito em relação ao imaginário, reduzido à categoria de objeto. É hora, portanto, de se estabelecer a tão cara equivalência que buscamos resgatar nas diferenças, e empreender uma dialogia profícua entre ciência e imaginário; entre o eu e o outro – verdadeira vocação da antropologia e do teatro –, de maneira a tornar possível a travessia.

Não obstante existir uma reação contra o cientificismo, o positivismo e o racionalismo exagerados, que marcaram o século XIX, a ciência contemporânea, em especial a física, exerce uma forte influência nas artes, sobretudo no teatro, em que conceitos como os de experimentação, laboratório, energia, dilatação e gravidade são bastante difundidos e pretendem conferir uma legitimidade científica a aspectos, muitas vezes, subjetivos da arte de representar. O mesmo se verifica em relação às ciências humanas. Conceitos emprestados da psicologia (sobretudo de Jung), da filosofia, e da antropologia (em especial de Mauss), entre outros, povoam as discussões e os fóruns de debate sobre o teatro. Nesse sentido, a física e as ciências humanas agiriam como um terceiro, um "garantidor de significado", no sentido atribuído por Crapanzano[115], algo que estabelece uma convenção e uma verdade e cuja autoridade confere legitimidade. As novas técnicas e os métodos revolucionários de atuação trazem em seu bojo, por conseguinte, conceitos antes alheios ao ambiente do fazer teatral.

O teatro, tal como entendido por Barba, Grotowski e Antunes Filho, e, de maneira geral, pelos vários grupos de pesquisa, posiciona-se, de modo crítico, frente ao projeto "modernizante" do capitalismo financeiro, que tende a diluir as diferenças em uma perigosa homogeneização das culturas. Nesse sentido, o teatro feito por eles segue na contramão de um projeto que a tudo transforma em desejo de consumo e mercadoria. Mas, se o teatro de pesquisa critica o sistema de valores que orienta a chamada modernidade, não deixa de ser, ao mesmo tempo, cria dessa mesma modernidade.

---

114. E. E. Evans-Pritchard, op. cit., p. 299.
115. V. Crapanzano, The Self, the Third, and Desire, *Herme's Dilemma & Hamlet's Desire:* on the epistemology of interpretation.

Em seu artigo "Antropologia e Esoterismo: dois contradiscursos da modernidade", José Jorge de Carvalho observa que tanto a antropologia, quanto o esoterismo, enquanto correntes de pensamento, "são ao mesmo tempo herdeiras do discurso da modernidade e críticas do seu sistema de valores". Ambas se oporiam, segundo ele, ao "modelo weberiano de racionalidade, reeditado nos nossos dias por Habermas, que visa separar, como se fossem autônomas, as esferas da ciência, da arte e da moral"[116]. O teatro proposto pelos centros de pesquisa teatral busca resgatar o diálogo entre essas três dimensões, utilizando-se, para isso, do instrumental de cada uma, seja ele místico ou profano.

O trabalho desenvolvido por grupos como os de Eugenio Barba, Jerzy Grotowski e Antunes Filho gira em torno de uma ética muito precisa, que os orienta na busca de reintegrar o homem, resgatando-lhe as várias dimensões da experiência. Sob essa perspectiva, a arte é parte integrante e reintegradora da experiência humana, e, portanto, indissociável da ética, da moral e da política. O teatro, tal como entendido e praticado por eles, adquire a dimensão de um contradiscurso da modernidade, semelhante ao apontado por Carvalho em relação à antropologia e ao esoterismo. Torna-se "o punhado de pó de Antígona, o punhado de espectadores de Grotowski, nada mais que ações irrisórias para resistir à época e remar contra a correnteza"[117]. É precisamente essa capacidade de resistir à correnteza que faz com que Barba afirme:

> As tristes verdades são também sólidos álibis. Uma triste verdade diz que quando se está em poucos, nada se pode fazer. Sempre, no final, ficaremos reduzidos a não ser mais que um instrumento nas mãos de quem controla as grandes instituições, e tem o poder de abrir e fechar as fontes de nossa subsistência. E, fatalmente, será necessário integrar-se, mudar-se, ou então ficar reduzido à inatividade e à ineficiência. Que tudo isso seja verdade é fácil provar. É tão evidente que é inútil falar a respeito. Que tudo isso seja falso é algo que se deve – e se pode – demonstrar por experiência[118].

Antunes Filho, por uma via inteiramente diferente daquela de Eugenio Barba, também busca constituir uma atitude ética em seu teatro, em seus atores. É como se a possibilidade de estabelecer novas relações entre os homens, entre as pessoas, de ampliar sua percepção, fosse a verdadeira vocação do teatro, o que lhe dá sentido. Nas palavras de Antunes:

> Eu não vou revolucionar nada, mas vou fazer minha parte. Isso aqui é um gueto. Eu vivo marginalizado dentro dessa sociedade de consumo que aí está. Dessa alta tecnologia, dessa coisa toda. Eu sou marginalizado. Eu vivo na contramão. É uma espécie de contracultura, se é que eu posso usar essa palavra, ainda. Então é isso, eu trabalho com algumas pessoas que se interessam e trabalho, claro, com um grupo de pessoas

---

116. J. J. de Carvalho, op. cit., p. 53.
117. E. Barba, *Além das Ilhas Flutuantes*, p. 260.
118. Idem, p. 157.

que vai alterar, que vai tentar transformar o mundo. A gente faz as coisas no sentido da transformação. Não sei se vamos conseguir, mas eu estou procurando. Eu faço minha parte. Eu tenho que, anonimamente, e, de maneira humilde, aceitar. A minha missão é essa, eu a pratico. O que vai acontecer não depende de mim. Eu sou mais uma borboleta, que quer modificar alguma coisa, que quer mudar; em busca da confraternização entre os seres humanos, de um mundo menos sofrido, menos injusto. Eu trabalho nesse sentido. A maioria é contra essa história. O que é que eu posso fazer? Eu tento fazer o que posso"[119].

Os laboratórios e centros de pesquisa teatral adotam um vocabulário que é, ao mesmo tempo, místico e científico, desconstrutivo e simbólico. Tanto o vocabulário como também seus métodos lembram aqueles utilizados pelos místicos e pelos cientistas. Tal como o devoto, que se isola do mundo para se entregar à sua vocação, ou o cientista que, trancafiado no laboratório, dedica-se a experiências, o ator ligado a esses centros de pesquisa também se retira do mundo, em certa medida. Adota um estilo de vida quase monástico. Torna-se uma espécie de alquimista.

Os centros de experimentação teatral situam-se, de maneira geral, em lugares afastados do burburinho urbano – pequenas cidades nas cercanias de algum grande centro, ou, quando muito, um bairro distante, na periferia da cidade[120]. Mas há, também, aqueles que funcionam no coração das metrópoles, como é o caso do CPT, de Antunes Filho, e do Teatro Oficina Usyna Uzona, de José Celso Martinez Corrêa, situados em bairros movimentados da grande São Paulo. Na maioria deles, o regime de trabalho é árduo e exige uma dedicação quase monástica por parte dos integrantes. Muitas vezes, além dos exercícios propriamente teatrais, os atores exercem, ainda, atividades ligadas à administração, tais como agenda, produção e divulgação do trabalho, manutenção do espaço físico – limpeza, cozinha, reparos, confecção do material cênico utilizado etc. Alguns desses grupos, sobretudo os mais conhecidos, recebem apoio institucional do Estado ou da iniciativa privada. De modo geral, seus orçamentos costumam ser extremamente modestos.

Uma grande rede de intercâmbios liga esses centros de pesquisa teatral. Baseados, principalmente, na noção de ator como figura-chave na arte da representação, eles buscam redefinir o papel do teatro na cena contemporânea, e estabelecer uma identidade, um sentido para o ofício do ator, a partir de princípios éticos, filosóficos, técnicos e estéticos que regem a representação teatral. Quase sempre associados à figura emble-

---

119. Entrevista realizada em 4.4.1998, São Paulo.
120. A sede do Odin Teatret, por exemplo, fica em Holstebro, uma cidade de aproximadamente vinte mil habitantes, no noroeste da Dinamarca. O Workcenter de Grotowski, por sua vez, situa-se em Pontedera, uma pequena cidade da Itália. O Théâtre du Soleil, dirigido por Arianne Mnouchkine, funciona na periferia de Paris. Tais escolhas prendem-se, provavelmente, ao fato de os preços de imóveis e aluguéis praticados nessas localidades serem mais baixos, e de existirem, em alguns casos, facilidades institucionais, como por exemplo, a cessão gratuita do espaço em que funciona a sede.

mática de um grande diretor, que, via de regra, é também considerado um pensador, um pesquisador, esses centros de pesquisa promovem simpósios, festivais e oficinas de trabalho que reúnem atores, diretores e teóricos de diversas áreas, a fim de discutir os resultados práticos e teóricos das pesquisas e avaliar sua importância para o avanço técnico e *científico* da arte teatral. É nesse contexto que se situam as obras dos diretores teatrais Eugenio Barba e Jerzy Grotowski.

2. Odin Teatret: Fundando uma Tradição

EUGENIO BARBA: UM MESTRE DO OLHAR

> *É preciso fazer as coisas que amamos fazer. Somente as coisas que amamos podem funcionar. Seguir a tentação inicial: aí existe uma chance.*
>
> GROTOWSKI

Jean Renoir, filho do mestre da pintura impressionista Auguste Renoir, conta em suas memórias que seu trabalho de cineasta sempre esteve impregnado de recordações dos primeiros espetáculos a que assistira quando criança. Segundo ele, a ansiedade que precedia a suspensão da cortina no início do espetáculo, em um pequeno teatro de marionetes, levou-o, muitas vezes, a urinar nas calças, pois "pensava que revelaria, ao ser levantada, coisas extraordinárias, personagens temíveis; talvez mesmo seres monstruosos"[1]. Essa impressão primeira o marcaria profundamente, fazendo-o confessar que sempre sonhou em "realizar um espetáculo, um filme ou uma peça de teatro, em que alguns espectadores fariam pipi..."[2].

A biografia de Eugenio Barba parece impregnar, da mesma forma, seu pensamento e sua prática. Barba imprime um tom confessional – o mesmo a que se referia Geertz – ao narrar o surgimento da Antropologia

---

1. J. Renoir, *Escritos sobre Cinema, 1926-1971*, p. 26.
2. Idem, ibidem.

Teatral no capítulo intitulado "Gênese da Antropologia Teatral", do livro *A Canoa de Papel: Tratado de Antropologia Teatral*. Nele, curiosamente, é a sua própria história que é narrada. Ele conta, na realidade, a gênese do seu pensamento; do que o levaria a desenvolver a Antropologia Teatral, sua visão de teatro e seu método de trabalho. Nesse sentido, vida e obra parecem não se separar. Conforme ele mesmo afirma, "é o primeiro dia de trabalho que determina o sentido de nosso caminho"[3].

Essa idéia, que lhe foi transmitida por Grotowski – lembremos do sentido do *kula* melanésio: uma idéia recebida é uma idéia retribuída – remonta a Stanislávski, que recomendava aos atores que voltassem sempre ao seu primeiro dia de teatro. "Cada vez que os alicerces começarem a tremer sob seus pés, cada vez que não estiver seguro da estabilidade de suas experiências passadas", aconselhava o mestre polonês a seu pupilo, "regresse às suas origens"[4].

Perguntando-se, então, qual teria sido seu primeiro dia de teatro, Barba conclui que talvez tenha sido o "dia da separação", no qual deixava a língua materna, o italiano, para tornar-se estrangeiro; "ilha flutuante"; "cidadão de um só país: meu corpo em vida"[5]. De fato, a partir daí, ele "estrangeiriza-se". Inicia o que define como sendo a busca de superação dos limites individuais; o encontro com a realidade circundante; a tentativa de alcançar e construir novas condições de vida. Barba constituirá um grupo à imagem do seu desejo, composto de pessoas que, como ele, não se adaptavam; buscavam, do mesmo modo, novos horizontes: "Um grupo, como uma pequena ilha, que possa desprender-se da terra firme, permanecendo, todavia, cultivável"[6].

O mar, os barcos, as viagens fazem parte do imaginário de Eugenio Barba, de tal forma que parecem ser uma espécie de bússola conduzindo-o pelos caminhos. Para ele, é preciso ter um barco se quisermos viajar longe. Esse barco, ele construiu com os atores do Odin Teatret. Barba assemelha-se, em alguma medida, ao etnógrafo, no sentido de que sua busca o faz deslocar-se para lugares distantes, à procura de respostas, ou mesmo, de perguntas que possam contribuir para alicerçar o conhecimento a respeito de seu ofício. À bordo de sua argos, o Talabot, e guiado pelo deus da guerra, o deus Odin, Eugenio Barba, à semelhança de um "Jason europeu"[7], busca encontrar o Velocino de

---

3. E. Barba, *Além das Ilhas Flutuantes*, p. 24.
4. Idem, ibidem.
5. Idem, ibidem.
6. Idem, ibidem.
7. George Stocking, analisando a aventura de Malinóvski nas ilhas Trobriand, considera *Os Argonautas do Pacífico Sul* uma espécie de "mito divinizador, não dos ostensivos trobriandeses, mas do Jason europeu que traz de volta o Velocino de Ouro

Fig. 1: Eugenio Barba na conferência de abertura da Ista. Londrina, 1994. Foto: Emidio Luisi.

Ouro do conhecimento sobre a arte do ator. É o argonauta do Talabot que, anos mais tarde, escreverá um livro intitulado *Além das Ilhas Flutuantes*.

Talabot é uma dessas palavras-chave na biografia de um homem. Semelhante ao termo Rosebud, do filme *Cidadão Kane*, de Orson Welles – que designa o nome do trenó do personagem quando criança, e que, apesar da simplicidade, ninguém consegue decifrar –, contém em si a chave para o entendimento da vida e da psicologia de Eugenio Barba, o que o move e em que consiste a sua busca. Talabot é o nome do primeiro barco que o levaria a empreender uma viagem sem retorno ao arquipélago das ilhas flutuantes, a que ele poeticamente denomina teatro.

Barba, de uma maneira que não deixa de ser mitificadora, define sua vida como uma viagem, sendo ele mesmo um viajante, que atravessaria diferentes culturas, desde a infância até a maturidade. Dentre elas, três o teriam marcado particularmente, levando-o a desenvolver seu pensamento, seu teatro e a Antropologia Teatral. A primeira delas, que ele classifica como *cultura da fé*, diz respeito à sua infância, passada em um pequeno povoado de nome grego, situado ao sul da Itália: Gallipoli.

A cultura da fé, descrita por Barba, contém os elementos da religiosidade que caracterizam a vida dos habitantes da pequena cidade e que marcariam o menino Eugenio, "sempre à espera dos momentos especiais: a elevação, a comunhão, as procissões"[8]. Barba conta que era uma criança profundamente religiosa e que adorava ir à Igreja, cuja atmosfera de sombras e perfumes o fascinava. A cultura da fé, segundo ele, foi marcada por "dores profundas", e suas imagens conteriam o que classifica como um "instante de verdade" – o momento em que "os opostos se abraçam"[9]. Essas imagens estariam "uniformizadas por uma memória física", como, por exemplo, a dor nos joelhos que sentiu ao ver a mãe de um amigo que seguia ajoelhada a procissão do Cristo, em agradecimento a uma graça recebida; ou a "sensação de tepidez enquanto espiava" a avó se penteando. A morte do pai, a que assistiu de pé, é narrada como sendo um desses instantes de verdade aos quais se refere, em que os contrários se encontram: a ansiedade provocada pelo "inapreensível da vida" e o desejo de que a agonia do pai cessasse, para que ele não tivesse mais que ficar ali, em pé[10].

A segunda cultura, a cultura da corrosão, caracterizaria sua adolescência. Aos quatorze anos, Barba foi estudar em uma escola militar. Lá, viveu a experiência da separação entre o corpo e as emoções, ao

---

do conhecimento etnográfico" (G. Stocking, The Ethnographer's Magic: fieldwork in British Anthropology from Tylor to Malinowski, *Observers Observed*, p.109.)

8. E. Barba, *A Canoa de Papel*: tratado de Antropologia Teatral, p. 14.
9. Idem, p. 15.
10. Idem, ibidem.

ser obrigado a se submeter e a executar "mecanicamente a cerimônia marcial". A experiência militar o teria feito perceber, no próprio corpo, a modelagem de estereótipos de comportamento, cujo "valor supremo era a aparência". Conforme seu relato, não havia espaço, nesse ambiente, para a emoção ou para a dúvida. Até então, observa ele, "o sentir e o agir eram as duas fases simultâneas da mesma intenção; agora, entre o pensar e o fazer se desenvolvia uma distância"[11]. Na cultura da fé, todo o seu ser participava da ação, ao passo que, na cultura da corrosão, permanecia "imóvel e impassível", separado de si mesmo.

Essa distinção entre as culturas da fé e da corrosão teria levado Barba a perceber a existência de duas modalidades diferentes de imobilidade: a que "transporta e faz voar", que seria a "imobilidade do crente que reza", e a que "aprisiona e faz que os pés se afundem na terra", que corresponde à "imobilidade do soldado que faz continência"[12]. Nelas, a imobilidade adquire "cargas de energia e significados muito diferentes", diz ele. A primeira liberta, a segunda aprisiona.

A idéia de transporte, contida na imobilidade característica da cultura da fé, parece encerrar o germe do desejo da viagem, de ir além dos próprios limites, enquanto a imobilidade provocada e prescrita pela cultura da corrosão está associada à idéia de separação de si mesmo, de divisão entre corpo e alma, ação e pensamento. O tipo de disciplina que a cultura da corrosão exige, e que Barba rejeita, é inteiramente diferente da autodisciplina que seria, mais tarde, proposta por ele, pois é imposta de fora para dentro, vivida mecanicamente; não comporta o exercício da dúvida. Aprisiona os sentidos. Ao passo que a autodisciplina, entendida como necessária ao desenvolvimento do artista, ajuda a desenvolver e a ampliar os sentidos, a percepção, a ir mais longe. O pensar não se separa do agir. Essa é uma noção que será fundamental no treinamento desenvolvido, anos mais tarde, pelos atores do Odin.

A terceira cultura identificada por Barba é a cultura da rebelião. A ela estão associados a "recusa aos valores" e "as ambições pertencentes à cultura da corrosão" e o conseqüente desejo de não se radicar, de não fincar os pés na terra como um soldado que faz continência, mas de migrar, tornar-se estrangeiro. "Este desejo", diz Barba, "converteu-se em destino, quando, ainda sem cumprir dezoito anos, deixei a Itália e emigrei para a Noruega"[13].

As três culturas por que passa o mítico relato da viagem de Barba – estrangeiro/observador de si mesmo – teriam, portanto, marcado profundamente o destino de seu trabalho e de sua vida. Conceitos como os de memória física do corpo, imobilidade, tensão entre os contrários, necessidade de reintegrar corpo/mente/emoções, já estavam, de al-

11. Idem, p. 16.
12. Idem, ibidem.
13. Idem, p. 17.

guma maneira, presentes, ainda que de forma latente, no imaginário e nas preocupações do jovem Eugenio Barba. É claro que, como ele mesmo observa, parafraseando Karl Marx, "depois da última página vem a primeira", e, muito provavelmente, é o olhar do Barba maduro que lança luz e recolhe as pequenas pepitas cintilantes cravadas nos corredores da memória.

Eugenio Barba nasceu em 1936, em Gallipoli, um pequeno povoado de pescadores, ao sul da Itália. Filho de um general do exército italiano, ficou órfão muito cedo. As agruras da guerra levaram sua família a viver em condições precárias, o que o obrigou a entrar, no começo dos anos de 1950, aos quatorze anos, na Academia Militar de Nápoles para continuar os estudos. Lá permaneceu por três anos. Fernando Taviani, estudioso do teatro e membro permanente da Ista, que acompanha seu trabalho desde 1969, conta que, apesar de "tímido e estudioso", Barba foi considerado pelos militares da Academia um exemplo de indisciplina[14]. Concluída a Academia Militar, ele parte, aos dezessete anos de idade, para a Noruega, onde trabalha por seis anos como soldado e marinheiro. Forma-se em literatura francesa e norueguesa e história da religião, na Universidade de Oslo. Em 1960, decide partir novamente. Dessa vez, em direção ao teatro: à Escola Estadual de Teatro de Varsóvia, na Polônia. No entanto, após alguns meses freqüentando o curso, descobre que o teatro que buscava não se encontrava na Escola, mas em um pequeno teatro, na cidadezinha de Opole, na Polônia. Seu diretor: Jerzy Grotowski.

Eugenio Barba permaneceria em Opole durante cerca de três anos (1961-1964), acompanhando de perto e registrando o trabalho daquele que considera seu mestre. Apesar de curto, o período que passou com Grotowski foi intenso e coincidiu justamente com um momento de transição, após o qual o diretor polonês transformaria o Teatr 13 Rzedow (Teatro das Treze Filas) de Opole no que viria a ser o lendário Teatr Laboratorium de Wroclaw. A fertilidade desse período foi presenciada e compartilhada por Barba, que assistiu à gênese do trabalho do diretor polonês e de seu treinamento para atores – o que marcaria profundamente seu trabalho junto ao Odin Teatret. Em 1965, Barba lançaria *Em Busca do Teatro Perdido*, o primeiro livro a ser publicado sobre o trabalho de Grotowski. No mesmo ano, Grotowski se transferiria com seu Teatro Laboratório para a cidade de Wroclaw, onde este seria oficialmente reconhecido como The Institute for Research into Acting, subvencionado pelo Estado.

Durante muitos anos, o nome de Eugenio Barba esteve associado ao de Jerzy Grotowski, tanto pelo fato da proximidade entre eles durante a juventude quanto por ter sido Barba um dos grandes divulgadores do trabalho desenvolvido pelo mestre polonês nos anos de 1960. Barba foi assistente de direção daquele que seria considerado pela crítica especia-

---

14. F. Taviani, História do Odin Teatret, em E. Barba, *Além das Ilhas Flutuantes*.

lizada como um dos mais fundamentais e importantes espetáculos da história do teatro contemporâneo: o antológico *Akropolis*, de 1962, dirigido por Grotowski, que trazia em si o germe da renovação e se tornaria uma espécie de lenda. Grotowski tinha, então, 27 anos e, Barba, 24.

Barba se refere a esse período como os anos de aprendizado. Mais tarde, ao fundar o Odin Teatret, em Oslo, na Noruega, utilizaria o treinamento desenvolvido por Grotowski como base para o treinamento de seus jovens atores. Com o passar dos anos, o trabalho dos dois diretores seguiriam caminhos distintos, embora igualmente criativos e inovadores. Ao contrário de Grotowski, cuja formação teatral passara pelos caminhos tradicionais, a experiência de Barba começaria pela observação sistemática e meticulosa de seus colegas de ofício, durante o período que passou em Opole, e pelo exercício de um olhar que não deixou de ser estrangeiro, o qual lembra muito o olhar antropológico.

Ao abandonar a Escola Estadual de Teatro de Varsóvia e, com ela, o ensino tradicional e profissionalizante, para acompanhar de perto o trabalho experimental de Jerzy Grotowski, Barba optou por uma iniciação que se daria na prática do próprio ofício, de maneira experimental, não tradicional. Eugenio Barba não passou pela experiência do teatro profissional tradicional, de montagem de textos teatrais com atores contratados para tal fim. Sua experiência única e vertical se daria com os atores do Odin Teatret, em uma relação que persiste há mais de quarenta anos. Esse aprendizado informal – embora sistemático – e orgânico, que resulta da recusa do estabelecido, do teatro institucional, marcaria profundamente a própria noção de ofício que fundamenta e orienta o trabalho de Barba com seus atores:

> É fácil banalizar a palavra "ofício" e associá-la à "técnica" ou "rotina". Ofício quer dizer algo muito distinto; é a construção paciente de uma própria relação física, mental, intelectual e emotiva com os textos e com os espectadores, sem uniformizar-se com os modelos que regulam as equilibradas e convalidadas relações vigentes do centro do teatro. Quer dizer, compor espetáculos que saibam renunciar ao público teatral usual e saibam inventar os próprios espectadores. Quer dizer, saber buscar e encontrar dinheiro sem encarnar os valores do teatro, previstos por aqueles que, por motivos econômicos, ideológicos ou culturais, revertem recursos para favorecer o desenvolvimento da vida teatral. Tudo isso é "ofício": técnica do ator, da cena, da dramaturgia, competência administrativa. Só um pequeno resto é força de ideal e espírito de rebelião. Inventar o sentido quer dizer saber buscar o modo de encontrá-lo[15].

Barba soube não apenas inventar o sentido, mas buscar a maneira de encontrá-lo, com seus atores. Prova disso é a incrível longevidade desse grupo, que permanece unido a despeito e por causa de suas diferenças. O sentido do teatro, para Barba e, acredito, para os atores do Odin, não parece estar fora, mas dentro. Ou seja, não se define o fazer teatro por

---

15. E. Barba, *Além das Ilhas Flutuantes*, p. 217.

motivações externas, exteriores aos indivíduos, aos atores, mas internas. Nesse contexto, não é o público, o espetáculo ou a crítica que fazem do ator um ator, ou que faz com que o teatro tenha para ele um significado. Tampouco é a necessidade do outro-espectador, ou "do povo", em relação ao teatro que faz com que este adquira sentido para o ator:

> Não é preciso perguntar-se: o que significa o teatro para o povo? Esta é uma pergunta demagógica e estéril. É preciso perguntar-se: o que significa o teatro para mim? A resposta, transformada em ação, sem compromissos nem precauções, será a revolução no teatro[16].

Para Barba, "a profissão do teatro provém de uma atitude existencial" e situa-se no que define como "um único país transnacional e transcultural", um arquipélago feito de muitas ilhas[17]. É o que revela a imagem, contida em *Além das Ilhas Flutuantes*:

> Este país me pareceu por muitos anos como um arquipélago. E suas ilhas, como ilhas flutuantes. Tenho utilizado uma comparação histórica: um episódio menor da história do Novo Mundo fala de homens que abandonaram a segurança da terra firme para levar uma existência precária; sobre ilhas flutuantes. Para permanecerem fiéis a seus anseios, construíram povoados e cidades, ou melhor, míseras moradas com um punhado de terra para a horta, ali, onde parecia impossível construir ou cultivar algo: sobre a água e nas correntes. Eram homens que, seja por necessidade pessoal ou por terem sido constrangidos, pareciam destinados a ser não-sociáveis e conseguiram criar outros modelos de sociabilidade. A ilha flutuante é o terreno incerto, que pode desaparecer sob os pés, mas que pode permitir o encontro, a superação dos limites pessoais[18].

O que caracteriza e dá sentido ao teatro para Eugenio Barba é o mesmo que para Grotowski: o encontro; a possibilidade de estabelecer a troca entre humanidades. Não há nele a visão de um teatro utilitário, em que o sentido é estabelecido segundo critérios exteriores, definidos pela indústria cultural, tal como a produção de peças, o número de espectadores, fama, sucesso, categorizações estéticas, produtos culturais. O teatro enquanto mercadoria não interessa, ou melhor, não é prioritário. Nesse sentido, o trabalho desenvolvido por Barba e seus atores pretende ter uma conotação política. É um teatro que se proclama nascido da revolta, da não adaptação, da recusa aos valores preestabelecidos pela sociedade de consumo. Teatro de resistência, contrário à integração.

Barba é contra a noção que consiste em considerar a validade do que se faz de acordo com o que se produz ou com o próprio fato de produzir. Em sua opinião, esse tipo de atitude despreza o sentido e a importância das relações que se constroem e que constituem o próprio teatro. Longe de produzir apenas mercadorias culturais (espetáculos), o teatro "produz relações entre os homens". Assim, diz ele, "negar o

16. Idem, p. 34.
17. Idem, p. 15.
18. Idem, p. 16.

valor das árvores que não dão frutos" é ignorar que são estas que se convertem "em algo essencial nas cidades sem oxigênio"[19].

UM BARCO CHAMADO ODIN TEATRET

As viagens empreendidas por Eugenio Barba marcariam profundamente seu trabalho e sua concepção de mundo. Fariam com que visse a si mesmo como um viajante, estrangeiro, um construtor de barcos. O fato de ter deixado a Itália aos dezessete anos de idade em direção à Noruega, tornando-se emigrante, faria com que o teatro realizado por ele, anos mais tarde, guardasse essa dupla característica: de ser itinerante e de ser estrangeiro. De fato, o Odin Teatret é um grupo formado por atores de várias nacionalidades – mesmo os que são dinamarqueses vieram de outras cidades, que não Holstebro –, dotados de uma incrível capacidade de desapego e de ânsia pelo novo. Conforme observa Fernando Taviani, Eugenio Barba conseguiu fazer com que o Odin se tornasse, como ele, um estrangeiro; um "construtor de barcos", como ele se refere poeticamente a seus atores.

Povoado de imagens de ilhas e de barcos, de culturas ora estranhas, ora familiares, o imaginário de Barba está profundamente ligado a uma memória das águas. As mesmas águas que lhe cercaram a infância, rodeada de pescadores e de barcos na pequena Gallipoli, e que mais tarde o levariam a ser marinheiro, servem de inspiração e de referência para o teatro construído por ele. Não por acaso, dois de seus livros trazem no título essas referências: *Além das Ilhas Flutuantes* e *A Canoa de Papel: tratado de Antropologia Teatral*. Lembremos que a metáfora ilumina uma semelhança:

> Qual pode ser a imagem de um sonhador? Uma pessoa que se afasta da terra e vai sobre a água. Mas não o faz para descobrir ou para chegar a outras regiões. Alguns, que parecem isolar-se no meio da água, querem, no entanto, permanecer unidos entre eles. Tentam construir em cima do lago fragmentos de terra. São as ilhas flutuantes. [...] São um meio para sobreviver[20].

Os atores do Odin são como os habitantes das ilhas flutuantes do México e do Alto Peru, que construíram suas culturas sobre balsas de junco, nas quais espalharam um pouco de terra e algumas sementes. Ao fundarem o Odin, em outubro de 1964, os jovens aspirantes a atores lançaram-se em uma empreitada que, no começo, parecia fadada ao insucesso, a ter curta duração, como em geral acontece com os grupos amadores. Todavia, tanto os atores do Odin quanto seu diretor souberam "dividir o impossível" em pequenas etapas e, desse modo, "torná-lo

---

19. Idem, p.144.
20. Idem, p. 154.

Fig. 2: Da esq. para a dir.: Augusto Omulú e seu grupo (Brasil); Odin Teatret (Dinamarca): Roberta Carreri, Tina Nielsen, Kai Bredholt, Jan Ferslev, Isabel Ubeda, Frans Winther, Torgeir Wethal, Eugenio Barba, Iben Nagel Rasmussen e Julia Varley. Ista/Londrina, 1994. Foto: Emidio Luisi.

possível", como diz Grotowski[21]. De maneira que o mais incrível no Odin Teatret não é o fato de ter construído uma canoa, mas de fazer com que ela flutuasse tanto tempo, apesar de ser de papel.

Ao voltar à Noruega, após a estada de três anos em Opole junto a Grotowski, Barba tinha em mente o firme propósito de trabalhar como diretor. No entanto, ser estrangeiro, não dominar inteiramente a língua e possuir formação profissional não muito ortodoxa foram fatos que dificultaram as coisas. Ele, então, entrou em contato com alguns jovens aspirantes a atores, que haviam sido reprovados no exame de admissão para a Escola de Teatro Estadual de Oslo – mediante a lista de reprovados –, e os convidou a formar um grupo de teatro.

A história inicial do Odin Teatret não difere daquela da maioria dos grupos de teatro amador: seus atores não tinham formação profissional, nem local para trabalhar, ou subvenções. O jovem grupo utilizava espaços de trabalho alternativos. Segundo nos conta Fernando Taviani, esses locais podiam ser uma sala da universidade, o *hall* do clube dos arquitetos, ou um refúgio antiaéreo. O grupo reunia-se à noite e seus atores eram obrigados a trabalhar durante o dia para garantir o sustento – o que é o mais costumeiro na maior parte dos grupos de teatro. Outra dificuldade somava-se a essas: a falta de experiência e de formação profissional dos atores e de seu diretor. Dificuldade que levaria o Odin a percorrer um caminho inteiramente diferente daquele trilhado pela maioria dos grupos amadores ao priorizar sua formação, ao fazer do treinamento, e não da expectativa de montar espetáculos, o cerne do trabalho. Essa escolha determinaria a peculiaridade do grupo e, anos mais tarde, faria Barba reconhecer:

> Pelas cartas que recebo, pelas visitas, pelos encontros que tenho, me dou conta de que o significado do *Odin* está somente em parte nos seus resultados teatrais. Encontra-se em sua própria existência, em sua sobrevivência como sinal tangível de que um grupo de pessoas excluídas, de diferentes países, de diferentes regiões, de diferentes línguas – na realidade um grupo de desadaptados –, teve a coragem de deixar a terra firme, onde os homens parecem trabalhar utilmente a terra. Sobre uma balsa levaram seu próprio saco de terra e a trabalharam obstinadamente, sem seguir a cultura do continente, adaptando-se às correntes que os empurravam para longe. É este o valor do *Odin*, de outros grupos, de outras pessoas que, até hoje, passaram quase uma vida inteira semeando sobre a água[22].

O grupo, portanto, já nasce na contramão; com pessoas rejeitadas pelo sistema, ou seja, que não se encaixam nos parâmetros estabelecidos pelas escolas de teatro. Segundo o próprio Barba observa, é a luta para sobreviver que "determina as escolhas sucessivas"[23]. Com o Odin Teatret não seria diferente:

---

21. J. Grotowski, De la compagnie théâtrale à l'art comme véhicule, em T. Richards, *Travailler avec Grotowski sur les actions physiques*.
22. E. Barba, *Além da Ilhas Flutuantes*, p. 155.
23. Idem, p. 153.

Fomos obrigados a ser autodidatas. Havíamos sido recusados pelas escolas teatrais e pelos teatros profissionais, onde alguns de meus companheiros queriam, no início, ser atores *normais*, intérpretes de textos. E onde eu desejava no início colocar *normalmente* em cena textos com atores profissionais. A situação nos obrigou a começarmos sozinhos e sem nenhuma experiência[24].

De forma que a exclusão, o não ser aceito nem pelas escolas de teatro, nem pelo teatro profissional, determinou um caminho, uma escolha: o de ser autodidata. Caminho esse que, a princípio, apenas acenava com as desvantagens e as incertezas de se partir do nada; de compartilhar as próprias incertezas, a própria inexperiência, mas que, com o tempo, tornar-se-ia a espinha dorsal do Odin Teatret, o eixo em torno do qual o grupo construiria sua identidade. Portanto, a exclusão, a princípio involuntária, tornar-se-ia mais tarde uma opção. Opção que significaria empreender uma viagem rumo ao desconhecido, abrindo novas trilhas no território do teatro, em um caminho que representa uma recusa. Recusa em aceitar os "limites definidos por uma convenção velha de poucos séculos: o teatro"[25]. Recusa que, com o tempo e com a experiência, deixaria de ser apenas um libelo contra as velhas formas de fazer teatro para se transformar no que Eugenio Barba denomina "uma atitude ética" frente à vida, e que, portanto, vai além do próprio teatro. Essa recusa em aceitar formas preestabelecidas parece ser a fonte mítica originária de cujas águas o Odin retira sua longevidade.

Assim, a rejeição por parte das escolas teatrais e dos meios profissionalizantes, que de início frustrou as pretensões dos jovens aspirantes a atores, transformar-se-ia em uma bússola, cuja orientação levaria o grupo muito além do que jamais sonharam seus fundadores. O caminho da recusa, que por sinal é o título de um capítulo de *Além das Ilhas Flutuantes*, tornar-se-ia o grande trunfo, a palavra de ordem do Odin Teatret. Seja por não ter sido aceito, seja, mais tarde, por não aceitar.

A escolha do nome do grupo, segundo Eugenio Barba, deu-se por acaso, e não de maneira refletida:

> Não foi a reflexão que me conduziu ao nome do Odin. [...] Encontrei-o na rua, literalmente, enquanto andava, procurando em minha cabeça todos os nomes possíveis nos quais podia pensar. Por casualidade olhei para cima e vi uma placa: Odin gate, rua Odin. Nesse instante pensei: este nome soa bem[26].

Odin é o nome de uma divindade que, apesar de ser hoje reconhecida como escandinava, é, na realidade, uma divindade estrangeira de origem germânica: Wodan, que, na tradução latina, recebe o nome de Mercúrio. Wodan-Odin, tal como o grego Dioniso, possui o dom da

24. Idem, ibidem. Grifos do autor.
25. Idem, p. 156.
26. F. Taviani, op. cit., p. 221-222.

metamorfose, sobretudo, de transformar-se em animais. Apresenta-se aos homens sob as mais diversas formas. Dois corvos o acompanham: Huguin (pensamento) e Muninn (memória). Wodin-Odin também é conhecido como feiticeiro, pai da magia e ensina aos homens as artes mágicas. Nos sermões expiatórios, segundo relata Eugen Mogk, Wodan-Odin é chamado de deus da mentira, do latrocínio e do engano. Nas lendas nórdicas tardias, Odin é considerado o "deus de todos os conhecimentos sobrenaturais" e "de toda ciência superior"[27]. É também reverenciado como o deus da poesia, do vento e da fertilidade. Wodan-Odin cavalga pelos ares em um cavalo preto e branco, envolto em uma capa escura. Nas fontes nórdicas é chamado de "o viajante infatigável", aquele que está acostumado a viajar. Tal como os deuses gregos, habita a montanha. Possui apenas um olho. Identificado ainda como deus dos mortos foi associado, mais tarde, ao deus da guerra. É ele "quem promove guerras, dirige as batalhas e dá a vitória a quem quer"[28].

A escolha do nome Odin adequa-se perfeitamente aos propósitos do Odin Teatret, devido aos atributos da divindade: Odin é estrangeiro, viajante infatigável, possui o dom da metamorfose e é guerreiro.

A base do treinamento seguido pelo grupo nos primeiros três a quatro anos era aquela trazida por Barba de sua experiência em Opole, com Grotowski. O treinamento era extremamente árduo e o fato de não visar, inicialmente, a montagem de espetáculos desestimularia vários de seus integrantes a continuar no trabalho. Dos doze atores que fundaram o grupo, em 1964, restaram apenas quatro: Torgeir Wethal, Else Marie Laukvik, Anne Trine Grimnes e Tor Sannum. Torgeir Wethal, que permanece no grupo até hoje, diz lembrar-se desse período como "um pesadelo físico". "Quando comecei", diz ele, "eu era rígido e fraco. Demorei quase seis meses para aprender aqueles exercícios mais simples que a maioria de nossos estudantes aprende agora em quinze dias"[29].

Com os atores que ficaram, Barba montaria, alguns meses depois de fundado o grupo, o primeiro espetáculo do Odin Teatret, *Ornitofilene* (1965-1966). As dificuldades decorrentes do fato de o grupo não ser conhecido e da falta de espaço para atuar fariam com que apenas dez das cinqüenta apresentações previstas fossem realizadas em Oslo. É nesse momento que surge a chance de emigrar. O Odin Teatret recebe um convite para se instalar na pequena cidade de Holstebro, no noroeste da Dinamarca. A cidade, de vinte mil habitantes, estava justamente elaborando uma nova política cultural. Nem a cidade, nem o Odin poderiam imaginar no que se tornaria essa experiência.

---

27. E. Mogk, *Mitologia Nórdica*, p. 83.
28. Idem, p. 91.
29. F. Taviani, op. cit., p. 227

Três dos quatro atores do Odin seguiram para a Dinamarca, em 1966. Tor Sannum permaneceria na Noruega. Com a mudança, o Odin seria obrigado a começar tudo novamente e, para isso, necessitava de mais atores. Iben Nagel Rasmussen, que entrou no grupo nessa época e continua até hoje, conta que, atualmente, se o Odin anuncia que está precisando de atores, acorrem muitos candidatos, mas, naquele tempo, apareceram apenas três ou quatro:

> Era ridículo, antes. Agora, se queremos uma atriz no Odin, *voilá*! Naquela época, eles eram somente três atores e necessitavam de mais, então, anunciaram que iriam receber alunos. A princípio, apareceram três ou quatro. Uma foi rejeitada, porque Eugenio não queria trabalhar com ela; os outros dois foram aceitos; ninguém mais. Era uma prova de um mês para que eles pudessem ver se era possível, se queriam trabalhar com essas pessoas. Depois da prova, ficávamos um ano em experiência[30], mas depois de um mês, já era claro que estávamos dentro do grupo[31].

Iben conta que a primeira vez em que assistiu ao Odin, o que mais lhe impressionou foi a forma como os atores usavam a voz e também a força do espetáculo de um grupo com pouco mais de dois anos, cujos atores tinham sido rejeitados pela escola teatral e o diretor, italiano, não possuía nenhuma experiência. Isso foi em 1966. Ela tinha então 21 anos e não era atriz. Mas foi nesse momento, vendo o Odin, que, segundo ela, descobriu o que queria ser: "Vi o grupo e o trabalho e percebi que, se fosse possível para mim, essa era a única coisa no mundo que queria fazer, porque, até então, achava o teatro uma coisa muito aborrecida. Não me agradava em nada, mas em nada mesmo"[32].

Ao chegar na Dinamarca, o Odin Teatret adotaria o subtítulo de Nordisk Teaterlaboratorium. O modelo inspirador é o mesmo de Grotowski: o Instituto Bohr. Uma vez em Holstebro, o Odin, agora subvencionado, passaria a desenvolver inúmeras atividades relacionadas à pesquisa teatral propriamente dita e a sua divulgação – não apenas daquelas desenvolvidas pelo Odin, mas também por outros grupos. Cria uma editora que publica uma revista teatral e livros sobre teatro, inclusive o clássico *Em Busca de um Teatro Pobre*, de Jerzy Grotowski. Organiza e promove seminários internacionais para atores e diretores (a princípio, apenas para escandinavos), protagonizados por figuras de peso no teatro mundial, como Grotowski, Julian Beck, Judith Malina, Decroux e Barrault, entre outros, trazendo também mestres do teatro oriental. Estimula e promove trabalhos de cientistas sociais sobre a relação ator/espectador e a dinâmica do teatro de grupo. Passa a realizar filmes sobre o treinamento de atores e organiza turnês pela

---

30. Iben refere-se ao fato de que, depois da prova de um mês, havia o período em que o ator permanecia em observação, trabalhando com o grupo durante um ano. Só após o período probatório, ele era aceito definitivamente.
31. Entrevista realizada em 8.6.1998, Belo Horizonte.
32. Idem.

Escandinávia, inicialmente, de grupos teatrais locais e, mais tarde, de artistas internacionalmente conhecidos. Devido a essa intensa atividade cultural, o Odin passa a ser conhecido e aceito na Dinamarca. Em 1971, o Nordisk Teaterlaboratorium é reconhecido pelo Ministério da Cultura da Dinamarca como uma escola experimental de teatro, o que lhe possibilita desenvolver uma enorme gama de atividades pedagógicas e de investigação teatral, que levaria à criação, em 1979, da International School of Theatre Anthropology – Ista[33].

Os espetáculos do Odin Teatret levam, em média, de um a dois anos de preparação. Suas apresentações, em geral, comportam cerca de sessenta espectadores. Dependendo das circunstâncias, esse número pode aumentar ou diminuir. Barba, assim como Grotowski, estabelece uma diferenciação entre público e espectador. Para ele, tanto quanto para Grotowski, o espetáculo não deve ser realizado *para o público*, mas *em presença do espectador*. Na definição de Grotowski, o espectador é uma testemunha que presencia um "ato espiritual". Na visão de Barba, o público "decreta o êxito e o fracasso, algo que tem que ver com a extensão", ao passo que o espectador é aquele que faz com que o espetáculo seja o "começo de uma experiência mais longa"[34], o que equivale a dizer que, em sua individualidade, os espectadores "determinam aquilo que pertence à profundidade: até que ponto o espetáculo fica gravado em algumas memórias individuais"[35]. Seu teatro, portanto, é construído para permitir ou viabilizar uma experiência individual profunda, e não apenas diversão ou entretenimento.

O Odin Teatret, como vimos, é composto de atores de várias nacionalidades, de forma que há nele uma verdadeira babel de línguas. O que poderia ter se tornado um problema, transformou-se em uma característica do grupo. A maior parte de seus atores domina pelo menos três idiomas, além do dinamarquês: o italiano, o inglês e o espanhol. Os espetáculos são, na maioria das vezes, falados em várias línguas, de modo que cada ator é livre para se expressar no idioma que desejar. Trechos considerados importantes são, algumas vezes, traduzidos para o idioma do país onde o grupo está se apresentando. Isso é possível, porque o significado dos espetáculos não se concentra apenas nas palavras, mas em intensa movimentação cênica, com cantos e música, e primorosa construção corporal que, por si só, já falam à imaginação e à sensibilidade dos espectadores.

A primeira vez que assisti a um espetáculo do Odin foi na Ista de Londrina, em 1994. O espetáculo era *Itsi Bitsi*, escrito por Iben Nagel Rasmussen e montado por Eugenio Barba. Iben contracenava com mais dois atores do Odin, Jan Ferslev e Kai Bredholt. O espetáculo conta

---

33. E. Barba, *Além das Ilhas Flutuantes*, p. 11-12.
34. Idem, p. 198-199.
35. Idem, p. 199.

a história da atriz. Era difícil entender as palavras, mas a violência poética das imagens causou-me forte impacto. O encadeamento das ações, a precisão que marcava cada gesto, a utilização da música e as canções entoadas de maneira não convencional conferiam ao espetáculo um ritmo impressionante. De uma intensidade tal, que era impossível ficar indiferente. A presença de Iben e as imagens evocadas são algo que dificilmente sairão de minha memória. Quando lhe falei a respeito da forte impressão que *Itsi Bitsi* me causara e lhe perguntei de onde vinha tamanha força, ela respondeu que parte vinha do treinamento, de maneira geral, desenvolvido pelos atores do Odin, e, parte, do que ela própria tinha a dizer:

> Essa é a voz humana. A base da voz humana. É claro que, além disso, eu tenho dentro de mim algo que preciso dizer, que não posso controlar. Um artista tem um tema que se repete e que, para mim, é o grito. [...] Então, é preciso fazer o grito, mas de forma articulada. Ele é distinto, em cada espetáculo. Quando o grito é verdadeiro é uma coisa muito profunda; é como você diz: visceral[36].

Como vimos, o fato de os atores do Odin, no início, não terem formação profissional, ou vivenciado um aprendizado formal de teatro, fez com que se tornassem autodidatas. A princípio, o treinamento era coletivo, mas, com o tempo, cada ator foi desenvolvendo seus próprios exercícios, sua maneira particular de treinar, a partir do seu ritmo e de suas necessidades individuais. Esse tipo de prática estimula os atores a descobrirem novos caminhos e a trocar experiências e soluções técnicas, tornando o processo de treinamento menos repetitivo. Assim, embora possuam a mesma base ou fonte de treinamento (que remonta a Grotowski), as diferenças de ritmo, de personalidade, de energia e de estímulos são respeitadas e incentivadas; o que dá margem à criatividade e à individualidade de cada ator. Esse é um dos motivos pelos quais o Odin se mantém unido há tanto tempo, pois permite a renovação e a circulação do ar dentro do grupo.

O treinamento individual desenvolvido pelos atores do Odin possibilita a elaboração de longas seqüências de ações físicas e vocais. Eles escolhem temas e textos que gostariam de trabalhar e sugerem imagens, músicas, objetos e figurinos que vão sendo editados e incorporados na montagem por Eugenio Barba. De maneira geral, é o próprio diretor quem sugere os temas a serem elaborados pelos atores. Nos primeiros anos de vida do grupo, Barba não apenas assistia ao treinamento, como o conduzia. Com o tempo, porém, e com o acúmulo de atividades, vem se desligando cada vez mais dessa etapa do trabalho, deixando-a a cargo dos atores. Os mais antigos treinam sozinhos e já chegam com suas seqüências prontas para serem desenvolvidas por ele. Há, portanto, um período de labor individual e outro

---

36. Entrevista realizada em 8.6.1998, Belo Horizonte

coletivo, no qual todos trabalham juntos sob o comando de Barba, que faz a montagem das diversas seqüências oferecidas por eles, de forma a construir o espetáculo. Não existe nada preestabelecido; os horários e cronogramas de treinamento e ensaios variam de acordo com as necessidades individuais e coletivas. Quando entra um ator novo no grupo – e isso é raro[37] –, ele fica um período sob a responsabilidade de um dos atores mais velhos, que se encarrega de lhe dar as orientações necessárias e lhe ensinar a base do treinamento, estimulando-o, depois, a desenvolver seu treinamento pessoal. Existe uma hierarquia sutil, porém visível, entre os atores mais velhos e os mais novos. E é claro que há incompatibilidades e dificuldades de relacionamento, como em qualquer grupo, mas existe uma ética precisa de conduta, existem regras que fazem com que tudo isso seja deixado de lado em função do trabalho e da estabilidade do Odin.

A jornada de trabalho é pesada e os atores mais jovens costumam começar o trabalho mais cedo. Assim, se os mais antigos no grupo já não sentem a necessidade de treinar com a mesma intensidade de antes (seis a oito horas diárias), os mais jovens vêem no treinamento a forma de buscar a equivalência no nível técnico e artístico com seus pares. A corrida, por exemplo, que sempre fez parte do treinamento coletivo, já não é observada pela maioria deles. Apenas os três atores[38] que entraram mais "recentemente" no Odin corriam no início da manhã, à época em que esta pesquisa foi realizada. Tendo em vista o horário previsto para o trabalho em grupo, eles são obrigados a acordar mais cedo para correr[39].

Durante muitos anos o treinamento foi diário e rigoroso. Hoje, passados mais de quarenta anos de trabalho árduo, existe no Odin uma flexibilidade maior; cada ator organiza seu tempo e seu treinamento conforme suas necessidades[40]. Mesmo assim, o trabalho coloca muitas exigências. Poucas pessoas resistem a tamanha dedicação e entrega.

Aos que vêm de fora, a prática cotidiana de grupos como o Odin, o CPT de Antunes Filho ou o Workcenter de Grotowski parece monástica. Há como que uma renúncia aos prazeres mundanos da sociedade de consumo. A vida é frugal, marcada por uma intensa rotina de trabalho e não sobra muito espaço para as relações sociais e familiares, salvo as que se estabelecem no seio do próprio grupo. Aqueles que persistem são os que Eugenio Barba denomina "as bestas do trabalho" que anulam a inércia

---

37. A última vez que entrou um ator no grupo foi no início da década de 1990.
38. Dos três atores que entraram por último no Odin, apenas um continua integrando o grupo: Kai Bredholt.
39. Os cronogramas de atividades do Odin não são fixos, nem imutáveis, de forma que muitas das informações aqui contidas podem ter sofrido alterações.
40. Uma das atrizes mais antigas do Odin, por exemplo, conta que costuma ganhar tempo fazendo seu treinamento vocal no carro, enquanto dirige até a sede do Odin.

que fica satisfeita com resultados superficiais"[41]. Nessa perspectiva, é preciso ter uma enorme persistência e provar a si mesmo, todos os dias, por meio do trabalho, a necessidade e a validade de sua escolha[42].

As longas jornadas de trabalho são uma característica da maior parte dos grupos de teatro, pois, como a maioria não recebe subvenção[43] – ou, se a recebem, esta não é suficiente –, os atores se vêem obrigados a enfrentar, além da jornada de trabalho comum a todo indivíduo, a jornada de teatro propriamente dita: treinamento, ensaios, cursos, espetáculos. De forma que, longe do *glamour* vivido pelo teatro abastado, o teatro de pesquisa e os teatros amadores enfrentam uma vida dura, de trabalho diurno e noturno, o que dificulta a vida em família e, de resto, a vida "normal". A atriz Giulia Gam, que integrou durante vários anos o CPT de Antunes Filho, deixando-o depois para empreender uma carreira independente de sucesso, no teatro e na televisão, conta a respeito dessa época:

> Quando eu fui viajar depois de tempos numas férias com três amigas, que elas entraram no carro e foram para o sul, que eu comecei a ver estrada, sol, amigas que falavam de Jimi Hendrix, sei lá, qualquer bobagem... eu comecei a pensar: que mundo é esse? Eu não sabia mais o que era você sair com uma turma, ver pôr do sol. Depois dessa viagem eu fiquei muito chocada, aí eu falei: Giulia, tem um lado seu que tem 18, 17 anos. Aí eu reencontrei um namorado meu, voltamos a namorar. Normal, isso foram umas férias de um mês, depois de dois anos de trabalho intensivo, estréia intensiva com trabalho final de semana. [...] Era tudo muito radical, casamentos dançavam, filhos dançavam. Ninguém tinha outra vida que não fosse aquilo, fora que aquilo era tão empolgante, fascinante que ninguém queria outra coisa também. A gente tinha a sensação que o mundo era aquele grupo; sabe aquele umbigo do mundo? Não existia mais nada que não fosse filtrado por aquele grupo, todas as opiniões eram aquele grupo, o Antunes, né? Não existia outra coisa que não fosse aquilo ou filtrado por aquilo, não existia [...] O teatro é uma reclusão total, uma coisa super conflituada, as pessoas vivem naquele lugar fechado, mas por um lado você sente que a tua alma está ali completamente[44].

No caso específico do Odin Teatret, a intensidade do trabalho cotidiano e das turnês coloca muitas dificuldades nas relações afetivas e familiares. É difícil estabelecer uma relação duradoura com alguém que não seja do grupo, pois as turnês duram, em média, oito meses, e o trabalho cotidiano implica em longas jornadas de treinamento, ensaios,

---

41. E. Barba, *Além das Ilhas Flutuantes*, p. 124.
42. Idem, ibidem.
43. O Odin Teatret é subvencionado. No entanto, desenvolve outras atividades para complementar sua renda. Todos do grupo recebem salários iguais, desde Eugenio Barba, passando pelos atores, até o pessoal da administração (três ou quatro pessoas). Apenas os atores recém-chegados recebem menos; o salário vai se adequando conforme o tempo em que se está no grupo. Durante as turnês, os atores recebem diárias, o que aumenta seu salário em relação ao do pessoal da administração.
44. Em R. de C. de A. Castro, *Da Persona ao Si Mesmo*: uma visão antropológica do teatro de pesquisa, p. 151.

atividades de administração e outras, paralelas, que eles desenvolvem. De modo que os casamentos, de maneira geral, são endogâmicos, acontecem dentro do próprio grupo. Quando isso não ocorre, o remédio é se conformar em manter relacionamentos fugazes, arrumar formas não muito ortodoxas de manter o casamento, ou sair do grupo. A opção, em geral, parece ser a de sair do grupo. Pelo menos entre os mais jovens. É interessante notar que três jovens que entraram no grupo no início dos anos de 1990 e saíram, há pouco tempo, por motivos diferentes, acabaram se casando com pessoas que conheceram em atividades ou eventos ligados ao Odin – a Ista, por exemplo.

É muito difícil permanecer no grupo e instituir família, no sentido tradicional. Alguns não se adaptam e saem em busca de estabelecer laços, ter filhos, estabilidade. De acordo com Iben, havia no começo uma regra que proibia o relacionamento sexual entre os atores do Odin. Essa regra teria sido definida por Barba para evitar conflitos dentro do grupo, semelhantes aos que ele presenciara no Teatro Laboratório de Grotowski. Mas... como dizem os atores do Odin, "as regras existem para serem quebradas" e esta não teria destino diferente:

> É claro que depois de mais de quarenta anos essa é tua família. Ademais, não tenho filhos e sempre tive parceiros dentro do grupo. A princípio, Eugenio estabeleceu uma regra proibindo casais no Odin. E eu vivia, nessa época, com Torgeir, com quem vivi por muitos anos. Mas Eugenio não aceitou. Disse que quando estivéssemos em turnê ficássemos em casas separadas – não tínhamos nem sequer hotel naquela época –, eu em uma e Torgeir em outra [...] Porque ele tinha visto, no grupo de Grotowski, o mal-estar causado pelas relações que se desfizeram; os conflitos gerados dentro do grupo. Então, ele pensava que essa era a única forma de evitar tais conflitos, mas nós somos escandinavos, de modo que suas regras italianas não funcionaram muito bem. Afinal, depois de muitos anos é a única coisa que faz com que o grupo possa sobreviver, do contrário, seria impossível viajar tanto – oito meses –, como temos feito por muitíssimos anos, não? Então, o que a princípio era uma debilidade se transformou em uma força do grupo. É claro que o Odin é um grupo que tem cruzado os matrimônios; que esse estava casado com essa, depois se separaram. [...] Isso é terrível. É claro que, às vezes, é muito duro e que há estruturas dentro dos casais que fazem com que os atores saiam do grupo. [...] Então é duro, pois há rupturas... Mas é como se o grupo – não só o grupo, mas você também – sentisse que, apesar de tudo, é mais forte, que consegue sobreviver e tornar-se mais forte com todas essas rupturas terríveis ocorridas dentro dele. É claro que, muitas vezes, e depois de tantos anos juntos, eu sinto, todavia, grupo-fobia, como chamo. Realmente, quando estamos em turnê, é difícil. Porque esse grupo é pequeno, o grupo agora é pequeno. Muitas vezes somos o dobro. É como nos velhos tempos, em que tínhamos uma relação com mais pessoas, as famílias não eram somente um casal com três filhos, mas muitas pessoas – avô, avó, crianças. E assim é, no grupo, e isso é lindo. É muito lindo. Mas, algumas vezes, é duro[45].

A maior parte das atrizes do grupo não tem filhos. Na formação atual do Odin (três mulheres e cinco homens), apenas uma atriz (Roberta Carreri) tem filho; dos atores, apenas um (o mais jovem, Kai Bredholt)

---

45. Entrevista realizada em 8.6.1998, Belo Horizonte.

não os tem. Mesmo os casais do grupo em idade fértil acabam optando por não tê-los, devido à dificuldade de conciliar as longas e freqüentes viagens com as demandas colocadas pela educação de uma criança. Alguns dos atores que tiveram filhos deixaram o grupo por um período. É o caso, por exemplo, de Tage Larsen, um dos atores mais antigos, que passou dez anos[46] afastado do Odin e voltou recentemente. Na Ista de Londrina, Roberta Carreri levou consigo a filha pequena, que estava em férias escolares. Havia uma moça que cuidava dela e que, por sua vez, era filha do técnico do grupo. Roberta conta que, quando a menina nasceu, precisou diminuir o ritmo de trabalho e uma das soluções encontradas por Barba foi realizar com ela um espetáculo solo, *Judith* (1987), que lhe garantisse o sustento e a possibilidade de viajar sozinha. Isso facilitou um pouco as coisas, porque permitia organizar sua própria agenda profissional. Os espetáculos individuais ou com poucos atores foram sendo, paulatinamente, adotados pelo Odin como uma maneira de diversificar as relações e o próprio trabalho.

Após anos de treinamento, os atores do Odin sentiram necessidade de trabalhar com outros atores, com pessoas de fora do grupo. Iben Nagel Rasmussen, por exemplo, se afastou do Odin por um breve período para se dedicar ao Farfa, um grupo de atores com o qual desenvolveu trabalhos de treinamento e pequenos espetáculos que envolviam canções e danças em torno de determinados temas. Após algum tempo, o Farfa se desfez. Atualmente, ela mantém um grupo de treinamento chamado Vindenes Bro (Ponte dos Ventos), com atores de vários países, inclusive o Brasil (três atores), escolhidos por ela, que se reúnem uma vez por ano para treinar e trocar experiências. Quase todos estão ligados, de alguma forma, a atividades pedagógicas e/ou pesquisa em seus países de origem. Torgeir Wethal, por sua vez, atua na área de cinema como ator e diretor. Filmou vários dos espetáculos e demonstrações de trabalho do Odin Teatret. Julia Varley, além de eventualmente dar cursos sobre o seu treinamento, desenvolve, ainda, um projeto chamado The Magdalena Project, que se destina ao debate e à investigação do papel da mulher no teatro e sua importância política como criadora de performances que tomam posição, que denunciam ou informam. Cada um à sua maneira, todos os atores do Odin desenvolvem projetos pessoais relacionados a temas de seu interesse.

Assim, duas desvantagens que, a princípio, tiveram que ser enfrentadas pelo Odin Teatret – o idioma e a falta de formação profissional de seu diretor e de seus atores –, tornaram-se, com o tempo, duas fortes características do seu trabalho e um de seus maiores trunfos: o domínio e a utilização de várias línguas, bem como o desenvolvimento de uma técnica e de uma linguagem cênica extremamente apuradas. O treinamento, que no início era fechado, passaria a ser objeto de demonstrações

---

46. Existem atores que se afastaram por um período menor.

abertas. Centrado em uma forte cultura de grupo, o Odin Teatret aos poucos se abriria para a sociedade circundante, mediante projetos como a Ista, The Magdalena Project, The Odin Week e outros tantos seminários, simpósios e festivais organizados por ele, os quais possuem um caráter transcultural – como denomina Barba – e interdisciplinar.

Toda essa intensa atividade cultural está de acordo com o que Barba considera as duas linhas de ação do Odin Teatret, ou como ele mesmo diz: "os dois pólos de uma mesma ação": a troca. Para ele é possível transformar o ofício do teatro em "um instrumento de troca entre nós e os outros":

> Além do teatro, estava a "troca". [...] Era, sobretudo, a maneira de revitalizar uma relação deteriorada; a maneira de passar do encontro com espectadores-fantasmas, que vêm uma noite e depois desaparecem, para o encontro com espectadores que, mais do que ver os atores, se mostram e se apresentam eles mesmos[47].

Barba identifica dois períodos na história do Odin Teatret, que corresponderiam a esses dois pólos de ação. O primeiro, iria de 1964, o ano da fundação, até 1974 (ano em que o grupo se transfere para um pequeno povoado do sul da Itália) e, o segundo, viria até agora. O primeiro período seria o da consolidação do grupo e caracteriza-se por sua concentração em si mesmo, em suas próprias relações e condições de trabalho. O segundo, seria o da abertura para o mundo exterior, para outros vínculos, que não apenas "com um só tipo de organização teatral", como diz Barba. De acordo com seu relato, é precisamente no momento em que o grupo sente o conforto de uma estrutura consolidada, que se encontra frente à "alternativa rotina e acumulação", que resolve mudar mais uma vez de endereço, indo para a Itália. De 1974 a 1979, o Odin empreende várias viagens e trocas. Em 1978, os atores se separam e partem, em pequenos grupos de dois a três, para diversos países – Brasil, Índia, Bali, Europa –, em busca do aprendizado de novas técnicas e de material artístico para suas produções: músicas, canções, instrumentos musicais, figurinos, adereços etc.

Conforme observa Fernando Taviani, Barba "é como o homem que acende o estopim que desencadeia os fogos de artifício"[48]. É ele quem detona os processos de mudança no interior do grupo nos momentos em que este parece tender à acomodação ou ao rompimento e à dissolução. Taviani conta que em 1969, após obter um grande e repentino êxito em Paris com o espetáculo *Ferai* (1969-1970), o terceiro do grupo, Barba interrompeu de repente as apresentações do espetáculo, preocupado com os possíveis efeitos que o sucesso inesperado poderia ter sobre os atores[49]. Tal fato levou-o a dissolver o grupo, com o intuito de re-

---

47. E. Barba, *Além das Ilhas Flutuantes*, p. 18.
48. F. Taviani, op. cit., p. 247.
49. Idem, p. 233.

organizá-lo para seguir adiante. Segundo Taviani, apenas três atores aceitaram as novas regras e condições de trabalho colocadas por Barba, permanecendo no grupo: Else Marie Laukvik, Iben Nagel Rasmussen e Torgeir Wethal. O treinamento recomeçou de forma rigorosa e reclusa, e somente dois anos depois o grupo apresentaria o novo espetáculo, fruto desse período: *Min Fars Hus* (A Casa de Meu Pai, 1972-1974), baseado em um argumento de Eugenio Barba.

A longevidade do Odin Teatret deve-se, em parte, à forma como seu diretor, com mão de ferro e habilidade política, alicerçou a estrutura interna do grupo, escolhendo o momento certo de lhe impingir mudanças, e, em parte, à imensa variedade de atividades desenvolvidas por eles, o que contribui para manter intactos seu frescor e sua sobrevivência material e espiritual. É importante ressaltar que, embora Eugenio Barba possua uma personalidade bastante forte e uma inquestionável capacidade de liderança, manter os atores unidos não deve ser tarefa muito fácil, pois eles são igualmente fortes e independentes.

A reputação do Odin e sua enorme influência no âmbito do teatro de pesquisa devem-se a vários fatores, entre eles, a coerência e o talento artístico; uma ética rigorosa de grupo e o teor didático de suas atividades. Apesar de não ser muito conhecido no circuito comercial tradicional do teatro, seu trabalho e suas idéias têm amplo alcance entre os pequenos grupos teatrais de pesquisa espalhados pelo mundo. A esses grupos, Eugenio Barba denomina o *Terceiro Teatro*:

> Podemos dizer que não somos os herdeiros de uma Grande Tradição. Entretanto, "existe uma herança de nós para nós mesmos". O teatro que vive esta condição, que não encarna um patrimônio com profundas origens, nem se reata a uma tradição para reproduzi-la ou contradizê-la, para negá-la dialeticamente ou para renová-la, é o Terceiro Teatro[50].

Os grupos a que Barba chama de Terceiro Teatro são aqueles que não pertencem a uma linha ou tendência teatral determinada, mas que vivem "em uma situação de discriminação", seja "pessoal ou cultural", profissional ou político-econômica[51]. Em 1976, o Odin Teatret organizaria o primeiro encontro do Terceiro Teatro, em Belgrado. O objetivo era a troca de experiências entre grupos oriundos de diferentes países da Europa e da América Latina.

A idéia de Terceiro Teatro, entretanto, não parece ser muito aceita pelos grupos de pesquisa de modo geral. Pelo que pude apurar junto a vários deles, mesmo aqueles ligados por fortes laços de afinidade ao Odin, a tendência é achar a idéia questionável, pois se receia a formação de uma espécie de gueto. Claro que há um sentido político inegável na formulação e na intenção de reunir esses grupos. O Terceiro

---

50. Idem, p. 211.
51. Idem, p. 154.

Teatro engloba aqueles artistas que, de maneira geral, não passaram por um aprendizado ou por uma formação profissional tradicional e cujo trabalho não é conhecido ou reconhecido no circuito teatral (crítica especializada, festivais etc.). Na concepção de Barba, ele seria uma terceira via, porque se situa na extremidade "dos teatros que o mundo da cultura reconhece":

> De um lado, o teatro institucional [...], de outro lado, o teatro de vanguarda, experimental, de pesquisa, hermético ou iconoclasta [...] à procura de uma nova originalidade, defendendo-se em nome de uma superação necessária da tradição, aberto àquilo que acontece de novo nas artes e na sociedade[52].

Todavia, parece contraditório, ou, no mínimo problemático, estabelecer uma diferenciação entre o Terceiro Teatro e a vanguarda, por exemplo, o que demonstra quão profundas são as implicações que o conceito acarreta. Embora esta seja uma discussão assaz interessante e, por si só, bastante complexa, foge do objetivo central deste estudo, não sendo minha intenção aprofundá-la.

Barba entende o teatro como esbanjamento – *potlatch* simbólico, como diria Marcel Mauss –, que objetiva estabelecer relações e não produzir mercadorias. Isso o levaria a desenvolver a idéia de teatro como troca. A troca, tal como idealizada e proposta por ele, leva o teatro a ambientes e a comunidades antes alheios à atividade teatral. Sua idéia é que os atores e os membros de determinada comunidade possam intercambiar ou mostrar aquilo que sabem fazer em termos de arte. Assim, troca-se uma canção por outra, uma dança por um poema... Enfim, a troca é um pretexto para o encontro de diferenças, no qual as respectivas identidades se reafirmam, frente ao outro. Nesse sentido, a troca é puro esbanjamento. Na definição de Eugenio Barba:

> [Trata-se de] [...] criar situações que unam e não que dividam. Todos podem dançar suas próprias danças e cantar suas próprias canções. Aqui não existe um momento estético do espetáculo, não há por um lado os profissionais que cantam, dançam e recitam e, por outro lado, pessoas que passivamente os observam e os consideram como especialistas da música, da dança e do recital. É esta a nossa "troca". Não renunciamos ao que era nosso, eles não renunciaram ao que era deles. Definimo-nos reciprocamente através de nosso patrimônio cultural[53].

Eu mesma tive a oportunidade de presenciar uma dessas experiências de troca do Odin Teatret, em 1996, com os membros do Centro de Tradições Populares de Sobradinho, criado por "seu" Teodoro, em Sobradinho-DF, e um grupo de teatro de bonecos de Brasília, o Mamulengo Presepada. O Centro de Tradições mostrou suas danças ao grupo dinamarquês. Em seguida, os bonequeiros apresentaram um pequeno espetáculo típico do teatro de bonecos popular brasileiro. Depois

---

52. Idem, p. 43.
53. Idem, p. 104.

foi a vez dos atores do Odin cantarem algumas de suas canções, acompanhados de instrumentos musicais. O evento culminou com a batida forte dos tambores do Centro de Tradições e todas as pessoas – atores e convidados – dançando em conjunto com os membros-dançarinos do Centro, ao som do bumba-meu-boi e de outras toadas. Um encontro, eu diria, bastante feliz, mas cuja repercussão não pude acompanhar, do ponto de vista das pessoas que fazem parte do Centro de Tradições – o que teria sido fundamental para entender de que modo a troca foi vista e interpretada pela comunidade. A primeira impressão é a de que eles ficaram orgulhosos de ter um grupo de teatro estrangeiro – que alguém informou ser importante – interessado em seu trabalho e em sua cultura.

O diretor teatral inglês Peter Brook, radicado em Paris e muito ligado a Grotowski[54], é um dos pioneiros nesse tipo de troca. Interessado no intercâmbio, na investigação e difusão de conceitos, métodos e técnicas, criou, em 1970, o Centro Internacional de Pesquisa Teatral, que reúne atores de várias nacionalidades. Antes mesmo de o Odin partir para o sul da Itália, em 1974, onde se dariam suas primeiras experiências de troca com habitantes da região, ele já empreendera viagens com seu grupo pela África. Procurava observar, em suas expedições teatrais, se era possível estabelecer contato com culturas diferentes por meio do teatro. Colocando-se questões sobre o que seria "comunicação direta", Brook admite que, embora não ignorasse a importância das palavras, buscava, na viagem com seus atores ao Daomé, Togo e Níger, "algo muito mais radical". Um tipo de teatro, diz ele, que "atue como música: algo que cause a mesma impressão em qualquer lugar do mundo sem se referir à língua"[55].

Na opinião de Fernando Taviani, o que diferencia as noções de troca de Peter Brook e Eugenio Barba é que, enquanto o primeiro procuraria um código, um meio de tornar o teatro comunicável, apesar do abismo entre as diferenças lingüísticas e culturais, o segundo estaria buscando pretextos, situações, que possibilitem o encontro de diferenças. As trocas, no entanto, nem sempre são idílicas, e muitos artistas que, como Brook e Barba, fazem trabalho similar têm sido freqüentemente acusados de atuar de forma arrogante e, em certa medida, imperialista, como destaca Schechner[56].

Em sua análise sobre a viagem de Peter Brook e seus atores à África, Richard Schechner questiona se "havia ali troca efetiva", ou se a viagem não seria mais uma "oportunidade para o grupo de Brook explorar técnicas de atuação improvisatória enquanto desfrutava a hospitalidade local"[57]. Schechner, contudo, confessa simpatizar com o que chama

54. Peter Brook é um dos que auxiliam com subvenções o Workcenter de Grotowski. Partiu dele o convite para que o diretor polonês se instalasse em Pontedera.
55. F. Taviani, op. cit., p. 243.
56. R. Schechner, *Between Theater and Anthropology*, p. 27.
57. Idem, p. 27.

de "o impulso fundamental" de Peter Brook, que, segundo ele, seria o mesmo de Grotowski, Barba, e Victor e Edith Turner, e de tantos outros euro-americanos e não-ocidentais. Esse impulso fundamental parece ter como princípio orientador a própria experiência humana, compreendida em um sentido universalizante, que ultrapassa as diferenças culturais, como se depreende do discurso de Peter Brook, cujo trabalho estaria, segundo ele, baseado na convicção de que "alguns dos aspectos mais profundos da experiência humana" podem ser revelados por meio "de sons e movimentos do corpo humano", que, de alguma maneira, tocam "uma corda idêntica em qualquer observador, qualquer que seja seu condicionamento cultural"[58].

A idéia de que, por meio do corpo, a música e o teatro possam "tocar uma corda idêntica no observador" aproxima-se da visão de John Blacking[59], para quem, apesar da interferência da cultura, que é grande, mas não absolutizante, é um corpo humano que cria a seqüência simbólica da música e do teatro, o que faz com que esses possam ter ressonância entre pessoas de culturas diversas, que não compartilham ou não conhecem os pressupostos do artista.

Quando indaguei a Eugenio Barba se ele acreditava que o Odin Teatret já podia ser considerado como um "fundador de tradição", ele me respondeu:

> Eu penso que sim. Nós nos sentimos mais como continuadores dessas pequenas tradições. Mas é claro que, quanto mais o tempo passa, mais as pessoas, os jovens, nos consideram fundadores de uma tradição de autodidatas, de excluídos. Um grupo que conseguiu estar junto, que sempre considerou que fazer um bom espetáculo não melhora o mundo, mas que fazer um mau espetáculo deixa o mundo mais feio. [...] Penso que isso faz com que nos considerem como fundadores da tradição. Uma tradição que não se tem que seguir. Uma tradição é, aliás, para ser mudada, para ser assumida e transformada. Negada"[60].

Dos atores que fundaram o Odin, apenas dois permanecem no grupo atualmente: Torgeir Wethal e Else Marie Laukvik – que, paralelamente à sua atividade no grupo, dedica-se a outros projetos teatrais, não tendo participado dos últimos espetáculos, como atriz. Iben Nagel Rasmussen, que ingressou no Odin em 1966, quando o grupo contava apenas dois anos, continua até hoje. Além deles, fazem parte do grupo, desde meados dos anos de 1970, Roberta Carreri, Julia Varley e Tage Larsen – que retornou há pouco tempo, após ficar cerca de dez anos afastado. Nos anos de 1980, entraram Jan Ferslev e Frans Winther. O ator mais jovem no grupo seria admitido no início dos anos de 1990:

---

58. P. Brook apud R. Schechner, op. cit., p. 27.
59. J. Blacking, Towards an Anthropology of the Body, *The Anthropology of the Body*.
60. Entrevista realizada em 8.6.1998, Belo Horizonte.

Kai Bredholt. A composição do Odin varia de tempos em tempos, podendo reduzir-se, como agora, ou aumentar[61].

A história do Odin Teatret, portanto, assemelha-se à dos habitantes das ilhas flutuantes às quais se referia Barba, cuja vida é construída no terreno incerto que pode desaparecer a qualquer momento sob os pés, mas que, enquanto existe, permite o encontro. Assim, o teatro, para os argonautas do Odin Teatret é o barco, o simbólico Talabot que lhes permite ir longe, ir sempre mais além das ilhas flutuantes onde, à semelhança do *kula* melanésio, estabelecem suas trocas simbólicas com as diferentes culturas do arquipélago chamado teatro. Nessas viagens, troca-se, acima de tudo, substância. Na visão de Eugenio Barba, "quando os teatros de grupo se encontram, é um diálogo de emigrantes o que se tece"[62]. De maneira que a identidade se estabelece justamente no confronto com o outro, o diferente. Resta saber se tal encontro é equivalente para todos os grupos.

---

61. Em 1994, época em que ocorreu a Ista de Londrina e em que se deu meu primeiro contato com o Odin, havia mais duas atrizes no grupo, Tina Nielsen e Isabel Ubeda, além de Leo Sarkis, que atuava como assistente de direção de Eugenio Barba. As três deixaram o Odin na década de 1990.

62. E. Barba, *Além das Ilhas Flutuantes*, p. 159.

3. A Ista como Ritual de Iniciação à Antropologia Teatral

TEATRO E ANTROPOLOGIA

As primeiras notícias a respeito de Eugenio Barba chegaram até mim de maneira difusa: era um antropólogo que dirigia teatro? Um diretor teatral que trabalhava com as premissas da antropologia? Depois, com o tempo, o que era vago foi se tornando mais claro e me deparei com um trabalho instigante e inovador, não apenas do ponto de vista prático, ou estético, mas também teórico.

Quando, portanto, em 1993, ouvi falar pela primeira vez do trabalho de Eugenio Barba, o fundador do Odin Teatret e idealizador da Antropologia Teatral e do Teatro Antropológico, o que mais me chamou a atenção foi justamente esse híbrido de antropologia e de teatro que surgia no horizonte do mundo teatral. Concebida por Barba[1] como um novo campo de pesquisa, voltado para "o estudo do comportamento pré-expressivo do ser humano em situação de representação organizada", a Antropologia Teatral toma de empréstimo alguns conceitos da antropologia, particularmente de Marcel Mauss, reformulando-os ou adaptando-os ao contexto da cultura teatral. Desse modo, cria novos instrumentos de observação e de análise, não apenas para a teoria, a crítica e a historiografia teatrais (e, em certa medida, para a própria antropologia), mas também e, sobretudo, para os artistas – diretores, atores e dramaturgos – envolvidos no fazer teatral.

---

1. E. Barba, *A Canoa de Papel:* tratado de Antropologia Teatral, p. 24.

Eugenio Barba reúne, no campo da Antropologia Teatral, conceitos e idéias que já existiam, mas que pairavam à espera de uma sistematização. O que ele de fato sistematiza, de maneira bastante instrumental, é precisamente a forma de olhar e o objeto desse olhar. O que observar em contato com culturas teatrais diferentes? O que aproxima a comunidade de atores/bailarinos? Qual é o terreno comum entre eles? São perguntas desse tipo que orientam seu trabalho e de seus colaboradores, que integram a Ista. O olhar, nesse caso, volta-se para os princípios que governam o trabalho do ator. Princípios estes que estariam na base dos diferentes estilos e gêneros teatrais, e que possibilitam ao ator criar a presença teatral, a presença cênica – aquela qualidade particular que possui o ator de atrair a atenção do espectador. Os princípios que regem a arte do ator constituem a técnica que subjaz às diferentes técnicas, denominada por ele "a técnica das técnicas". Aquilo que é anterior às diferenças estilísticas e à própria estética teatral.

Barba identifica, nas diferentes culturas e nos diversos estilos teatrais, sejam eles ocidentais ou orientais, princípios recorrentes que estariam na base das artes performáticas de modo geral: o equilíbrio de luxo, a oposição e a omissão. Esses três princípios básicos seriam observáveis nas várias manifestações teatrais e dizem respeito à forma como os atores/bailarinos[2] dispõem do próprio corpo, de modo a torná-lo um corpo cênico, não cotidiano – extracotidiano, na linguagem da Antropologia Teatral.

A influência do trabalho de Eugenio Barba entre os grupos teatrais de pesquisa é tão grande e, ao mesmo tempo, tão subliminar, que se faz sentir nos lugares mais insuspeitados e entre artistas que, aparentemente, nada têm a ver com o diretor italiano, ou com a Antropologia Teatral. É comum, hoje em dia, no meio teatral, encontrar atores e diretores que, embora trabalhem em outra linha, identificam-se com o pensamento de Barba, principalmente no que se refere aos princípios sistematizados por ele. Exemplo disso é o artista brasileiro Antonio Nóbrega, conhecido pela versatilidade e pelo talento com que desempenha as funções de ator, dançarino, músico, cantor e compositor. Nóbrega desenvolve pesquisas sobre a musicalidade e a expressão da cultura popular, particularmente a nordestina, sendo um dos principais responsáveis pela introdução de tais manifestações na cena teatral de nosso país.

Em uma demonstração de trabalho realizada por ocasião do I Encontro Mundial das Artes Cênicas (Ecum), em Belo Horizonte, em 1998, Nóbrega falou sobre a influência de Barba em seu trabalho. Conforme esclareceu, sua forma de abordar e de pesquisar a cultura

---

2. Barba concebe o ator como ator/bailarino e o teatro como teatro/dança, pois, para ele, não existe a separação entre um e outro. De forma que, no contexto da Antropologia Teatral e do Teatro Antropológico, sempre que se fala em ator e em teatro, pensa-se no ator/atriz/bailarino(a) e no teatro/dança, respectivamente.

popular estaria, de alguma maneira, relacionada à sistematização do olhar proposta pelo diretor italiano. Para exemplificar o que dizia, mostrou como um exercício de capoeira pode ser perfeitamente dividido em pequenas ações, de modo a permitir a identificação dos princípios envolvidos em sua execução. Provocando mudanças de ritmo na realização do exercício, apontou os vários sentidos que a luta pode adquirir, demonstrando, por exemplo, que, executada lentamente, ela pode ser comparada com o *tai chi chuan*. Nóbrega apresentou, ainda, os exercícios de seu treinamento pessoal – passos de capoeira e de frevo, basicamente –, destacando, em cada um deles, os princípios identificados por Barba, de alteração de equilíbrio, de forças opostas que atuam simultaneamente no corpo e de omissão de elementos supérfluos à ação.

Tal fato parece demonstrar que o emprego de modelos estéticos na observação dos fenômenos sociais é algo não apenas plausível, mas instrumental. Considerando, por exemplo, a dificuldade enfrentada por muitos antropólogos perante certas manifestações que são simultaneamente rituais e artísticas (possuindo inegável aspecto dramático, teatral) e, tendo em vista que nem todos possuem uma formação artística que os auxilie no trato de tais questões, a adoção de modelos estéticos que permitam estabelecer uma ponte analítica entre elas seria de enorme valia para a pesquisa etnográfica. O antropólogo teria, à mão, um instrumental teórico alternativo, capaz de orientá-lo quanto ao que observar. Conhecendo outros modelos estéticos, não lhe seria tão difícil perceber a existência ou não de modelos semelhantes por detrás dos fenômenos que observa.

Seria possível, portanto, observar o modelo estético por detrás de representações rituais como, por exemplo, aquela dos aruanãs Karajá. Segundo quais princípios os atores rituais, os aruanãs, se movem? Que posturas de base eles assumem; de que maneira caminham; de que forma utilizam a voz e como ela deve ser emitida – a partir de que ponto do corpo e com que timbres e nuances? Existiria a noção de um centro [no corpo] gerador de energia? E, se existe, onde se situa? De que forma os atores rituais concebem a divisão do corpo quando estão em uma situação de representação? Quais são as técnicas corporais de que se servem para transformar o corpo cotidiano em um corpo extracotidiano, artificial, cênico? É possível identificar a existência dos três princípios básicos da Antropologia Teatral na forma de representação Karajá e no palhaço da Folia de Reis – para citar outro exemplo –, ou haveria nessas manifestações outros princípios, desconhecidos pelas culturas teatrais tradicionais, cujo conhecimento poderia enriquecer o universo e a prática do teatro?

Novas formas de narrativa (dramaturgia), de dramatização (encenação) e de atuação poderiam surgir da observação sistemática das diversas formas de manifestações teatrais, sejam elas rituais ou não, colocando novos paradigmas e problemas epistemológicos para a ciência e para o teatro. Os princípios da Antropologia Teatral parecem ser plenamente aplicáveis no estudo dos fenômenos teatrais, já que oferecem um ponto de partida preciso para o observador, permitindo, inclusive, estabelecer critérios para a coleta e a comparação de dados.

De fato, a utilização intercultural de teorias estéticas pode ser muito útil para a teoria social. Conforme observa Richard Schechner, cada uma das diversas teorias da performance[3] existentes nas diferentes culturas "pode ser utilizada isoladamente ou em combinação, como lentes através das quais se foca ambos os sistemas, social e estético"[4].

Schechner compara o modelo estético do *Jo-ha-kyu* japonês ao modelo greco-romano utilizado por Victor Turner em sua concepção das quatro fases do drama social e chega à conclusão de que existe alguma semelhança entre ambos. O modelo greco-romano adotado por Turner caracteriza-se por quatro fases – ruptura, crise, ação reparadora e reintegração –, ao passo que o modelo japonês subdivide-se em três fases, em que *Jo* significa conter, reter; *ha* quer dizer romper, mudar de direção; e *kyu* representa rapidez, velocidade. De acordo com Eugenio Barba, a expressão *Jo-ha-kyu* representa precisamente as três fases nas quais todas as ações de um ator e todo o organismo da performance japonesa estão subdivididos. "A primeira fase", diz ele, "é determinada pela oposição entre a força que tende a aumentar e outra força que retém"[5]. Já a segunda fase acontece no momento em que há a liberação da força que retinha, até que se chega à terceira fase, aquela "em que a ação culmina, usando todas as suas forças para cessar subitamente, como se defrontando com um obstáculo, uma nova resistência"[6]. Schechner acredita que o modelo estético japonês seria mais indicado na análise de certos dramas sociais do que o modelo greco-romano escolhido por Turner, já que alguns desses dramas "não se resolvem, mas passam de um clímax, um *kyu*, para uma nova fase lenta, *jo*", sem passar pela fase da ação restauradora[7]. A perspectiva intercultural, que permite utilizar modelos estéticos oriundos das mais diversas culturas na análise dos fenômenos sociais, abre, portanto, uma multiplicidade de perspectivas para o campo da pesquisa, não apenas artística, mas também antropológica.

3. O termo performance, segundo Turner, não possui, necessariamente, a "implicação estruturalista de manifestar forma, mas antes, o sentido processual de 'levar à conclusão' ou 'finalizar'", de maneira que, para ele, mais do que simplesmente realizar um ato ou ação, *performar* é completar um processo. A performance seria, assim, o final de uma experiência. V. Turner, Dramatical Ritual/ Ritual Drama: performative and reflexive anthropology, *From Ritual to Theatre:* the human seriousness of play, p. 91.
4. R. Schechner, Points of Contact Between Anthropological and Theatrical Thought, *Between Theater and Anthropology*, p. 14.
5. E. Barba, *A Arte Secreta do Ator*, p. 18.
6. Idem, ibidem.
7. R. Schechner, op. cit., p. 14.

Apesar de distintos, o teatro e a antropologia guardam algumas semelhanças e exercem uma espécie de fascínio recíproco, tendo suas categorias sido, amiúde, apropriadas, ora por um, ora pelo outro, no exercício de suas atividades específicas. É o caso, por exemplo, da categoria de ator social, empregada em larga escala pelos antropólogos para designar o fato de que todo homem e toda mulher, como membros de uma coletividade, representam[8] papéis sociais. A analogia com o teatro, nesse caso, é evidente. Se, no âmbito das ciências sociais, as categorias tomadas de empréstimo ao teatro têm sido de grande utilidade, enquanto instrumental teórico adaptado, nas artes cênicas a influência dos termos e premissas da antropologia também se faz sentir. No caso específico da Antropologia Teatral, noções como as de troca, *potlach, éthos* e cultura, entre outras, sem falar no próprio termo antropologia, são empregadas no tratamento de questões específicas do fazer teatral.

Esse movimento de cruzar fronteiras entre a antropologia e o teatro, de trilhar caminhos que são interculturais e interdisciplinares, é uma tendência crescente, conforme observa Schechner. Para ele, a relação entre teatro e antropologia tem sido explorada pelas duas vias, tanto pelos antropólogos como pelas pessoas de teatro. Um dos motivos que, em sua opinião, levaria a esse intercâmbio seria justamente o fato de os métodos e os paradigmas antropológicos e teatrais serem convergentes: "As pessoas de teatro podem ajudar os antropólogos a identificar o que procurar em uma situação de treinamento ou de performance; e os antropólogos podem ajudar as pessoas de teatro a ver as performances dentro do contexto de sistemas sociais específicos"[9].

No meu entender, as pessoas de teatro podem auxiliar os antropólogos a identificar o que procurar, não apenas no contexto do teatro, mas também dos fenômenos socioculturais de modo geral.

Existe, portanto, uma liminaridade entre o teatro e a antropologia, que constitui um terreno muito fértil para a pesquisa. A liminaridade é vista por Turner justamente como "uma interface temporal cujas propriedades invertem parcialmente aquelas da ordem já consolidada, que constitui qualquer 'cosmos' cultural específico"[10]. Esse campo liminar entre a antropologia e o teatro tem gerado novas conceituações e colaborações entre as duas disciplinas, que resultam em experiências muito interessantes. O próprio Victor Turner, para quem as raízes do teatro estão no drama social, vê a Antropologia da Performance como uma parte essencial da Antropologia da Experiência. Para ele, todo tipo de performance cultural, seja ela ritual, teatro, carnaval ou poesia,

---

8. Goffman utiliza o termo representação para se referir "a toda atividade de um indivíduo que se passa num período caracterizado por sua presença contínua diante de um grupo particular de observadores e que tem sobre estes alguma influência". E. Goffman, Representações, *A Representação do Eu na Vida Cotidiana*, p. 29.

9. R. Schechner, op. cit., p. 25.

10. V. Turner, op. cit., p. 41.

seria "explanação e explicação da própria vida"[11]. Turner e sua mulher, Edith, realizaram diversas experiências de teatralização de dados etnográficos (baseados em monografias) com os estudantes de antropologia da Universidade de Virginia, e com alunos de teatro da Universidade de Nova York. O objetivo dessas *performances* etnográficas, segundo Turner, era restituir aos dados a plenitude de seu "significado-ação" e possibilitar aos estudantes uma "compreensão cinética dos 'outros' grupos socioculturais"[12]. A visão interna dos atores possibilitaria torná-los críticos e mais conscientes a respeito da forma como as estruturas rituais e cerimoniais são "cognitivamente representadas"[13].

Do mesmo modo que "o teatro é antropologizante", a antropologia vem sendo teatralizada, segundo observa Schechner. Em sua opinião, Turner fez pela antropologia o mesmo que Barba vem fazendo pelo teatro. Ambos têm sido responsáveis por ampliar o horizonte prático e teórico de suas respectivas disciplinas. Schechner acredita que seria extremamente proveitoso para o teatro e para a antropologia aliar as idéias dos Turner às de Eugenio Barba, no sentido de enfatizar tanto "os aspectos cognitivos e experienciais das etnografias interpretadas", como os cinestésicos – relacionados às formas de manipulação do corpo[14].

É precisamente no contexto dessa interdisciplinaridade, do intercâmbio de termos técnicos, de instrumentais teóricos e, porque não dizer, de visões de mundo, que surge a Antropologia Teatral. Existe, portanto, toda uma conjuntura no panorama mundial do teatro e das ciências, que viabiliza o surgimento de tal corrente de pensamento. Além de experiências no campo da antropologia, como aquelas empreendidas pelos Turner – dramatizar monografias etnográficas –, vários grupos de pesquisa teatral de diferentes países e continentes empreendem viagens de campo, ou de estudos, nas quais buscam adquirir técnicas e pesquisar materiais para suas produções[15].

O imaginário de Eugenio Barba, como vimos, está fortemente ligado a uma memória das águas. Por outro lado, existe o fascínio pela antropologia e pelas viagens de campo[16]. É exatamente no exercício de um novo olhar que consiste a principal influência da antropologia sobre o pensamento de Eugenio Barba. No modo como exercita esse

11. Idem, p. 13.
12. R. Schechner, op. cit., p. 30.
13. Idem, ibidem.
14. Idem, p. 31.
15. O próprio Odin Teatret, assim como o grupo de Peter Brook e o Théâtre du Soleil, de Ariane Mnouchkine, empreenderam tais viagens. No Brasil, esta é uma prática adotada por grupos como o Lume, de Campinas e por artistas como Antonio Nóbrega.
16. Um dos trabalhos do Odin Teatret, exatamente o que leva o nome de *Talabot* (1988-1991) – o barco original que levaria o jovem marinheiro Barba a descobrir o prazer das viagens e da aventura –, conta justamente a história de uma antropóloga dinamarquesa, Kirsten Hastrup.

olhar sobre o outro e se posiciona frente à alteridade, pois Barba carrega consigo o que denominamos o olhar antropológico. Não no sentido de ser um profissional treinado para o ofício de antropólogo, mas na forma como olha, como observa as diferentes culturas teatrais.

Sabemos que o olhar, seja do antropólogo, seja do artista, jamais será neutro. Tampouco a construção que fazemos do outro, e de nós mesmos, será isenta de implicações e de conseqüências políticas, sociais e, muitas vezes, econômicas. No caso específico do antropólogo, é possível disciplinar o olhar por meio do conhecimento teórico e da pesquisa de campo. O confronto com o que difere de si, que o trabalho de campo proporciona, é o que lhe permite sair dos estreitos limites de sua própria percepção. É desse estranhamento, provocado pela alteridade, que surge a antropologia.

Barba se assemelha ao antropólogo na medida em que, ao procurar a alteridade, busca respostas para suas próprias perguntas, para sua própria cultura, para compreender a si mesmo e ao teatro com o qual está comprometido. No entanto, distingue-se dele, uma vez que sua preocupação primeira não é desvendar os liames, as urdiduras que compõem os diversos gêneros e estilos teatrais e sua relação com o contexto socioeconômico, histórico e cultural das sociedades que os criaram e nas quais estão inseridos. Sua intenção é observar e comparar o que identifica como sendo os princípios que estariam na base do trabalho do ator nas diferentes tradições e culturas teatrais, sejam elas ocidentais ou orientais. Não pretende, como faz questão de salientar, aplicar ao teatro as premissas da antropologia cultural, mas se serve de algumas delas para lidar com as semelhanças e as diferenças de tradição e de cultura existentes no teatro mundial.

Barba propõe uma análise transcultural dos princípios que orientam a arte do ator. Tal qual o antropólogo, ele chega às suas premissas pelo estranhamento e por um certo distanciamento tanto daquilo que lhe é familiar (seus próprios atores) quanto daquilo que lhe é desconhecido (outras culturas teatrais). Não se trata de uma análise *a priori* sobre o fazer teatral, mas de idéias que foram se constituindo a partir da prática e do contato direto com diversas tradições. Barba, de maneira similar à do antropólogo, coloca-se frente a frente com as diferentes manifestações teatrais e com os atores que observa. Sua teoria nasce, portanto, da própria prática teatral.

Partindo do pressuposto de que existem muitas antropologias (filosófica, física, paleoantropológica, criminal) além da antropologia cultural, ainda que esta comumente abarque todas as outras, Barba adverte que não utiliza o termo antropologia no sentido desta última, mas em seu sentido geral, de estudo do ser humano. Segundo ele, no caso específico da Antropologia Teatral, o cerne das pesquisas é o comportamento cênico pré-expressivo que estaria na base dos diferentes gêneros e tradições teatrais. Quando lhe perguntei, durante a entrevista que me concedeu, o motivo pelo qual sua escolha recaiu sobre a antropologia e não sobre a sociologia, ele me deu a seguinte resposta:

> A sociologia tem mais a ver com a relação entre o ser humano e a sociedade, enquanto a antropologia diz respeito à relação entre a pessoa e, nesse caso, o teatro, seu próprio ofício, seu próprio artesanato. Quando utilizamos a palavra antropologia, estamos nos referindo ao estudo do ser humano – antropologia é isso. Assim, o termo Antropologia Teatral indica claramente que se trata do estudo de um ser humano em uma situação de representação, isto é, espetacular. A Antropologia Teatral não se dedica aos níveis superiores do trabalho teatral – a dramaturgia, a estética, o resultado –, mas a esse nível fundamental, que poderia chamar-se biológico, em que as capacidades físicas, mentais, vocais do ator estão postas em jogo para chegar a uma eficácia da comunicação sensorial com o espectador[17].

Indagado se não haveria, nessa nomenclatura híbrida, a intenção de unir ciência e teatro, Barba respondeu que não, que a ciência e o teatro "são duas coisas muito diferentes"[18]. No entanto, tendo em vista a existência de um *staff* científico na Ista, que inclui cientistas de diversas áreas, questionei se isso não contribuiria para imprimir um caráter de cientificidade à Antropologia Teatral, ao que ele respondeu:

> Não. Quando se fala de caráter científico é mais no sentido de um grupo de pesquisadores que conhece muito bem as histórias do teatro ou de algumas das características desse ofício, como a improvisação, o espaço cênico e a recepção do espetáculo por parte do espectador, o que significa que a palavra científico tem que ser tomada entre aspas[19].

Esse é um dos pontos que não ficam muito claros, pois, a despeito de afirmar, em sua entrevista, que a Antropologia Teatral não é uma ciência, em seu livro *A Canoa de Papel,* Barba a define como "uma ciência pragmática que se torna útil, quando por meio dela o estudioso chega a apalpar o processo criativo e quando, durante o processo criativo, incrementa a liberdade do ator"[20]. De forma que é melhor seguir seu conselho e tomar o termo ciência entre aspas, não esquecendo, contudo, que este, provavelmente, possui, aqui, aquela qualidade apontada por Crapanzano[21] de um "garantidor de significado".

O QUE VEM A SER A ANTROPOLOGIA TEATRAL

Eugenio Barba define o Teatro Antropológico como "o estudo do homem em situação de representação[22], dando especial ênfase nas

17. Entrevista realizada em 8.6.1998, Belo Horizonte.
18. Idem.
19. Idem.
20. E. Barba, *A Canoa de Papel*: tratado de Antropologia Teatral, p. 27.
21. V. Crapanzano, The Self, the Third, and Desire, *Hermes's Dilemma & Hamlet's Desire*: on the epistemology of interpretation, p. 70-90.
22. Representação não no sentido utilizado por Goffman, de representação social, mas de representação teatral.

técnicas do ator"[23]. Esse híbrido de teatro e de antropologia se explica, em parte, pela tendência, bastante difundida entre os grupos de pesquisa, de aliar a uma investigação, que é fundamentalmente teatral, aspectos relacionados ao campo da ciência. É o caso da Antropologia Teatral, cuja nomenclatura é reveladora desse tipo de pensamento. Nela, conforme vimos anteriormente, conceitos como os de *troca*, *aculturação*, *técnicas cotidianas do corpo*, entre outros, são retirados da antropologia (sobretudo de Mauss) e aplicados ou fundidos a categorias e técnicas eminentemente teatrais. Eugenio Barba ressalta, no entanto, que:

> Na Ista, o termo "antropologia" não é usado no sentido de antropologia cultural, mas sim no sentido de que é um novo campo de estudo acerca do ser humano em uma situação de representação organizada, quando as técnicas corporais cotidianas são substituídas por técnicas extracotidianas[24].

Servindo-se de conceitos oriundos tanto das ciências humanas, especialmente da psicologia de Jung (*animus* e *anima*, por exemplo) e da antropologia, quanto da física, sobretudo da física quântica (energia, dilatação), os grupos experimentais de teatro procuram assegurar legitimidade às suas pesquisas e, em parte, aos seus resultados. A ciência, nesse caso, exerceria o papel de um *terceiro*, no sentido atribuído por Crapanzano, de um *garantidor de significado*. Em sendo assim, a proximidade e, porque não dizer, o "parentesco" – ao menos em relação à nomenclatura e a certos termos utilizados – entre a Antropologia Teatral e a antropologia pretende assegurar à primeira legitimidade, conferindo-lhe um aspecto de cientificidade.

Mas os grupos de pesquisa teatral, como vimos, não se restringem à utilização de categorias tomadas de empréstimo à ciência. Também lançam mão, em larga medida, de uma linguagem que está na origem mesma do teatro, a linguagem ritual. Essa familiaridade entre a linguagem do teatro e a do ritual se deve a vários fatores. O primeiro deles diz respeito às próprias origens rituais do teatro[25], nas quais, supõe-se, não haveria distinção entre ator e platéia. Ambos eram partícipes de um mesmo culto – no caso do teatro grego, por exemplo, o culto ao deus Dioniso, no caso do mito japonês, a dança de Uzume. Outros fatores dizem respeito à própria linguagem do ritual, que é, na definição de Tambiah[26], "um ato comunicativo e performativo". Além disso, as situações rituais, tais como as situações de representação teatral, possuem uma relação tempo/espaço alterada, com conotações e simbolismos diferentes daqueles cotidianos. De acordo com Tambiah, a própria

---

23. E. Barba, *Além das Ilhas Flutuantes*, p. 12.
24. Em folheto explicativo distribuído aos participantes da VIII Sessão Internacional da Ista.
25. Ver o capítulo 1.
26. S. J. Tambiah, *Culture, Thought and Social Action*: an anthropological perspective.

forma do ritual tem significação, tem um significado, tem uma força. Há uma construção metonímica do tema ritual através da repetição embutida em sua forma.

Portanto, se, de um lado, os grupos experimentais de teatro fazem uso da ciência como um *terceiro* que assegura legitimidade às suas pesquisas, de outro, utilizam a forma da linguagem ritual, seja para trilhar um caminho espiritual, de autoconhecimento, como é o caso do Workcenter de Grotowski, seja para provocar a força ilocucionária[27] necessária à transmissão e à difusão dos resultados de suas pesquisas e, mesmo, de sua filosofia, de sua visão de mundo, como parece ser o caso da Ista. É minha intenção observar de que forma se dá esse processo de hibridização de conteúdos no contexto da Antropologia Teatral. Assim, adoto como objeto de análise a VIII Sessão Pública da Ista, por considerá-la uma espécie de "ato social total", no sentido atribuído por Mauss, de um *tout*, um evento no qual toda a filosofia da Antropologia Teatral está em ação e se revela.

Eugenio Barba define a Antropologia Teatral da seguinte forma:

> [...] um estudo do comportamento cênico pré-expressivo que se encontra na base dos diferentes gêneros, estilos e papéis e das tradições pessoais ou coletivas. [...] A Antropologia Teatral não se ocupa de como aplicar ao teatro e à dança os paradigmas da antropologia cultural. Nem é o estudo dos fenômenos performativos das culturas que normalmente são objeto de investigação por parte dos antropólogos. Tampouco deve confundir-se com a antropologia do espetáculo[28].

Segundo Eugenio Barba, haveria um nível pré-expressivo[29] do comportamento cênico, que viria antes do momento cênico propriamente dito e que estaria relacionado ao modo como os atores das diferentes tradições constroem sua presença cênica de forma a captar a atenção do espectador. Esse nível seria anterior à própria técnica, estaria em sua fundação, no que ele denomina "a técnica das técnicas", a fonte da qual se originam as mais diversas técnicas. Nesse sentido, o nível pré-expressivo representaria uma espécie de universal ou elementar, comum a todas as tradições de teatro e dança, sejam elas ocidentais ou orientais. A pré-expressividade, portanto, é algo que antecede as diferenças estéticas. O nível pré-expressivo é a base a partir da qual se fundam as tradições teatrais com suas respectivas especificidades técnicas, estéticas, artísticas e culturais. Barba dirá:

---

27. Austin distingue dois tipos de atos: os convencionais e os não-convencionais. Os atos convencionais consistem em atos locucionários (que possuem um significado) e atos ilocucionários (que possuem uma força). Já os atos não-convencionais seriam aqueles que têm ou que provocam um efeito, são os atos perlocucionários (J. L. Austin, *How to Do Things with Words*).
28. E. Barba, *A Canoa de Papel*: tratado de Antropologia Teatral, p. 23-24.
29. O nível pré-expressivo é discutido no capítulo 5.

O nível pré-expressivo é aquele que não varia e é subjacente às individualidades pessoais, estilísticas e culturais. É o nível do *bios* cênico, o nível "biológico" do teatro sobre o qual se fundam as diversas técnicas, as utilizações particulares da presença cênica e do dinamismo do ator[30].

Eugenio Barba define a técnica como "a utilização extracotidiana do corpo-mente do ator"[31]. A análise transcultural proposta por ele permite observar nas diferentes técnicas teatrais (e quando ele cita teatro refere-se a teatro e dança) certos princípios recorrentes, responsáveis pelo que classifica como técnicas extracotidianas do corpo, que são aquelas técnicas que transformam um comportamento corporal cotidiano em um comportamento artificial e estilizado, próprio às artes cênicas.

Barba, assim como a maioria dos diretores ligados ao teatro de pesquisa, busca uma linguagem cênica que não seja realista, que não seja a simples imitação de atitudes e gestos comuns, mas uma reconstrução artística, criativa. Bertolt Brecht, um dos principais responsáveis pela difusão do conceito de distanciamento do ator em relação ao personagem, no Ocidente, também procurava o distanciamento do que denominava "o gesto social", entendido como "a expressão mímica e conceitual das relações sociais que se verificam entre os homens de uma determinada época"[32]. O interesse de Barba recai, justamente, na construção de uma linguagem que não seja a dos gestos e posturas cotidianos. Para que isso se torne possível é necessário que o ator examine e desconstrua condicionamentos culturais, partindo do estranhamento de sua própria cultura, no que se refere ao que Marcel Mauss identifica como as técnicas corporais cotidianas, que são os diferentes modos como os homens e as mulheres se servem de seus corpos de maneira tradicional, em cada sociedade. O ator deve aprender novas formas de se mover e de se comunicar, que não sejam aquelas conhecidas e naturalizadas por ele. Barba, portanto, se apropria da noção de Mauss de técnicas corporais cotidianas para criar um novo conceito, fundamental à linha de pesquisa desenvolvida pela Antropologia Teatral e pelos atores e pesquisadores ligados à Ista: o conceito de técnicas extracotidianas do corpo. De acordo com ele:

> Todas as tradições teatrais, que elaboraram normas para o comportamento dinâmico do ator – o que chamamos codificação –, têm como meta sobrepujar o natural, o espontâneo e, portanto, o automatismo. Construir uma nova tonicidade muscular: um "corpo dilatado". Todas as tradições partem do mesmo princípio – uma deformação do natural que desemboca nos diferentes resultados. O que denominamos estilos[33].

---

30. Em folheto explicativo distribuído aos participantes da VIII Sessão Internacional da Ista, realizada em Londrina.
31. E. Barba, *A Canoa de Papel:* tratado de Antropologia Teatral, p. 23.
32. B. Brecht, *Estudos sobre Teatro*, p. 84.
33. E. Barba, *Além das Ilhas Flutuantes*, p. 94.

A principal tarefa da Antropologia Teatral seria, portanto, investigar os *princípios que retornam* e que constituem o nível da pré-expressividade nas diferentes culturas e tradições teatrais. Tais princípios, "aplicados ao peso, ao equilíbrio, ao uso da coluna vertebral e dos olhos", produziriam "tensões físicas pré-expressivas" que constituem uma "qualidade extra-cotidiana da energia que torna o corpo teatralmente 'decidido', 'vivo', crível'", de modo que a presença do ator é capaz de prender a atenção do espectador "antes de transmitir qualquer mensagem"[34].

Barba distingue três desses princípios que retornam: o equilíbrio de luxo ou equilíbrio precário, instável; a oposição; e a omissão. O primeiro, consiste em uma alteração do equilíbrio comum, cotidiano, pelo uso que o ator faz da coluna vertebral e da distribuição desigual do seu peso. Exemplo disso são as várias posturas de base do balé clássico ocidental. Durante o período de aprendizagem, os jovens bailarinos sentem muita dificuldade em manter-se eretos sem perder o equilíbrio enquanto executam as posturas. A deformação imposta ao corpo é totalmente artificial, e o neófito tem que aprender a redistribuir o peso e a controlar os micromovimentos do corpo para manter-se de pé e, ao mesmo tempo, ser gracioso – o que, inicialmente, não é nada fácil. Até conquistar o novo ponto de equilíbrio, o jovem bailarino tende a deslocar o quadril para trás, ou a barriga para frente, na tentativa de recobrar o antigo equilíbrio. É nesse ponto que entra a técnica, para ensiná-lo a movimentar-se de maneira artificialmente construída, segundo uma linguagem cênica e estética definida e, em geral, codificada, como é o caso do balé clássico e das artes orientais. O bailarino aprenderá, assim, a caminhar, a saltar e a sustentar o corpo de forma distinta daquela a que está habituado.

O segundo princípio, a oposição, está relacionado às inúmeras tensões de forças opostas que o ator imprime nas diferentes partes do corpo e que geram vivacidade e tônus corporal. Na Ópera de Pequim, por exemplo, qualquer movimento empreendido pelo ator deve começar na direção oposta à que pretende seguir. Desse modo, se a intenção é ir para frente, começa-se o movimento indo para trás. É importante notar que, por serem internas, essas tensões, via de regra, não são visíveis. Constituem-se de microtensões que o ator aciona no corpo sem, necessariamente, deslocar-se no espaço. Quanto maior é a tensão estabelecida, mais energia é gerada. Não se trata, entretanto, de tensão no sentido de tensão muscular, de enrijecimento, mas de uma resistência que se instaura entre forças opostas, resultando em força cinética. A contenção de energia[35], nesse caso, confere intensidade ao

---

34. E. Barba, *A Canoa de Papel*: tratado de Antropologia Teatral, p. 23.
35. Energia: "Potência, força viva do organismo. Vigor/Atividade/Força moral; virtude. Eficácia.// Filos. Em Aristóteles, enérgeia é a força motora, vale dizer, a ação de um motor (no sentido físico ou metafísico), a qual permite *dynamis*, isto é, o movimento, que é a atualização de uma potencialidade. // Fís. Grandeza que apresenta um sistema material e que poderá transformar-se em trabalho mecânico.// Med. Em

movimento no tempo e no espaço. O ator é como um arco, prestes a lançar a flecha a qualquer momento. Muitas imagens de oposição podem ser utilizadas: forte/suave; aberto/fechado; *yin/yang;* para baixo/para cima; rápido/lento etc. A esse respeito, Eugenio Barba dirá:

> A oposição entre uma força favorável à ação e outra contrária é convertida numa série de regras – tais como as usadas pelos atores do Nô e Kabuki – que criam uma oposição entre a energia empregada no espaço e a energia empregada no tempo. De acordo com essas regras, sete décimos da energia do ator deveriam ser usados no tempo e somente três décimos no espaço. Os atores também dizem que é como se fosse uma ação que realmente não terminou, em que o gesto pára no espaço, mas continua no tempo[36].

Nessa perspectiva, cada ação, cada movimento, cada som emitido pelo ator deve ecoar no tempo e no espaço, reverberar como a corda de um instrumento, cuja vibração não estanca imediatamente; ressoa até ficar inaudível.

Finalmente, o terceiro princípio, a omissão, está diretamente relacionado com o princípio da simplificação, no sentido de que alguns elementos são omitidos com a intenção de se destacar aqueles que se consideram essenciais. Esse princípio opera por intermédio da eliminação daquilo que é supérfluo à ação. O ator, portanto, deve reter e não dissipar a energia em um "acesso de vitalidade e expressividade"[37]. A qualidade de sua presença cênica resulta, justamente, da capacidade de conter, de manter a energia. Para Eugenio Barba, a beleza da omissão residiria na "sugestividade da ação indireta, da vida que se revela com o máximo de intensidade no mínimo de atividade"[38].

O princípio da omissão, aliado ao da oposição, caracteriza-se pelo fato de o ator compor pequenas ações como se estas fossem grandes, comprimindo "em movimentos contidos as mesmas energias físicas colocadas em atividade para realizar uma ação mais ampla e pesada"[39]. O ator omite, dessa forma, o volume de energia empregado em cada ação, que se revela ao público na forma de intensidade. É assim, que, ao assistirmos a uma apresentação de balé, por exemplo, nos encantamos com a agilidade e a desenvoltura com que os bailarinos dispõem de seus corpos. Temos a nítida sensação de que não fazem esforço, de que não têm a mínima dificuldade em executar semelhantes saltos ou volteios. É que o esforço foi omitido para que víssemos apenas o essencial.

acupuntura, entidade que circula nos 'meridianos' do corpo e dá à vida seus períodos de atividade e seus períodos de repouso.// Energia interna de um sistema; Energia megacíclica; Energia radiante, energia que se propaga por ondas através do espaço, inclusive no vazio". Larrousse, *Grande Enciclopédia Delta Larousse*.
36. E. Barba, *Arte Secreta do Ator*, p.14.
37. Idem, *A Canoa de Papel*: tratado de Antropologia Teatral, p. 50.
38. Idem, ibidem.
39. Idem, p. 49.

Eugenio Barba inaugura, assim, uma nova maneira de ver e de fazer teatro, sistematizando princípios que, se já existiam e foram analisados antes por outros artistas, não o foram jamais de maneira tão organizada e com semelhante divulgação, por meio de publicações, seminários e da própria Ista. Conforme observa John Blacking: "quem quer que tenha criado novas convenções artísticas encontrou métodos de intercâmbio entre as pessoas sobre matérias que antes eram incomunicáveis"[40].

A ISTA

O evento escolhido para a análise foi a VIII Sessão da International School of Theatre Anthropology – Ista, da qual participei, em 1994, em Londrina, como atriz, cujo tema, naquele ano, era: "Tradição e Fundadores de Tradições[41]. Meus apontamentos sobre o evento não são precisamente aqueles de um etnógrafo em trabalho de campo, já que, à época, não era este o meu objetivo, mas não deixam de ter o olhar do antropólogo que utiliza suas categorias de entendimento e análise em sua visão de mundo. Sendo assim, as informações aqui contidas vieram da experiência vivida, de conversas que presenciei, de anotações feitas à época, do material fornecido pela organização do evento e dos livros de Eugenio Barba. Possuem, portanto, diferentes fontes, algumas orais, outras escritas.

Minha intenção é analisar a Sessão Fechada da VIII Sessão Pública da Ista *como se* fosse um ritual, no sentido empregado por Leach, de "comportamento ocasional de membros particulares de uma cultura singular", ou, ainda, como "procedimentos de difusão de informação"[42]. As sessões fechadas da Ista, de maneira semelhante à dos rituais, se destacam do fluxo cotidiano da vida social, fazendo uso de múltiplos meios de comunicação, distribuídos ao longo de uma seqüência de acontecimentos simbólicos, cujas regras e interdições infundem um caráter de ritualização do tempo e do espaço, que intermedeia as relações e os significados.

As sessões da Ista são eventos cujas falas e ações estão impregnadas de significados e, por isso mesmo, informam sobre a cosmologia que as fundamenta. Tambiah já chamara atenção para o fato de que, tanto as seqüências rituais quanto o ritual como um todo, estão estreitamente relacionados à cosmologia. É ela que dá sentido ao ritual e ambos estão inseridos na cultura. No caso da Ista, a cosmologia que lhe dá sustentação é a da Antropologia Teatral, concebida por Eugenio Barba. Considerando que o ritual pode ser entendido como procedimentos utilizados para difundir informações, poderíamos dizer que a Ista, ao adotar em suas

---

40. J. Blacking, *The Anthropology of the Body*, p. 21.
41. A cada Sessão Pública, a Ista adota um tema a ser discutido.
42. E. Leach, Ritualization in Man, em W. Lessa; E. Vogt (eds.), *Reader in Comparative Religion*, p. 334.

sessões fechadas uma linguagem ritual, difunde as idéias e os conceitos da Antropologia Teatral por meio da manipulação de diferentes expedientes lingüísticos e ritualísticos, entre outros. Ao longo do evento, a mensagem vai sendo reafirmada, não só pela utilização de tais recursos, mas também, e principalmente, pela participação dos atores sociais.

Fundada em 1979, a Ista[43], concebida e dirigida por Eugenio Barba, é um organismo permanente, cuja sede situa-se em Holstebro, na Dinamarca. Desde a sua fundação a escola vem se configurando como um "laboratório de investigação dos fundamentos do trabalho do ator e do bailarino e da percepção do espectador"[44], e é vista como um "centro de difusão de experiências de conhecimento para atores, diretores e teatrólogos de diversos países e culturas"[45]. Suas sessões públicas se realizam mediante o apoio de instituições culturais, nacionais e internacionais, que garantem a sua administração. A equipe permanente da instituição compõe-se de atores e bailarinos euro-americanos e asiáticos, bem como de um grupo de estudiosos ligados a universidades de diferentes países. Sua proposta é a de observar o teatro em uma dimensão transcultural.

As Sessões Públicas da Ista são um campo aberto para a discussão e a transmissão dos preceitos da Antropologia Teatral, uma vez que reúnem teóricos e artistas de várias nacionalidades, em uma imensa babel, cuja linguagem referencial é a do teatro. A VIII Sessão da Ista pode ser vista como um ícone[46] diagramático dessa nova "ciência", cuja mensagem é transmitida subliminarmente, de forma simbólica e poética, por meio da linguagem ritual e, em certa medida, da linguagem científica.

A estrutura das Sessões Públicas da Ista é coerente com seus pressupostos metodológicos e filosóficos. Ela se subdivide em duas sessões: a *Sessão Fechada,* na qual a linguagem ritual é mais enfatizada, e a *Sessão Aberta,* em que a ênfase recai nos aspectos científicos e nos fundamentos teóricos da Antropologia Teatral. Na primeira, os protagonistas são os *ensembles* artísticos de várias partes do mundo, que integram a equipe pedagógica permanente da Ista e que dão aulas aos participantes, fazem demonstrações de trabalho e apresentam seus espetáculos. O acesso a essa etapa é bastante restrito e dela participam

---

43. Algumas citações de que faço uso neste trabalho foram retiradas de folhetos explicativos a respeito da Ista e do Odin Teatret. Umas são de autoria do próprio Barba, outras, da organização do evento, e há algumas que são distribuídas em nome do Odin Teatret.
44. Em Folheto explicativo distribuído aos participantes da VIII Sessão Internacional da Ista.
45. Idem.
46. Ícone, na definição de Peirce, é a representação de algo que pode ser dito de outra maneira, por exemplo, o mapa de um país, o índice de um livro, a hóstia do ritual católico (C. Peirce, A Divisão dos Signos, *Semiótica*).

apenas as pessoas selecionadas pelo grupo e pela organização do evento. Na segunda, é a vez dos estudiosos de diversas áreas, ligados a universidades de diferentes países, que fazem parte da equipe permanente da Escola, apresentarem os resultados de suas pesquisas em palestras abertas ao público de modo geral.

A Ista propicia o intercâmbio de técnicas e de metodologias de trabalho entre os diferentes grupos teatrais, mas o eixo principal em torno do qual todos esses significados desconexos se reúnem, adquirindo um novo sentido, é a linguagem da Antropologia Teatral. É importante ressaltar que, se na parte prática do evento, os *ensembles* são, em sua maioria, orientais, na parte teórica, são raros os cientistas de origem oriental no *staff* permanente da Ista (na sessão brasileira, por exemplo, não havia nenhum). A filosofia e o enfoque dominantes são ocidentais e, sobretudo, europeus. Em Londrina, apenas um, dos nove palestrantes que participaram do evento, era da América Latina (Cuba), enquanto os demais eram de origem européia. Não significa, porém, que não existam sessões em que, eventualmente, sejam convidados especialistas de outras partes do mundo. A Ista de Copenhague (1996), por exemplo, contou com a participação de Clifford Geertz, Edward Said, Richard Schechner e Susan Sontag no simpósio *Theatre in a Multicultural Society*. Todavia, segundo os dados que constam do livro *A Tradição da Ista*[47], editado pela própria escola, a proporção de estudiosos ocidentais, sobretudo de europeus, foi sempre maior do que a de orientais ou latinos. De modo que o intercâmbio artístico entre as diversas culturas parece ser mais enfatizado do que o científico. O lugar de onde se fala ainda é europeu, no contexto da Antropologia Teatral.

É interessante notar que a maior parte dos trabalhos desenvolvidos na Sessão Fechada de Londrina acontecia em espaços abertos, ao ar livre, tais como jardins e campo de futebol, entre outros, enquanto que, na Sessão Aberta, os eventos ocorriam em ambientes fechados – auditórios e salas de espetáculo. Esse tipo de contraste estava presente em vários dos segmentos da seqüência sintagmática da Ista e permeava toda a programação[48]. Exemplo disso era a própria disposição espacial das sessões. A Sessão Fechada foi realizada em um local "sacralizado", um hotel-fazenda, distanciado física e simbolicamente do espaço mundano, urbano, no qual os participantes permaneciam em

---

47. R. Skeel, *A Tradição da Ista*.
48. Quando entrevistei Eugenio Barba, em junho de 1998, perguntei-lhe se isso se repetia nas demais Istas. Respondeu-me que não há um padrão fixo na ordem das atividades que compõem a seqüência, nem em relação aos espaços onde elas acontecem. O que é mais ou menos pré-estabelecido são as etapas a serem cumpridas: grupos de discussão, aulas, demonstrações, espetáculos etc. Segundo ele, o fato de terem lugar em espaços abertos ou fechados depende muito das condições geográficas e climáticas do local em que se realiza a Ista.

regime de internato, sendo-lhes implicitamente vedado sair dele. Ao passo que a Sessão Aberta teve lugar na cidade de Londrina e, nela, os participantes podiam circular livremente pelos espaços da cidade – bares, restaurantes, teatros. Este estudo prioriza a Sessão Fechada da da Ista, na qual a linguagem ritual é mais enfatizada.

Os critérios de seleção para a Sessão Fechada da Ista são fornecidos pela própria Escola, em parceria com os organizadores locais[49]. Dessas sessões, só podem participar "pessoas com muitos anos de experiência teórica ou prática", segundo informações do próprio Odin Teatret. A estruturação supranacional da Ista e o pequeno número de vagas conferem *status* aos seus participantes, que, de certa forma, sentem-se eleitos. As pessoas selecionadas para a Sessão Fechada têm participação assegurada também na Sessão Aberta, de modo que vivenciam o evento como um todo. A Sessão Pública da Ista no Brasil foi a primeira da América Latina (e das Américas, de modo geral) e também a primeira realizada fora da Europa. Talvez em função disso, o número de vagas (cem) oferecido aqui foi o dobro do que geralmente é estipulado (cinqüenta). As vagas foram distribuídas da seguinte forma: cinqüenta vagas para brasileiros, trinta vagas para os demais países latino-americanos e vinte vagas para pessoas de outros continentes.

VIII SESSÃO DA ISTA: LONDRINA

A Sessão Pública da Ista no Brasil teve a duração de dez dias[50], sendo que, desses, seis foram destinados à Sessão Fechada e quatro à Sessão Aberta. Enquanto a seleção para a Sessão Fechada costuma ser extremamente rigorosa, a Sessão Aberta, ou Simpósio Público, destina-se a todos os interessados, sem restrição. Não tenho dados seguros para afirmá-lo, mas suponho que, do ponto de vista pragmático, isso se deve ao fato de que, dada a ênfase em seu aspecto performático, a Sessão Fechada exige um domínio maior da linguagem e da técnica teatrais. Do ponto de vista simbólico, tendo em vista seu caráter ritualístico, a Sessão Fechada destina-se a uns poucos eleitos, que serão iniciados no alfabeto da Antropologia Teatral. Ao passo que a Sessão Aberta, por ter seu foco na força locucionária, nas palestras, exige apenas uma certa familiaridade com o código – no sentido, empregado por Jakobson, de referencialidade da linguagem –, ou o interesse em travar contato com os pressupostos da Antropologia Teatral.

49. A VIII Sessão da Ista, da qual participei, foi organizada pelo Festival Internacional de Londrina (Filo), cuja diretora, Nitis Jacon, foi instada, pelo próprio Eugenio Barba, a sediar o evento em Londrina. A empreitada, de caráter internacional, contou com o apoio de vários órgãos e instituições nacionais e internacionais.
50. A duração das Sessões da Ista varia em torno de cinco dias a dois meses, dependendo das circunstâncias.

Pode-se participar da Ista de diferentes maneiras. Os atores do Odin Teatret têm uma participação bastante ativa, sobretudo duas de suas atrizes mais antigas, Roberta Carreri e Julia Varley. Atuam, fazem demonstrações de trabalho, agem como tradutoras nas palestras da Sessão Fechada, recebem os participantes do evento e lhes comunicam as regras, dão aulas e, eventualmente, resolvem algumas questões administrativas junto ao pessoal da organização local. Os organizadores da Sessão brasileira[51] eram membros de um grupo teatral ligado à pesquisa, o Proteu, dirigido por Nitis Jacon, responsável, também, pela organização do Festival Internacional de Londrina (Filo). Alguns deles participaram do evento, outros, apenas de seu ordenamento.

Os chamados *ensembles* artísticos são grupos de artistas – atores, músicos e dançarinos – que fazem parte da equipe pedagógica permanente da Ista. De modo geral, possuem um líder ou representante, um artista respeitado em sua especialidade, que se encarrega de dar aulas aos participantes sobre os princípios nos quais se baseiam sua tradição teatral (teatro e dança) e suas técnicas. Também fazem demonstrações de trabalho e atuam, seja em seus próprios espetáculos, seja no *Theatrum Mundi*[52] – espetáculo concebido e dirigido por Eugenio Barba, que reúne os *ensembles* artísticos e o Odin, o qual só é apresentado por ocasião da Ista. Em Londrina, estiveram presentes cinco grupos, oriundos do Japão, da Índia, do Brasil (Bahia), de Bali, e da Dinamarca (Odin Teatret).

O chamado *staff* científico é composto por estudiosos de várias áreas, especialmente teóricos do teatro e antropólogos, ligados a universidades e centros de pesquisa. Sua participação na Sessão Fechada é discreta. Podem participar das aulas práticas e atuam como dinamizadores nos chamados *Gardens* – grupos de trabalho em que se discutem temas ligados à Antropologia Teatral.

Alguns participantes compõem o que eu denominaria grupo dos iniciados. São artistas ou pesquisadores que já estiveram em outras Istas ou tomaram parte em algum dos cursos oferecidos pelo Odin e que, de certa maneira, são considerados parte da família. Alguns deles têm mais *status* do que os outros e são chamados pelo nome por Eugenio Barba, podendo, eventualmente, ser convidados a fazer ou a participar de uma demonstração de trabalho; atuar no *Theatrum Mundi* (o que, por ser raro, confere muito prestígio); ou, ainda, inte-

---

51. Coincidentemente (ou não), a Ista de 1998, realizada em Portugal, também foi organizada por um grupo de teatro que responde pela organização de um Festival de Teatro local.

52. Parte dos ensaios do *Theatrum Mundi* podia ser acompanhada pelos participantes da Sessão Fechada, como uma forma didática de demonstrar o método de trabalho de Eugenio Barba e os princípios da Antropologia Teatral. Já a apresentação do espetáculo, que marcou o encerramento da Ista, aconteceu durante a Sessão Aberta, de forma que a população de Londrina também pôde assistir.

grar uma das Sessões da Ista como dinamizadores dos grupos temáticos. Os "neófitos" são aqueles que serão iniciados nos preceitos da Antropologia Teatral. São atores, dançarinos, diretores e pesquisadores que, de alguma forma, estão envolvidos com a linguagem da pesquisa teatral. Participam dos cursos e das palestras e assistem às demonstrações de trabalho e aos espetáculos.

O grupo dos convidados e observadores é formado por especialistas e artistas de prestígio em suas áreas. Eventualmente, um deles é convidado a falar de improviso, ou a fazer uma pequena demonstração de trabalho, como aconteceu com o ator Thomas Leabhart, discípulo de Etienne Decroux, que fez uma apresentação memorável das técnicas corporais desenvolvidas por esse grande mestre do teatro, considerado o pai da mímica moderna. Alguns grupos de estudo ou de trabalho acabam se formando espontaneamente ao longo do encontro, face às inúmeras oportunidades que se oferecem de troca de experiências entre os diversos artistas. O próprio Thomas Leabhart acabou orientando um pequeno grupo de atores, interessados no método Decroux, que se reunia durante os intervalos e os raros momentos de folga.

O fotógrafo e o cinegrafista oficiais do evento têm permissão para circular e trabalhar livremente. Mas apenas a eles é facultado fotografar e filmar aulas e palestras. Os funcionários do hotel-fazenda onde se realizou a Sessão Fechada tinham pouco contato com os participantes – via de regra, no horário dos intervalos e das refeições, em locais como o refeitório e a recepção.

Outra forma de classificar os participantes seria agrupando-os em pares de opostos complementares do tipo: iniciados/ não-iniciados; com direito à fala/sem direito à fala; atores/cientistas; ocidentais/orientais; brasileiros/estrangeiros etc.

Os efeitos perlocucionários da Ista se fazem sentir na maneira como determinados participantes saem do evento. Alguns, cuja presença inicialmente não desperta muita atenção, acabam prestigiados por terem sido felizes[53] em sua atuação; outros, partem com a imagem abalada por algum ato ou fala infeliz; e há os que saem do evento com o firme propósito de realizar pesquisas no campo da Antropologia Teatral e de se integrar à comunidade transcultural da Ista.

O lugar escolhido para a Sessão Fechada foi um hotel-fazenda situado a alguns quilômetros da cidade de Londrina, em uma região belíssima, cercada de vegetação exuberante. Os participantes chegavam juntos, em ônibus providenciados pela organização, e recebiam a chave do quarto e uma pasta de papelão com seu nome, contendo

---

53. Austin questiona a utilização de critérios de avaliação que buscam estabelecer veracidade ou falsidade, como se essa fosse a única forma possível de se analisar proposições ou atos. Para ele, muito mais operacional é a noção de eficácia, ou não, da fala e dos atos; de felicidade ou infelicidade do que se faz e/ou do que se diz. (J. L. Austin, op. cit.).

folhetos informativos sobre o evento; um envelope com ingressos para os espetáculos dos *ensembles* artísticos que seriam apresentados na Sessão Aberta, em Londrina; um mapa do hotel e outro da cidade; e o cronograma das atividades, entre outras coisas. Feito isso, os recém-chegados faziam uma espécie de *tour* pelo hotel-fazenda, guiados por uma das atrizes do Odin, que os conduzia por entre os caminhos a serem percorridos ao longo do encontro, nomeando espaços e enunciando regras e interdições – como, por exemplo, manter silêncio em determinados locais e horários e não faltar a nenhuma atividade. As atrizes Roberta Carreri e Julia Varley se revezavam nessa função, cada uma com um pequeno grupo de recém-chegados.

O périplo de demarcação do local é a etapa preliminar para se entrar no tempo e no espaço rituais da Ista. Conforme observa Dorine Kondo em seu trabalho sobre a cerimônia do chá, esse tipo de caminhada pode ser visto como "uma jornada através do espaço físico e simbólico, avançando do mundano para o ritual"[54]. A enunciação das regras rituais alerta para a necessidade de reestruturação das atitudes, do comportamento frente ao espaço sacralizado do evento. Desse modo, a caminhada simbólica marca a passagem do mundo profano para o ritual, preparando os caminhantes para a jornada especial que está para acontecer

O evento tem início à tarde com os discursos de abertura da organizadora local da Ista e diretora do Filo[55], Nitis Jacon, e de Eugenio Barba. O momento é formal. Há um misto de tensão e expectativa no ar. Barba apresenta os atores do Odin Teatret e os demais grupos que integram a escola. Fala a respeito da Antropologia Teatral e da International School of Theatre Anthropology – suas premissas e propósitos –, e dá as boas-vindas a todos. Está aberta a VIII Sessão da Ista.

Um ponto de partida lógico para a análise da Sessão Fechada é a sua seqüência ritual, que pode ser vista, conforme dissemos, como um ícone diagramático da própria Antropologia Teatral, no sentido, estabelecido por Peirce, de um signo que representa "as relações das partes de uma coisa através de relações análogas em suas próprias partes"[56]. Tal como acontece com a Antropologia Teatral, ela própria um híbrido de teatro e de antropologia, na seqüência ritual da Ista, os significados aparecem por meio de contrastes, tais como: aberto/fechado, arte/ciência, forte/suave, ação/observação, verbal/não-verbal. Os nomes simbólicos atribuídos aos espaços físicos e às diversas seções da seqüência ritual também evidenciam a idéia de contraste: Jaguar e Colibri, Um Jardim de Luz e Sombras, Azul e Verde, *Animus* e *Anima* entre outros. Podemos

---

54. D. Kondo, The Way of Tea: a symbolic analysis, *MAN,* p. 294.
55. É importante observar que a Ista foi realizada por ocasião do Filo.
56. C. Peirce, op. cit., p. 64.

observar que o contraste se dá entre pares análogos de opostos complementares, cujas imagens parecem evocar uma semelhança. Roman Jakobson, em seu *Lingüística e Comunicação*, observa que "uma semelhança parcial entre dois significados pode ser representada por uma semelhança parcial entre os significantes", ou, ainda, "por uma identidade total entre os significantes, como no caso dos tropos lexicais"[57]. Austin[58], por sua vez, em seus estudos a respeito da força das palavras, observa que a transferência de qualidades entre coisas análogas é feita, inclusive, através da própria força ilocucionária. Tal força resulta, justamente, dessa analogia que transfere qualidades de uma para outra, que pode ser feita de forma positiva (analogia positiva) ou negativa (analogia negativa). Não importa apenas a similaridade; o que se quer transferir são qualidades de uma para outra analogia. Disso podem advir atos perlocucionários. Tambiah[59] utiliza o conceito de Austin, de felicidade ou infelicidade de certas elocuções, em sua análise sobre a forma e o significado dos atos mágicos, chegando à conclusão de que a analogia científica difere da analogia mágica, no sentido de que, nesta, não se trata de testar se ela é verdadeira ou falsa, certa ou errada, mas de perceber se, no que respeita à eficácia, é feliz ou infeliz, se é adequada, convincente, ou não. O que muda, portanto, são os critérios, mas ambos funcionam dentro dos mesmos mecanismos, baseados em leis de associação, semelhança e contigüidade.

A Sessão Fechada da Ista realizou-se ao longo de seis dias e, com exceção daqueles de chegada e de partida, manteve a mesma estrutura seqüencial. Os dias eram divididos em três etapas, separadas entre si por intervalos para as refeições e para o descanso. O período da manhã se subdividia em três partes e o da tarde em duas. A noite era reservada para a apresentação de espetáculos. Cada período era destinado a um tipo de atividade e possuía suas próprias seqüências, o mesmo acontecendo com cada uma de suas fases, de maneira que a estrutura ritual pode ser lida como uma partitura, cujas linhas verticais e/ou horizontais estão repletas de significados. De onde se conclui que o exame da relação entre os diversos segmentos seqüenciais possibilita iluminar seus respectivos significados.

De acordo com Victor Turner, "alguns dos significados de símbolos importantes podem, eles mesmos, ser símbolos, cada um com seu próprio sistema de significados"[60]. Turner chama atenção para o fato de que muitos antropólogos confundem símbolo e signo, o que acarreta uma dificuldade em sua análise dos rituais. Embora discorde de Jung, em "seu postulado fundamental de que o inconsciente cole-

---

57. R. Jakobson, *Lingüística e Comunicação*, p. 112.
58. J. L. Austin, op. cit.
59. S. J. Tambiah, op. cit.
60. V. Turner, Symbols in Ndembu Ritual, *The Forest of Symbols*, p. 21.

tivo é o principal princípio formativo no simbolismo ritual", Turner reconhece que ele iluminou o caminho para futuras investigações, ao estabelecer a distinção entre símbolo e signo[61]. Para Jung, o signo seria "uma expressão análoga ou abreviada de uma coisa conhecida", ao passo que o símbolo "é sempre a melhor expressão possível de um fato relativamente desconhecido, um fato que é, não obstante, reconhecido ou postulado como existente"[62].

Considerando que a estruturação do tempo e dos acontecimentos é praticamente a mesma durante a parte fechada do evento e que apenas alguns elementos e detalhes de cada período sofrem alguma alteração, tomo, como base para a análise, um dia "x" da seqüência ritual.

UM DIA NA ISTA

O dia começa em silêncio[63]. Até às sete horas da manhã não é permitido falar, mesmo no interior dos quartos – o que nem sempre é respeitado. Toma-se o café da manhã no restaurante, em grandes mesas coletivas, na companhia uns dos outros, mas de forma silenciosa. O contato com os funcionários do restaurante do hotel não foge à regra. Essa parte da manhã é designada Azul e Verde. Após a refeição, segue-se, silenciosamente, para o campo de futebol, o qual recebe o nome de Olympia (fig. 3). É lá que tem início a primeira etapa do trabalho matinal, denominada A Construção do Muro – A Técnica das Técnicas[64]. Uma vez reunidos todos os participantes, forma-se um grande semicírculo, voltado para o nascente De frente para o semicírculo está o local reservado para os músicos que fazem parte do *staff* artístico da Ista: um pequeno tablado, forrado com tapetes e almofadas coloridas, em estilo oriental. À medida que o sol vai surgindo, os músicos começam a tocar. Há um *ensemble* diferente a cada dia, que saúda o sol e as pessoas com músicas tradicionais de seu país ou de sua cultura. Assim, o nascer do sol adquiria, todas as manhãs, uma tonalidade cultural distinta: balinesa, japonesa, brasileira, indiana, dinamarquesa.

Nascido o sol, tem início o trabalho, que principia com o aquecimento físico, conduzido por uma das atrizes do Odin, Julia Varley, o qual consiste em exercícios vocais e corporais, desenvolvidos pelo grupo, baseados nos pressupostos da Antropologia Teatral sobre os princípios

---

61. Idem, p. 26.
62. Jung apud V. Turner, Symbols in Ndembu Ritual, op. cit., p. 26.
63. Numa das manhãs, entretanto, acordamos de madrugada com o som de um acordeon que vinha de fora. Eu e minhas colegas de quarto (éramos três) abrimos as janelas e vimos, no jardim, um enorme urso branco que tocava para acordar as pessoas: era Kai Bredholt, um dos atores do Odin.
64. Ver discussão sobre "a técnica das técnicas" no capítulo 5.

Fig. 3: O Olympia era o espaço onde se realizava A Construção do Muro – A Técnica das Técnicas, *primeira etapa do trabalho matinal. Ista/Londrina, 1994. Foto: Emidio Luisi.*

que retornam[65]. Após o aquecimento, Eugenio Barba assume a coordenação do trabalho. Existem vários tipos de exercícios. Um deles, por exemplo, consiste em dizer um texto que se saiba de cor de diferentes maneiras, procurando se surpreender ao falar. Diz-se o texto saltando, correndo, inventando passos etc., de modo a fazer com que a fala acompanhe a velocidade e o ritmo do movimento. Em outro exercício, fica-se imóvel e deve-se procurar observar, na imobilidade, os movimentos, a energia, as forças e tensões internas, as mudanças de peso, a respiração, o olhar e as direções do corpo envolvidas em ações como correr, andar para trás, saltar etc., sem, no entanto, sair do lugar, e sem que esse trabalho, esse esforço, seja perceptível. A observação é interna, é algo que só você percebe. Tenta-se, assim, distinguir e analisar os impulsos e contra-impulsos que caracterizam o movimento e as ações, buscando localizar em que pontos do corpo se originam. Há, também, exercícios de composição, seleção e repetição de pequenas ações[66].

Ao final dessa etapa do trabalho, forma-se um círculo bem mais apertado do que aquele feito para ver o nascer do sol. Uma pessoa é escolhida, por Barba ou por Julia, para ensinar uma canção de seu país. Depois de cantar, ela é orientada a entoar, uma por uma, cada frase da canção, que vai sendo repetida pelo grupo até ser aprendida. Uma vez memorizada, canta-se a música várias vezes. Há, por exemplo, uma

---

65. Os princípios que retornam são discutidos no capítulo 5.
66. Para uma melhor compreensão dos exercícios vide o capítulo 5.

pequena canção japonesa, ensinada por Taro Yamaguchi, cantor e músico do *ensemble* japonês, que é uma preciosidade: "Teru teru bozu, Teru bozu// Ashita tenki ni shite okure", que significa: "brilhante, brilhante sol// brilhante sol// traga bom tempo amanhã"[67]. Todos os dias, portanto, aprende-se uma nova canção, que vai sendo acrescentada às outras. Ao final do evento, tem-se um repertório e uma seqüência de seis canções em idiomas diferentes: espanhol, português, dinamarquês, japonês, indiano e afro-brasileiro. Com as canções, encerra-se essa parte da manhã.

Jaguar e Colibri – Trabalho sobre a Energia (elaboração do *bios cênico*) (fig. 5) é a próxima etapa e consiste em uma aula com um dos *ensembles* que compõem o *staff* artístico da Ista. Aqui, os participantes se dividem em cinco grupos fixos, que permanecem inalterados durante todo o evento. Os espaços reservados para as aulas de cada *ensemble* também são predeterminados. Os grupos é que circulam. Passam, a cada dia, por um professor e um ambiente diferente. Tanto os grupos quanto os locais e os cursos recebem um nome simbólico. As aulas são ministradas com música ao vivo, executada pelos músicos que acompanham cada mestre. Com exceção daquela ministrada pelo *ensemble* japonês, todas acontecem ao ar livre. É nessa etapa do trabalho que se observa e experimenta, no próprio corpo, a forma como as diferentes culturas teatrais fazem uso dos princípios identificados pela Antropologia Teatral. O próprio título das aulas – *Tandava/Lasya*, *Keras/Mani*, *Aragoto/Wagoto*, *Animus/Anima*, *Ogun/Oxun*, *Jaguar/Colibri* – é uma referência direta à noção de oposição que se quer ressaltar. Traz implícita a idéia de que, a despeito das diferenças estéticas e culturais, existe uma semelhança conceitual, uma universalidade de princípios na base dos treinamentos, na etapa que caracteriza a construção da energia e que antecede os resultados teatrais propriamente ditos, peculiares a cada tradição.

Na aula indiana, por exemplo, a bailarina Sanjukta Panigrahi tentava nos ensinar alguns dos passos básicos da Dança Odissi, na qual era mestre, informando-nos, ao mesmo tempo, sobre os conceitos envolvidos na técnica. Sanjukta pacientemente explicava o princípio do *Tribhangi* (Três Arcos) na dança hindu, que consiste em dividir o corpo verticalmente em duas metades iguais, distribuindo-se o peso, ora para um lado, ora para o outro, de modo a formar um "S" com o corpo (figs. 7, 8 e 9). As posições

---

67. Aprendíamos as canções sem saber o que diziam. Somente depois – praticamente no último dia –, recebemos uma folha de papel com todas as canções e suas respectivas traduções.

Fig. 4 (alto): Ensemble *balinês ensaiando*. Ista/Londrina, 1994. Foto: Adriana Mariz
Fig. 5 (centro): Mestra do teatro-dança balinês orienta os atores durante a etapa do trabalho denominada Jaguar e Colibri. Ista/Londrina, 1994. Foto: Emidio Luisi.
Fig. 6 (baixo): As aulas permitem aos alunos experimentar, no próprio corpo, os princípios que se encontram na base dos diferentes estilos teatrais. Ista/Londrina, 1994. Foto: Emidio Luisi.

Figs. 7, 8 e 9: *O equilíbrio precário ou de luxo é um dos princípios recorrentes, segundo a Antropologia Teatral. No* Tribhangi *indiano, o corpo assume a posição de "S". A bailarina Sanjukta Panigrahi em cena de seu espetáculo. Ista/Londrina, 1994. Foto: Emidio Luisi.*

básicas indianas eram, para mim, as mais difíceis, pois imprimem uma alteração no eixo de equilíbrio, que nos obriga a realinhar o corpo e a rever seus pontos de apoio constantemente. Esse exercício exige muita concentração e exemplifica bem o conceito de equilíbrio precário, que, segundo Eugenio Barba, estaria na base das diferentes culturas teatrais.

A terceira parte da manhã destina-se ao trabalho com os grupos temáticos, designado Um Jardim de Luz e Sombras – a Técnica das Oposições, ou, mais simplesmente, *Gardens* (Jardins), como o chamávamos. Os participantes se dividem em nove grupos menores, cada um deles coordenado por um ator do Odin e por um membro do *staff* pedagógico e científico da Ista, os jardineiros. Ao contrário da etapa anterior, em que apenas o grupo mantinha-se inalterado, havendo o rodízio de professores e de locais de aula, no *Gardens*, tanto o grupo como os coordenadores e o local de reunião são fixos. O grupo possui um nome e o trabalho é realizado ao ar livre. Assim, meu grupo, por exemplo, recebeu o nome de Julian Beck, fundador do Living Theatre[68]. Cada grupo se encarrega da análise e discussão de um tema específico que, de modo geral, está relacionado aos pressupostos da Antropologia Teatral. Ao final do evento, cada um deles apresenta seus resultados para os demais. O tema a ser discutido pelo Julian Beck era a relação entre o teatro e a dança (havia outro grupo encarregado do mesmo assunto). Deveríamos refletir e discutir se, de fato, existe alguma diferença entre eles, ou se ambos seriam aspectos complementares de uma mesma arte. Chegamos à conclusão de que não há tal diferença, salvo aparentemente.

O horário do almoço é bastante descontraído e barulhento e contrasta com o clima de introspecção e silêncio do café da manhã. É um divisor de águas, no sentido de que, depois dele, a ênfase recai sobre o trabalho de Eugenio Barba, dos atores do Odin e dos *ensembles* artísticos, de modo que os demais participantes tornam-se espectadores.

Logo após o almoço tem início a primeira etapa da tarde, denominada Labirintos – Caminhos Individuais e Coletivos. Ela é livre e pode ser usada para descanso, reflexão, lazer, ou, ainda, para travar relacionamentos, trocar informações e ir à biblioteca[69]. Teoricamente, esse período

---

68. Eram os seguintes, os demais grupos e temas: Martha Graham (Dança/Teatro), Rukhini Devi (Improvisação/Repetição), Atahualpa del Cioppo (Improvisação/Repetição), Tatsumi Hijikata (Montagem para o Ator/Montagem para o Espectador), Capivara (Montagem para o Ator/Montagem para o Espectador), Boizinho (Canto/Fala), Etienne Decroux (Canto/Fala), Pi-ro-lé (Música/Teatro).

69. Havia uma sala que abrigava a pequena biblioteca temporária formada por livros trazidos pelos participantes, a pedido dos organizadores do evento, na qual se podiam encontrar revistas especializadas em teatro, reproduções de artigos de jornais sobre diversos atores e diretores, teses relativas a teatro etc. – o que possibilitava formar uma boa bibliografia.

Fig. 10: Eugenio Barba demonstra seu processo de direção, durante a Longa Marcha. *Ista/Londrina, 1994. Foto: Emidio Luisi.*

deveria ser reservado para a reflexão e o estudo, mas, na prática, isso não acontecia – pelo menos para boa parte das pessoas. Algumas aproveitavam para caminhar pelos jardins do hotel; outras relaxavam na imensa piscina olímpica, construída entre árvores centenárias – gigantescas e frondosas. Era nesse horário que aconteciam os ensaios fechados[70] de Eugenio Barba com os atores do *Theatrum Mundi*.

A etapa seguinte, A Longa Marcha – da Presença à Representação, da Pré-expressividade à Dramaturgia (fig. 10), é o momento em que Eugenio Barba expõe seu processo de direção, ensaiando os atores que participam do *Theatrum Mundi,* espetáculo apresentado no encerramento da VIII Sessão Pública da Ista, em Londrina. É nesse espaço que ele demonstra suas teorias e discorre sobre as premissas da Antropologia Teatral. São vários os recursos utilizados para isso: palestras, depoimentos, demonstrações de trabalho e os próprios ensaios. Esse é o segmento mais longo da seqüência ritual e dura cerca de quatro horas. A Longa Marcha tinha lugar em uma ampla sala, apelidada de Mausoléu, e na Praça Vermelha, um pátio defronte ao hotel, transformado em uma espécie de teatro ao ar livre, em que havia um enorme palco armado para os ensaios do *Theatrum Mundi* e para algumas apresentações teatrais como, por

---

70. O fato de haver uma fase dos ensaios fechada indica um certo cuidado, por parte de Eugenio Barba, no sentido de não expor os atores às situações constrangedoras de um ensaio. Dessa forma, após trabalhar a portas fechadas, o elenco estava pronto para ensaiar publicamente.

exemplo, as dos *ensembles* japonês e balinês, com cadeiras dispostas em fileiras para que pudéssemos assistir aos ensaios e espetáculos.

Depois da Longa Marcha vem o jantar. O cair da tarde traz um clima de informalidade, de crescente excitação e descontração. A maioria dos participantes veste-se de maneira diferente para jantar. Se, ao longo do dia, os trajes são de trabalho, ou seja, moletons e roupas surradas, próprias para se fazer exercícios, à noite, adquirem um colorido especial, ainda que sem excessos.

A noite é destinada às apresentações dos diversos *ensembles* integrantes da Ista e há uma enorme expectativa em torno disso. A cada dia, um espetáculo diferente é apresentado. Dependendo de suas características, alguns têm lugar na sala conhecida como Mausoléu e, outros, no palco armado ao ar livre. Essa etapa da jornada recebe o nome de quetzal[71]. Após a função, as pessoas circulam livremente pelos espaços do hotel – especialmente o bar da recepção e os jardins. Depois das dez horas é proibido fazer barulho e falar alto. O próprio clima do evento induz os participantes a se recolherem cedo. É um desses casos em que o silêncio é indéxico de comportamento.

Portanto, se dividirmos a Sessão da Ista em uma seqüência sintagmática ao longo dos dias, veremos que o que varia são seus aspectos paradigmáticos. A seqüência se mantém praticamente a mesma. Há, nela, um caráter de repetição e redundância, análogo àquele observado nos rituais. Tal repetição não é supérflua. Visa eliminar o ruído e assegurar a transmissão da mensagem. É pela repetição de seqüências e pela ocorrência de estruturas homólogas que a progressão do ritual se expressa. De acordo com Tambiah, é precisamente no mecanismo fático da repetição que reside a força ilocucionária do ritual. Para ele, a força ilocucionária, a eficácia do ritual, está na forma e o tempo é fundamental para que ela se dê. Sendo assim, a repetição ou redundância pode ser entendida como um expediente que visa assegurar a transmissão da mensagem e expressar a progressão do ritual, garantindo-lhe a eficácia.

Em seu trabalho sobre o ritual entre os trobriandeses, Tambiah distingue dois níveis de significado, os quais classifica como *inner frame* e *outer frame*. O primeiro compreende a semântica do ritual e diz respeito à "maneira como são construídos os encantamentos, à lógica da escolha das substâncias usadas e ao modo de sincronização dos dispositivos lingüísticos com as ações não-verbais em uma seqüência estruturada"[72]. O segundo nível, denominado *pragmatics*, estaria próximo ao que Malinowski define como contexto da situação

---

71. O quetzal é um pássaro de plumagem verde-esmeralda com reflexos dourados que vive nos ramos mais baixos das árvores das florestas tropicais do México e da Guatemala – onde é visto como símbolo da liberdade. Era considerado um animal sagrado pelas antigas civilizações americanas.

72. S. J. Tambiah, op. cit., p. 35.

e compreende o "complexo ritual como um todo, visto como uma atividade engajada, através da qual indivíduos ou grupos perseguem seus propósitos institucionais"[73]. Diz respeito aos contextos e situações em que o ritual é praticado, à maneira como se relaciona com outras atividades e às conseqüências que podem advir de sua prática para os vários segmentos da sociedade. Tenta unir os aspectos prático e semântico da linguagem, levando em consideração a referencialidade.

A ISTA COMO RITUAL DE PASSAGEM

Considerando, como Tambiah, que a força do ritual está em sua forma, e, como Leach, que um de seus principais objetivos é difundir uma mensagem, pode-se afirmar que a linguagem ritual adotada na Sessão Fechada da Ista é elaborada, do ponto de vista de sua semântica, de modo a transmitir a mensagem da Antropologia Teatral, operando uma transformação nos atores sociais envolvidos.

A seqüência ritual da Ista constitui-se de múltiplos meios de comunicação, da redundância e repetição da seqüência e de partes dela e, ainda, do contraste entre pares análogos de opostos complementares. Juntos, esses recursos articulam sentimento, pensamento e ação. Há, em todos eles, uma homologia de código informada pela cosmologia, que é, em grande parte, responsável pela eficácia simbólica, pela força do ritual. Conforme observa Dorine Kondo, o poder simbólico persuasivo é inevitavelmente intensificado "pelas sutis variações na mensagem e nos meios de comunicação (*media*) nos quais é transmitida"[74]. Leach já chamara atenção para o fato de que a utilização de vários meios sensoriais interligados entre si efetua uma superposição de significados que irão se somar à mensagem. Essa profusão de formas de comunicação acaba por conferir um colorido emocional especial aos atos e falas do evento.

Sendo assim, é inconcebível analisar um fenômeno como a Ista, levando em consideração apenas o aspecto da referencialidade, pois cada meio de comunicação empregado enfatiza ou privilegia um aspecto diferente – ou mesmo vários – da linguagem. A poética do encontro deve ser considerada (a música ao nascer do sol, por exemplo), bem como o apelo à emoção, contido em determinados segmentos da seqüência ritual (a carta-poema de despedida de Barba), ou mesmo o caráter de mero contato evidenciado em algumas falas (por exemplo, no restaurante). Uma análise, portanto, que pretenda dar conta da totalidade da Sessão Fechada da Ista, deverá atentar para as diversas funções da linguagem e não somente para aquela da referencialidade.

73. Idem, p. 35.
74. D. Kondo, op. cit., p. 301.

Os recursos sensoriais utilizados para transmitir a mensagem da Antropologia Teatral são vários e, muitas vezes, concomitantes: música, canções, livros, espetáculos, trajes exóticos (dos orientais), aromas (de incenso, de ar puro), paladar (a comida era deliciosa)[75], palestras etc. Estimulam diferentes sentidos, o que faz com que a sensibilidade se torne mais aguçada. Tomemos como exemplo o trabalho realizado no Olympia, o campo de futebol, cujo nome traz uma alusão poética ao espaço físico, um local elevado, em meio à paisagem de verde intenso, sob um céu azulado. A referência ao seu homônimo grego, um dos mais importantes santuários da Antigüidade, dedicado a Zeus, o pai dos deuses, e berço dos jogos olímpicos, certamente não é gratuita. Remete-nos imediatamente à idéia de sacralidade que se quer resgatar no teatro. Um teatro feito por deuses para deuses; um ato de reconhecimento entre divindades. O ritual de assistir ao nascer do sol todos os dias proporcionava uma sensação de estabilidade temporal, de continuidade. Esse ato tão simples pode ser visto, simbolicamente, como um signo ao mesmo tempo indéxico e metafórico, no qual a idéia de alvorecer de um novo conhecimento, de um novo saber, de uma nova prática e, eu diria, de um novo ator está presente. O amanhecer, com todas aquelas pessoas dispostas em um grande círculo, evoca, ainda, a idéia, a utopia de um novo mundo, no qual homens e mulheres de diferentes países, línguas e culturas possam viver – e conviver – em harmonia. A associação da música de diversas culturas ao nascer do sol evidencia o aspecto poético e emotivo do evento – sobretudo se nos lembrarmos que, até então, reinava o silêncio.

A interação entre as formas verbais e não-verbais da linguagem são aspectos recorrentes na estrutura da Ista e demarcam a fronteira entre os espaços rituais e os profanos. Conforme observa Leach[76], as partes verbais e não-verbais do ritual são inseparáveis e intercomunicantes e, por esse motivo, não podem ser analisadas separadamente. Assim, silêncio e fala formam um par complementar. A alternância entre períodos de alta intensidade simbólica com momentos de menor intensidade é mediada, segundo Dorine Kondo, pela interação entre as formas verbais e não-verbais que atuam no sentido de aumentar e diminuir a intensidade simbólica[77]. O silêncio, no início da manhã, é um convite à introspecção. É um sinal de que os trabalhos estão para começar e, ao mesmo tempo, uma forma de intensificar a carga simbólica associada a eles. Do ponto de vista pragmático, o silêncio é necessário para a concentração. Ele marca a passagem de um estágio a outro; o momento em que algo está para acontecer – o dia, o trabalho,

75. O restaurante do hotel-fazenda em que ficamos hospedados possuía uma culinária refinada e oferecia um *buffet* variado, de ótima qualidade. No refeitório havia sempre algum comentário elogioso a respeito do cardápio do dia.
76. E. Leach, op. cit.
77. D. Kondo, op. cit.

o ensaio, uma palestra, um espetáculo. Assim, o falar e o não falar são simbólica e ritualmente regulamentados. De forma que, se em determinados momentos e locais, o silêncio deve ser observado, em outros, é conveniente dizer alguma coisa. É fundamental, portanto, saber o momento de falar e o de calar.

A gramática ritual da Ista cria uma aparente normalidade temporal. Isso ocorre devido à repetição das seqüências e da estrutura do evento, cuja regularidade estabelece uma relação tempo/espaço que soa natural, cotidiana. A atmosfera de tranqüilidade deve ser mantida tanto nos horários de trabalho quanto nos de descanso, o que faz com que os participantes evitem falar alto. Apesar de não ser expressamente recomendado, percebe-se que conversas triviais não são bem-vistas. Os comportamentos tidos como mundanos e os assuntos mais banais ficam restritos à noite ou aos horários de folga e de refeição, quando há uma atmosfera de informalidade e descontração que favorece o intercâmbio de informações, de experiências e, mesmo, simples conversações. Tais momentos servem para quebrar ou diminuir a tensão ritual, quando, então, as vozes soam alto nos espaços anteriormente preenchidos pelo silêncio.

A ênfase do ritual da Ista não se limita, portanto, ao seu aspecto locucionário; recai também sobre seu aspecto performático, não-verbal. As aulas e demonstrações práticas dadas por Eugenio Barba, pelos grupos que a integram e pelos próprios atores do Odin Teatret funcionam como exemplificações, tipificações da mensagem a ser transmitida; exemplos de comportamento, de atuação, que, na prática, dão sustentação à noção de ator que se quer ressaltar. A prática dos exercícios com o *staff* artístico da Ista faz com que os participantes percebam, em seus próprios corpos, os princípios que retornam, de que trata a Antropologia Teatral.

Conforme observa Tambiah, a técnica metonímica consiste em nos oferecer "um retrato realista do todo a partir de suas partes". Desse modo, ela transmite "uma mensagem através da redundância"[78]. A repetição de seqüências e a substituição de pares de opostos por pares de opostos semelhantes – observadas nos nomes dos cursos e dos espaços destinados a eles –, bem como a ênfase dada nas aulas aos princípios que retornam, associados à ação, ao aspecto performático do ritual, por parte dos atores sociais, são procedimentos metafóricos e metonímicos que visam transmitir e fixar os fundamentos de uma filosofia. O mesmo mecanismo é identificado por Tambiah entre os trobriandeses. Ambos os procedimentos, diz ele, "metafórico (que permite abstrações através da substituição) e metonímico (que consiste na construção de um todo orgânico por meio de detalhes), são acompanhados na magia

---

78. S. J. Tambiah, The Magical Power of Words, op. cit., p. 36.

trobriandesa pela ação"[79]. E essa ação, tanto quanto as falas, contém em si a força ilocucionária do encontro ritual.

Significações simbólicas complexas estão envolvidas na Ista. Parte delas pode ser observada nas inter-relações semânticas entre os diversos segmentos da seqüência ritual (*inner frame*), outras são reveladas no ritual como um todo (*outer frame*), entendido como uma atividade engajada por meio da qual os participantes perseguem objetivos institucionais.

A Sessão Fechada da Ista pode ser compreendida como uma espécie de ritual transnacional, no sentido de que reúne artistas e cientistas de várias partes do mundo. Nele, renovam-se e afirmam-se os laços da comunidade da Antropologia Teatral, divulgam-se resultados de pesquisa e, sobretudo, uma mensagem, uma filosofia. Mas há, também, a idéia de iniciação, de transformação. Transformação essa que está relacionada à própria construção do que seja o ator e a representação. Por meio da interação proporcionada pelo evento, os participantes vão se constituindo enquanto atores, segundo uma nova concepção de seu ofício. Existe, portanto, uma iniciação em curso, na qual se distingue claramente neófitos e iniciados. Não é só a mensagem e a referencialidade que estão envolvidas. É a ação. A força ilocucionária de um ritual de transformação[80]. Nele, são iniciados os novos membros. Passa-se a fazer parte de uma comunidade, de um grupo: o da Antropologia Teatral, o do Teatro Antropológico, o da Ista. Chega-se como indivíduo, diferenciado, e sai-se como parte de um todo, de um grupo de culto, de uma igreja, para usar a denominação de Durkheim.

E para quê se faz um ritual? Segundo Leach, para transmitir conhecimento de geração para geração. O ritual é um sistema econômico que comporta tanto ações quanto palavras. Não há uma ênfase na diferenciação entre elas, pois as palavras são vistas como ações e estas são vistas como possuidoras de um significado. Leach enfatiza o aspecto da comunicação e da estocagem ou armazenamento de informações e de conhecimento contido no ritual, o que o aproxima de Lévi-Strauss. O caráter ritual da Ista, portanto, é coerente com a proposta de transmissão de um conhecimento (os segredos do ofício) e de uma mensagem (a da Antropologia Teatral).

A Ista transmite a filosofia da Antropologia Teatral e do Teatro Antropológico através da utilização e da manipulação de diferentes expedientes lingüísticos e ritualísticos, entre outros. Constitui um fenômeno, cujo processo simbólico, complexamente estruturado, é capaz de provocar uma mudança no pensamento e no sentimento de seus partici-

---

79. Idem, p. 36-37.
80. Ver discussão no capítulo 5, sobre o processo análogo de iniciação que ocorre no treinamento do ator.

pantes em relação ao teatro. Ao longo do evento, a mensagem vai sendo reafirmada pela interação entre os múltiplos meios de comunicação utilizados e a participação dos atores sociais. Mesmo os participantes que discordam da mensagem ou não se identificam com ela desempenham, pelo simples fato de estarem presentes, um papel no ritual.

A Antropologia Teatral fornece o parâmetro de ator e de interpretação adotados na Ista, bem como os paradigmas que compõem a sentença sintagmática do ritual, que podem ser levados ou não para a vida e para o comportamento dos participantes, seja fomentando linhas de pesquisa no campo da Antropologia Teatral, seja orientando sua forma de atuar. Existem os que saem convertidos, os que saem interessados e aqueles que saem convencidos do contrário, mas todos, indistintamente, cumprem seu papel no ritual. Transformados em experiências vividas, os pressupostos da Antropologia Teatral fornecem, aos atores sociais convertidos e aos interessados, o instrumento que lhes orientará o olhar sobre o significado e a prática do teatro e da arte da representação. Dessa maneira, não apenas a história do teatro e de suas transformações, mas também o fazer teatral, seja ele um evento passado ou futuro, será visto, pelo novo ator, pelo iniciado – e, em alguma medida, pelos interessados – a partir da perspectiva oferecida pela Antropologia Teatral, tornada fato na Ista.

A referencialidade da linguagem pode ser um fator poderoso na constituição da autoridade. Nesse sentido, a Ista parece atuar como um terceiro, posto que autoriza um parâmetro de interpretação, o da Antropologia Teatral, e absolutiza significados, práticas, acontecimentos e representações. Como vimos, a figura do terceiro atua, claramente, como garantidora de significado. A Sessão Fechada da Ista demonstra que uma definição de situação apoiada na referencialidade da linguagem e, portanto, devidamente autorizada, pode ser extremamente convincente. O próprio fato de conhecer um grupo que se mantém unido há várias décadas impõe respeito e faz pensar. Se a sua experiência foi feliz, para usar a expressão de Austin, por que outras não o seriam? A experiência bem-sucedida do Odin Teatret suscita esperança e confere autoridade ao seu discurso, à sua escola e ao seu método.

Entretanto, a autoridade de Eugenio Barba, de seu discurso, não se limita à própria experiência. Cerca-se de um poderoso aliado: a linguagem e o saber científicos. Sua escola possui um *staff* permanente de cientistas de várias áreas e de diversos países, que proporcionam embasamento teórico e *status* de cientificidade ao trabalho desenvolvido por ele. É como se a ciência atuasse claramente no sentido de garantir o significado, a mensagem. Assim, a participação de cientistas nas conferências que integram as Sessões Abertas da Ista assegura a necessária ênfase na força locucionária própria do discurso acadêmico e científico. A Sessão Aberta reforça o caráter de cientificidade que se quer atribuir à Antropologia Teatral. Se na Sessão Fechada explora-se, sobretudo, a força ilocucionária, o caráter performático do ritual, na Sessão Aberta, o enfoque recai sobre seu aspecto locucionário.

Portanto, as sessões da International School of Theatre Anthropology – Ista podem ser compreendidas como uma espécie de ritual de passagem pelo qual os novos membros são introduzidos e acolhidos no seio da comunidade da Antropologia Teatral, e, ainda, como um terceiro, cuja autoridade, baseada na referencialidade da linguagem e no discurso científico, assegura-lhe significado. À luz da noção, de Sahlins[81], de representação, destruição e transformação da estrutura, podemos entender as várias estações da Ista como expedientes utilizados para a construção e a reconstrução permanentes do que seja a Antropologia Teatral. Conforme observa Sahlins, não apenas a *praxis* humana, mas também o discurso faz história. Segundo ele, é possível identificar dois momentos nos acontecimentos rituais: um, de reprodução da estrutura, e o outro, de criação de categorias, de transformação da estrutura, de reorganização de significados. O mesmo se nota no discurso de Eugenio Barba:

> usar as mesmas categorias do que rechaçamos para construir nossa casa sagrada. O desejo de não aceitar, de recusar o deserto. Fazer teatro é transcender o espetáculo. Realizar sua profunda individualidade. Saber sua profunda genealogia para poder fazer teatro. Não pensar o que querem ou o que esperam. Quero me sentir atado às sombras que constituem minha lenda. [...] Para inventar nossa tradição é preciso técnica. Uma genealogia da técnica[82].

---

81. M. Sahlins, *Historical Metaphors and Mythical Realities*.
82. Caderno de Campo, Londrina, 1994. Anotações coligidas durante a VIII Sessão Internacional da Ista.

4. O Ator: Duplo Marginal de Dois Mundos

GROTOWSKI: ATOR SANTO E ATOR CORTESÃO[1]

> *O ator "santo" não será um sonho? O caminho da santidade não está aberto a todos. Só os poucos escolhidos podem trilhá-lo.*
>
> EUGENIO BARBA

Considerado o grande herdeiro de Stanislávski, Grotowski inicia suas investigações sobre o teatro e a arte do ator em 1959, aos 26 anos de idade, época em que assume a direção do Teatr 13 Rzedow de Opole, na Polônia. Em 1965, o Teatro Laboratório de Grotowski transforma-se em Instituto de Pesquisa e se transfere para Wroclaw, passando a se chamar Teatr Laboratorium de Wroclaw. A qualidade das produções e suas idéias revolucionárias a respeito da encenação teatral e do papel do ator como figura catalisadora das paixões humanas, capaz de "criar um ato espiritual", causaram impacto no mundo inteiro. Centenas de grupos experimentais se formaram, seguindo a trilha aberta pelo mestre polonês.

---

1. As informações contidas neste item do capítulo referem-se, basicamente, à fase do trabalho de Grotowski que se inicia em meados dos anos de 1960 e se estende até meados da década seguinte. O segundo item analisa suas pesquisas frente ao Workcenter de Pontedera, na Itália, etapa final de seu trabalho.

Grotowski propõe um teatro cujo cerne é o ator. Para ele, é "a técnica cênica e pessoal do ator" que constitui a essência da arte teatral, sua especificidade frente a outras categorias de espetáculo, como o cinema e a televisão[2]. É a "proximidade do organismo vivo" do ator que distingue o teatro. No seu entender, o teatro nunca consegue "atingir a capacidade técnica de um filme ou de uma televisão" e, sendo assim, "deve reconhecer suas próprias limitações" e assumir "sua pobreza, seu ascetismo"[3]. Desse modo, contrapõe ao que define como teatro rico ou sintético – característico, segundo ele, do teatro contemporâneo e que consiste na síntese de elementos artísticos e tecnológicos – o que convencionou chamar de teatro pobre: um teatro que elimina tudo o que é considerado supérfluo. Diz ele:

O teatro pode existir sem maquilagem, sem figurino especial e sem cenografia, sem um espaço isolado para representação (palco), sem efeitos sonoros e luminosos etc. Só não pode existir sem o relacionamento ator-espectador[4], de comunhão perceptiva, direta, viva[5].

O caminho teatral proposto por Grotowski segue, portanto, o que ele denomina via negativa – um teatro que, ao invés de adicionar, elimina o supérfluo. É a partir do conceito de via negativa que ele estabelece suas principais concepções a respeito da relação ator/espectador, imprimindo em suas montagens inovações tanto conceituais quanto espaciais. Longe de ser uma "coleção de técnicas", o teatro é visto por Grotowski como um instrumento para a "erradicação de bloqueios"; um "ato espiritual" compartilhado entre ator e espectador, em que o que permanece essencial é a relação entre o *eu* e o *outro*, o *eu* e o *tu*. Diante do ator, o espectador é levado a um estado de contemplação semelhante ao experimentado frente à obra de arte, tal como o define Coomaraswamy, para quem "toda obra de arte é potencialmente um 'suporte da contemplação'", uma vez que sua beleza formal incita o espectador a realizar "um ato espiritual, do qual a obra de arte física não foi mais do que o ponto de partida"[6].

Buscando, então, romper a barreira que separa o ator do espectador, Grotowski elimina a rígida dicotomia palco-platéia, recusando-se a manter espaços fixos destinados à atuação e à assistência. Durante os anos de 1960, a cada nova montagem, o diretor-pesquisador propunha novas formas de relacionamento entre o ator e a platéia, estabelecendo espaços diferenciados para a encenação que permitissem aos atores

---

2. J. Grotowski, *Em Busca de um Teatro Pobre*, p.14.
3. Idem, p. 36.
4. Em seu trabalho frente ao Workcenter de Pontedera, Itália, Grotowski eliminaria inclusive a platéia (ver item seguinte: "A Experiência de Pontedera: a arte como veículo").
5. J. Grotowski, op. cit., p. 16.
6. A. K. Coomaraswamy, *Sobre la doctrina tradicional del arte*, p. 39.

estabelecer um contato direto com o público, ignorá-lo ou fazer dele parte da "arquitetura da ação"[7].

Avesso à idéia de platéia e, sobretudo, à de grandes platéias, o diretor polonês foi gradualmente limitando os espectadores de suas montagens: de um número já considerado pequeno, aproximadamente 65 pessoas, até chegar a um ainda menor, cerca de 25. Na última etapa de seu trabalho, frente ao Workcenter de Pontedera, na Itália, intitulado Arte como Veículo, esse número se reduziria ainda mais, chegando a algo em torno de quinze a vinte espectadores, selecionados pelo grupo, que assistem às demonstrações de trabalho em caráter gratuito.

Lugar de provocação e, ao mesmo tempo, de comunhão, o teatro concebido por Grotowski é, sobretudo, um encontro de humanidades. É o contato entre o ator e o espectador, seus impulsos e reações, que produz a ação, o ato teatral, o que coloca a necessidade de um "teatro de câmara", capaz de propiciar a intimidade necessária para se presenciar o que ele denomina "um ato de doação" por parte do ator. Desse modo, Grotowski abandona a idéia de público ou platéia e, em seu lugar, introduz a noção de espectador, de testemunha. Sua concepção de espectador não difere muito daquela oferecida por Gadamer, para quem "o espectador é notadamente mais que um mero observador que vê o que se passa diante de si; ele é, como alguém que 'participa' do jogo, uma parte dele"[8].

Gadamer entende o jogo como "um fazer comunicativo" que desconhece a "distância entre aquele que joga e aquele que se vê colocado frente ao jogo"[9]. Todavia, observa ele, "o sujeito do jogo não são os jogadores", mas o próprio jogo. É a partir deles que o jogo "acede à sua manifestação"[10]. O mesmo se aplica à representação teatral, compreendida como uma espécie de jogo simbólico entre ator e espectador. O ator não representa para uma platéia: ele atua, desnuda-se em presença do espectador que, por sua vez, testemunha um ato espiritual, sendo levado a se desnudar também, deixando cair a máscara cotidiana. Segundo observa Coomaraswamy, o espectador "só pode conhecer o que foi representado quando se converte, ele próprio, no tema da obra e percebe que esta expressa a ele mesmo"[11]. O teatro de Grotowski caminha, portanto, em direção ao que ele define como um "teatro as-

---

7. Na última etapa de seu trabalho com o Workcenter de Pontedera, a Arte como Veículo, Grotowski abandonou os espetáculos. Voltaria, no entanto, a observar a separação entre ator e espectador nas raras vezes em que permitia que um pequeno grupo de *testemunhas* assistisse às demonstrações do grupo, embora vedasse qualquer manifestação ou interferência por parte delas.
8. H-G. Gadamer, *A Atualidade do Belo*: a arte como jogo, símbolo e festa, p. 40.
9. Idem, ibidem.
10. H-G. Gadamer, El juego como hilo conductor de la explicación ontológica, *Verdad y Método*: fundamentos de uma hermenéutica filosófica, p. 145.
11. A. K. Coomaraswamy, op. cit. p. 25.

cético no qual os atores e os espectadores são tudo o que existe"[12]. De fato, na última fase de seu trabalho, a Arte como Veículo, o teatro é visto como instrumento de ascese espiritual para o ator.

Grotowski defende um teatro que seja instrumento de autoconhecimento, tanto por parte do ator quanto do espectador. Assim, não é qualquer espectador que lhe interessa, mas o "que sinta uma genuína necessidade espiritual"; que esteja disposto a enfrentar a si mesmo ao confrontar-se com a representação[13]. A esse respeito, Christopher Innes observa que, à medida que o teatro de Grotowski se desenvolve, cada produção se converte, simultaneamente, em uma "celebração da 'santidade' do homem e em um desafio existencial para o público"[14].

Conforme aprofundava o conceito de via negativa e eliminava, um a um, os elementos que considerava dispensáveis – iluminação, cenários, figurinos, palco, platéia etc. –, Grotowski aproximava-se cada vez mais da idéia de ator como peça central, afastando-se gradualmente da noção de teatro como edifício ou lugar de representação. Com o tempo, suas montagens passaram a se realizar em espaços alternativos, que guardavam, ao mesmo tempo, uma aura mística ou solene, tais como igrejas e museus. Segundo ele:

> Existe apenas um elemento que o cinema e a televisão não podem tirar do teatro: a proximidade do organismo vivo. Por causa disto, toda modificação do ator, cada um dos seus gestos mágicos (incapazes de serem reproduzidos pela platéia) torna-se qualquer coisa de muito grande, algo de extraordinário, algo próximo do êxtase[15].

Os atores de Grotowski são, por conseguinte, convidados a empreender uma longa e difícil viagem através de si mesmos. Ao contrário da maioria dos atores que, ao longo da carreira, acumula truques, pequenos segredos utilizados para seduzir e iludir o público, os atores de Grotowski são estimulados a abandonar os clichês, os automatismos cotidianos e a ingressar no universo da pesquisa sobre a arte de atuar e sobre eles próprios. "Não pretendemos ensinar ao ator", diz Grotowski, "uma série de habilidades ou um repertório de truques". Nesse sentido, o método proposto por ele não é dedutivo (acumulativo), mas indutivo (eliminativo). Pretende eliminar o "lapso de tempo entre impulso interior e reação exterior", de forma que o impulso se torne reação exterior. Assim, impulso e ação passam a ser concomitantes[16]. Nesse contexto, o teatro é visto como um ato de doação de si mesmo, no qual tudo estaria "concentrado no amadurecimento do ator", não devendo existir "o menor traço de egoísmo ou de auto-satisfação", como se depreende das palavras do diretor: "O ator faz uma total doação de si mesmo. Esta

12. J. Grotowski, op. cit., p. 28.
13. Idem, p. 35.
14. C. Innes, *El teatro sagrado:* el ritual y la vanguardia, p. 177.
15. J. Grotowski, op. cit., p. 36.
16. Idem, p. 14.

é uma técnica de 'transe' e de integração de todos os poderes corporais e psíquicos do ator, os quais emergem do mais íntimo do seu ser e do seu instinto, explodindo numa espécie de 'transiluminação'"[17].

Grotowski admite que tudo isso pode parecer estranho e "soar como uma espécie de charlatanismo". No entanto, demonstra de maneira irônica que poderia, se quisesse, explicar o uso que faz de palavras como transe, transiluminação, autodoação etc., utilizando o que chama de fórmulas científicas:

> Para usarmos fórmulas científicas podemos dizer que se trata de um emprego particular da sugestão, tendo como objetivo uma realização *ideoplástica*. Pessoalmente, devo admitir que nunca recuamos no uso dessas fórmulas de "charlatães". Tudo que tenha um halo fora do comum e mágico estimula a imaginação, tanto do ator quanto do produtor[18].

Sigmund Freud, em seu belo e atual artigo "Sonhos e Ocultismo", alerta para o fato de que a rígida disciplina da vida, a que somos submetidos, provoca em nós uma resistência tanto à "inflexibilidade e monotonia das leis do pensamento" quanto às "exigências do teste de realidade". "A razão", diz ele, "se torna o inimigo que nos priva de tantas possibilidades de prazer"[19].

Interessado em constituir um teatro de símbolos, no qual o ator molda o próprio corpo como se fosse um ícone vivo, servindo-se de metáforas e de imagens arquetípicas, mitológicas, Grotowski constrói uma obra que busca restituir o gesto mágico, a sombra, o imponderável da vida humana. Nesse sentido, caminha na contramão do cientificismo contemporâneo, não hesitando em adotar, em seu trabalho, práticas e conceitos considerados místicos, mi(s)tificadores, ou mesmo, charlatanismo. Grotowski não parece nem um pouco preocupado com isso. Para ele, é fundamental "criar um *sacrum* secular no teatro". Utilizar-se da religião e profaná-la ao mesmo tempo. Religião, diz ele, "expressa pela blasfêmia, amor manifestado pelo ódio"[20]. Nesse tipo de teatro, cada gesto é significativo; remete a uma dimensão extraordinária da vida, criando um espaço de transcendência, de transgressão compartilhada. O ator, ao compor seu personagem, constrói, na verdade, um "sistema de símbolos que demonstra o que está por trás da máscara da visão comum: a dialética do comportamento humano"[21].

No teatro proposto por Grotowski, os atores são comparados às figuras representadas nos quadros de El Greco pela capacidade de irradiar, por meio de uma técnica particular, o que denomina "luz es-

17. Idem, ibidem.
18. Idem, p. 33. Grifo do autor.
19. S. Freud, Sonhos e Ocultismo, *Novas Conferências Introdutórias sobre Psicanálise*, p. 47-48.
20. J. Grotowski, op. cit., p. 20.
21. Idem, p. 15.

piritual". Ele conta que, ao abandonar os efeitos de luz em seu teatro, deixando o espectador e o ator em uma região iluminada, ficou evidente que o espectador se torna mais sensível, passando a participar também da representação, e que os atores podem iluminar com sua técnica pessoal, transformando-se em fonte de luz espiritual.

Grotowski acredita que para realizar o que considera um *ato de autopenetração* é preciso que haja uma "mobilização de todas as forças físicas e espirituais do ator", o qual deve estar em um "estado de ociosa disponibilidade passiva que torna possível um índice ativo de representação"[22]. Estabelece-se, por conseguinte, uma polaridade complementar ator passivo/índice ativo de representação, de modo que o ator não deve querer representar algo, mas deixar-se expressar. Não se trata de perguntar: "como posso fazer isso?", mas de "saber o que não fazer, o que o impede"[23]. O ator deve encontrar soluções pessoais para eliminar os obstáculos que bloqueiam, limitam seu desnudamento, sua entrega. É a esse processo de eliminação que Grotowski denomina via negativa:

Temos de recorrer a uma linguagem metafórica para dizer que o fator decisivo neste processo é a humildade, uma predisposição espiritual: não para *fazer* algo, mas para impedir-se de fazer algo, senão o excesso se torna uma impudência, em vez de um sacrifício. Isto significa que o ator deve representar num estado de transe[24].

Na definição de Grotowski, o transe é a "possibilidade de concentrar-se numa forma teatral particular e pode ser obtido com um mínimo de boa vontade"[25]. No entanto, para que isso se torne possível, o ator deve ter total domínio sobre o corpo, tornando-o "um instrumento obediente capaz de criar um ato espiritual", o que pressupõe não apenas o completo domínio da técnica, mas sua conseqüente superação. O ator é visto, assim, como um ser capaz de oferecer o corpo em sacrifício.

Grotowski distingue o que considera o ator santo do ator cortesão. Segundo ele, a diferença entre um e outro é que o primeiro faz uma doação de si mesmo, ao oferecer o corpo em sacrifício, enquanto que o segundo vende o corpo, está "à beira da prostituição", no sentido de que tudo o que faz é para obter os "favores da platéia" e o lucro. Grotowski ressalta, porém, que utiliza o termo santidade como um descrente, no sentido de que se refere a uma santidade secular.

Sendo assim, o ator cortesão utiliza uma técnica acumulativa (acumula habilidades), ao passo que o ator santo adota uma técnica eliminativa – despe a máscara cotidiana, desfaz-se da coleção de truques e executa um ato de autopenetração, que libertará seu corpo de bloqueios e resistências. Não significa que o ator santo não seja extremamente técnico.

22. Idem, p. 32.
23. Idem, p. 107.
24. Idem, p. 32.
25. Idem, ibidem.

Ao contrário, o ator grotowskiano é um pesquisador[26] e, como tal, deve empreender uma busca minuciosa sobre os princípios da arte de atuar; construir a própria linguagem, sua técnica pessoal, seu repertório particular de sons, de imagens e de gestos, libertando-se de automatismos e artifícios. Conforme salienta Grotowski: "a plasticidade do aparelho vocal e respiratório do ator deve ser infinitamente mais desenvolvida do que a do homem comum"[27]. Para isso, é necessário que o ator-pesquisador siga um método especial de treinamento e pesquisa.

A busca do que seja a essência da representação teatral levaria Grotowski a empreender um retorno ao que considera as origens ritualísticas do teatro; a um "teatro ascético", no qual os atores e os espectadores são "tudo o que existe". Não se trata, porém, ressalta ele, de um retorno às raízes preconizado unicamente por ideais estéticos ou filosóficos, mas principalmente por questões relativas ao trabalho criativo, propriamente dito, seja do diretor, seja dos atores, bem como por necessidades artísticas que surgem do trabalho prático da pesquisa.

O fato de se rebelar contra os valores da sociedade capitalista ocidental contemporânea, que tendem a reduzir a importância do mito e do símbolo na vida cotidiana, não impede Grotowski de se apropriar da linguagem científica na formulação de alguns de seus conceitos, como, por exemplo, o de teatro como laboratório de pesquisas. Apesar de negar que suas proposições provêm, em parte, das ciências exatas e humanas, ele admite que as utiliza em suas análises. De fato, as expressões de que se serve para descrever seu método parecem derivar diretamente da psicologia junguiana (arquétipo, inconsciente coletivo, símbolo), da antropologia (ritos, mitos), da religião (paixão, sacrifício, encarnação, confissão, comunhão, transiluminação, transe, expiação, comunhão, transubstanciação), e da física moderna (pesquisa, laboratório, experimento, energia, massa etc.). Tal apropriação não se dá, porém, de modo ingênuo ou desavisado. Grotowski constrói, a partir dela, conceitos paracientíficos que não têm, nem pretendem ter, o rigor da ciência institucionalizada. A esse respeito, em uma entrevista concedida a Eugenio Barba, em 1964, ele dirá:

> A palavra pesquisa não deveria lembrar sempre pesquisa científica. Nada pode estar mais longe do que fazemos do que a ciência *sensu strictu*; e não só pela nossa carência de qualificações, como também porque não nos interessamos por esse tipo de trabalho. A palavra pesquisa significa que abordamos nossa profissão mais ou menos como o entalhador medieval, que procurava recriar no seu pedaço de madeira uma

---

26. Mario Biagini, por exemplo, ator e um dos principais colaboradores de Grotowski no Workcenter, é especialista e profundo conhecedor de textos tradicionais antigos e desenvolve uma pesquisa independente sobre as tradições rituais, especialmente sobre as linhagens tântricas hindus e budistas do norte da Índia (Caderno de Campo, São Paulo, 1996).

27. J. Grotowski, op. cit., p. 30.

forma já existente. Não trabalhamos como o artista e o cientista, mas antes como o sapateiro, que procura o lugar exato no sapato para bater o prego[28].

Não obstante o fato de Grotowski reivindicar outra conotação para a palavra pesquisa, que não exclusivamente a científica – por exemplo, a que "envolve a idéia de penetração na natureza humana" –, sua idéia de laboratório de teatro (como de resto a de vários outros artistas ligados ao teatro experimental) encontra inspiração em um instituto de pesquisa científica: o Instituto de Física Teórica da Universidade de Copenhague, fundado no século passado, na efervescente década de 1920, e que, mais tarde, passaria a ser denominado Instituto Niels Bohr, em homenagem ao seu célebre diretor. Um dos maiores cientistas europeus em questões nucleares, o físico dinamarquês Niels Henrik David Bohr desenvolveu um modelo de átomo que logo alcançaria ampla aceitação entre os físicos e químicos, levando-o a receber o prêmio Nobel de Física de 1922. A chamada Teoria Quântica se expandiria a partir desse modelo, com os trabalhos de Heinsenberg, entre outros. Considerado um dos principais centros intelectuais da Europa, o Instituto Bohr reunia a nata dos cientistas, em uma estreita e profícua colaboração, cujos resultados se fazem sentir ainda hoje.

O fascínio exercido pela figura de Bohr levaria Eugenio Barba a adotar, em 1994, o selo nobiliário do cientista[29] – *contraria sunt complementa* (os opostos são complementares)[30], como emblema do Odin Teatret/Nordisk Teaterlaboratorium; Grotowski, por sua vez, dirá, a respeito do Instituto Bohr:

é um ponto de encontro onde médicos de diferentes países fazem experiências e dão seus primeiros passos na "terra de ninguém" de sua profissão. Nele comparam suas teorias e recorrem à "memória coletiva" do Instituto. Essa "memória" guarda um inventário detalhado de todas as pesquisas feitas, inclusive as mais audaciosas, e é continuamente enriquecida por novas hipóteses e resultados obtidos pelos médicos[31].

O Instituto Bohr fascinaria Grotowski enquanto "modelo que ilustra um certo tipo de atividade", pois, embora admita que a arte do ator ou o teatro não constituam disciplinas científicas, acredita, assim como Stanislávski, que nem um nem outro pode se basear tão somente na inspiração ou em valores imprevisíveis, como "uma explosão de talento ou um súbito e surpreendente desenvolvimento de possibili-

---

28. Idem, p. 23-24.
29. Em 1947, ao ser agraciado com a Ordem dos Elefantes, distinção honorífica destinada apenas aos membros da família real e a líderes de Estado, Bohr escolheria o símbolo do *Tao* para ilustrar seu brasão: *Yin* e *Yang*.
30. F. Taviani, História do Odin Teatret, em E. Barba, *Além das Ilhas Flutuantes*, p. 262.
31. J. Grotowski, op. cit., p. 101-102.

dades criativas"[32]. Por esse motivo, defende a criação de institutos de pesquisa teatral que, à semelhança do Instituto Bohr, sejam lugares de encontro e de observação, no qual as experiências coligidas pelas pessoas mais capacitadas no âmbito dos diferentes teatros de cada país possam ser discutidas e compartilhadas. Assim, apesar de reconhecer que o domínio sobre o qual se concentra sua atenção (a arte do ator) não é científico, ainda que possa constituir objeto da ciência, e que nem tudo pode ser definido – na realidade, diz ele, muitas coisas não devem ser –, está convencido de que se deve tentar determinar os próprios objetivos com "a precisão e a conseqüência características da pesquisa científica"[33].

Por conseguinte, o ator, nesses centros de pesquisa, é um profissional cujo cerne das preocupações é seu trabalho criativo e as leis que o regulam. Na concepção de Grotowski – e ele a levaria às últimas conseqüências em seu trabalho à frente do Workcenter –, as atividades desenvolvidas nesse âmbito não devem ser confundidas com teatro, no sentido usual do termo. Tampouco um instituto para pesquisa metodológica pode ser confundido com uma escola de treinamento para atores, cujo principal objetivo é lançá-los no mercado. Ao contrário, as pesquisas realizadas por institutos e centros de experimentação teatral são desenvolvidas, de modo geral, à margem da indústria cultural, na periferia dos sistemas e desestimulam qualquer aventureiro que, porventura, alimente o sonho, a fantasia ou o desejo do sucesso, da fama e do dinheiro.

Nesse sentido, o trabalho de Grotowski situa-se na tênue e ambígua fronteira entre o sagrado e o profano, a ciência e a religião, que parece marcar os teatros de pesquisa de modo geral. Isso o insere na tendência, observada por Innes em diversos movimentos teatrais tidos como vanguarda, de transformar o teatro, simultaneamente, em laboratório de pesquisas sobre os princípios que regem a atuação e a relação entre ator e espectador e lugar para a "exploração de estados oníricos", utilização de "ritos tribais", mitos e cantos xamânicos. Tudo isso visando o mítico retorno àquelas que são consideradas as origens do teatro, ou, ainda, ao que Innes denomina "raízes psicológicas ou pré-históricas do homem"[34]. É claro que essa tendência, observada em grupos como o de Grotowski, por exemplo, apesar de existir, não deve ser generalizada. Muitos grupos ligados ao teatro de pesquisa – ainda que utilizem a linguagem ritual – não se identificam com essa tendência e, muitas vezes, seguem caminhos opostos. Há, no entanto, um movimento em direção ao outro, ao diferente, ao "exótico", que

---

32. Idem, p. 102.
33. Idem, p. 104.
34. C. Innes, op. cit., p. 104.

parece ser geral, seja ele um país distante, um tempo mítico ou uma técnica diferente.

A busca de estabelecer uma identidade por meio do contato com alteridades tão radicais evidencia o abismo que separa o homem ocidental de sua dimensão mais simbólica. A tentativa de resgatar valores considerados ancestrais denuncia a crise de identidade pela qual passa o teatro, o ator e, por que não dizer, o homem ocidental.

A EXPERIÊNCIA DE PONTEDERA: A ARTE COMO VEÍCULO

> *Somente aquele que conhece a arte com os olhos do espírito pode atingir a substância.*
>
> ZEAMI

Com o decorrer do tempo, Grotowski se desinteressou do teatro como espetáculo, retirando-se voluntariamente do mercado teatral. Festejado como um dos mais inovadores e importantes encenadores da década de 1970, deixou de fazer espetáculos públicos, passando a dedicar-se a experiências parateatrais, que ficaram conhecidas como Ações Parateatrais e Teatro das Fontes. A última etapa de seu trabalho, desenvolvido junto ao Workcenter de Pontedera, na Itália, foi batizada pelo diretor teatral Peter Brook de Arte como Veículo. O caminho percorrido por Grotowski, ainda que para alguns pareça permeado de cortes e mudanças de rumo, é extremamente conseqüente e coerente em seus princípios e em sua orientação. Existe, ao contrário, continuidade e aprofundamento crescente de idéias que já estavam presentes em fases anteriores de seu trabalho.

Na primeira delas, registrada no livro *Em Busca de um Teatro Pobre*, Grotowski estava preocupado, conforme já visto, com a relação ator/espectador e com os efeitos do espetáculo sobre a percepção deste último – tarefa de qualquer encenador ou diretor teatral[35]. Voltava-se, portanto, para o teatro tal como o conhecemos: ator, espectador, texto ou argumento. A esse tipo de prática teatral, que comumente caracteriza o teatro, Grotowski denomina Arte como Apresentação, porque pressupõe que o ator se apresenta diante de um espectador. Nela, a montagem é elaborada de forma a atingir a audiência, a dizer-lhe algo. Nesse período, que engloba todos os seus espetáculos, Grotowski eliminaria da encenação, por meio do que definia como via negativa, tudo aquilo que

---

35. Na definição de Grotowski, o diretor teatral é um "usurpador competente", ou ainda, um "espectador profissional". "O diretor", assevera, "é aquele que ensina aos outros o que ele próprio não sabe fazer" (Caderno de Campo, São Paulo, 1996).

considerava supérfluo, concentrando-se nas duas forças que, segundo ele, caracterizariam o teatro de maneira geral: o ator e o espectador.

Em seu trabalho frente ao Workcenter de Pontedera, Grotowski continuaria se dedicando às possibilidades do teatro, só que, dessa vez, procurava investigar seus efeitos sobre a percepção do ator e não mais do espectador. A via negativa parece, assim, ter chegado a seu extremo, pois Grotowski eliminaria o segundo elemento do teatro, justamente aquele que, na etimologia grega, dá origem ao próprio termo: a platéia, o espectador. O teatro já não é mais "o lugar de onde se vê", mas o veículo através do qual o ator tem acesso a outros níveis de experiência; a níveis mais sutis de energia. O teatro passa a ser visto como o ato espiritual em si mesmo. Por conseguinte, todo o trabalho de investigação se volta para o ator, para a arte de atuar e não mais para o espetáculo ou o espectador.

Grotowski considera o teatro uma corrente constituída de muitos elos diferentes. Em uma de suas extremidades, estaria a Arte como Apresentação ou o teatro, propriamente dito, e, na outra, a Arte como Veículo. A primeira é justamente aquela vivenciada por ele nos anos 1960, característica das artes teatrais. Nela, o trabalho é concebido de modo a atingir o espectador. É na percepção deste que o espetáculo se realiza. A segunda, situada na outra extremidade da corrente, procura criar a montagem na percepção dos atores que a realizam e não dos espectadores. A seqüência de ações físicas e vocais é elaborada de maneira a atingir o ator, por isso a platéia não é mais necessária. Ao contrário, o único que conta, nesse processo, é o ator, o atuante, o *doer*, como define Grotowski: aquele que realiza a ação. Para ele, não se trata de uma nova forma de atuar; ela já existia "nos Mistérios da Antigüidade".

O fato de ter se desinteressado pela Arte como Apresentação não significa que Grotowski não a considere importante ou necessária. Ao contrário, ele se refere a esse período como uma etapa fundamental, uma "aventura extraordinária com efeitos a longo prazo"[36]. Tais efeitos podem ser identificados com as fases seguintes de seu trabalho: as Ações Parateatrais, o Teatro das Fontes, e a Arte como Veículo. A primeira era uma espécie de "teatro participativo", no sentido de que havia a participação ativa de pessoas estranhas ao grupo e, às vezes, ao próprio teatro. Apesar de intensas, essas experiências terminaram caindo, segundo sua própria avaliação, em uma espécie de "sopa emotiva". A segunda, o Teatro das Fontes, dizia respeito ao que ele considera a "fonte das diferentes técnicas tradicionais"[37],

---

36. J. Grotowski, De la compagnie théâtrale à l'art comme véhicule, em T. Richards, *Travailler avec Grotowski sur les actions physiques*, p. 182.
37. Idem, p. 182.

aquilo que precederia às diferenças[38]. Grotowski confessa que nunca deixou de sentir a sede que motivou o Teatro das Fontes, mas que, apesar disso, a Arte como Veículo não está orientada em torno do mesmo eixo.

De acordo com Grotowski, se o Parateatro e o Teatro das Fontes possuíam uma limitação que consistia em se manter no nível da horizontalidade das forças vitais – corporais e instintivas –, a Arte como Veículo busca ultrapassar essa horizontalidade de maneira consciente e deliberada, de forma a fazer com que essa passagem se torne a saída: a verticalidade. Assim, em sua concepção, o corpo, com suas forças vitais e instintivas, estaria associado à horizontalidade. A passagem a que ele se refere está relacionada à idéia de ascensão, de subida de níveis mais grosseiros para níveis mais sutis de energia. Isso implica em passar do nível da horizontalidade das forças orgânicas para o nível da verticalidade. Nesse sentido, a experiência do Workcenter de Pontedera parece similar à experiência mística iniciática vivenciada por mestres da Tradição, como Gurdjieff, Ouspensky, Helena Blavatsky e tantos outros.

Sua pesquisa, muito mais próxima de uma busca espiritual, tal como a praticada pelos místicos, procura fazer do teatro um instrumento, um veículo para a espiritualização. Não obstante, esse aspecto do seu trabalho só pode ser compreendido concomitantemente com a investigação sobre o ator, que ele desenvolve junto aos atores do Workcenter. Busca espiritual e teatro, nesse contexto, não se separam. É como se o teatro, assim como a arte do chá, ou da *ikebana*, possibilitasse a ampliação da consciência, da percepção; atuasse como uma espécie de meditação ativa. É sabido que muitas tradições espirituais debruçam-se sobre práticas específicas que lhes dão forma e servem como meio de ascese. Assim, existem monges que se dedicam à música ou à cerâmica; xamãs e dervixes, cuja dança é o eixo sólido em torno do qual desenvolvem sua espiritualidade, sua busca interior. Os atuantes de Pontedera dedicam-se à arte do teatro.

Conforme observou Peter Brook em uma conferência sobre a Arte como Veículo[39], realizada em Florença, em 1987, é imprescindível para o trabalho de Grotowski em arte dramática ter ao seu redor pessoas cuja verdadeira necessidade consiste em uma evolução interior, pessoal. De forma que, na visão de Brook, Grotowski estaria resgatando algo que existia no passado e que vem sendo esquecido: a arte dramática como "um dos veículos que permite ao homem obter acesso a outro nível de percepção"[40]. Entretanto, diz Brook, assim como alguém que deseja

38. Note-se que há uma semelhança entre a concepção de Grotowski sobre a fonte das diferentes técnicas tradicionais e a idéia de pré-expressividade, de técnica das técnicas, de Eugenio Barba.
39. Conferência pronunciada por Peter Brook em Florença, em março de 1987, reproduzida em xerox pelo Centro de Pesquisa Teatral (CPT) do Sesc São Paulo, 1996.
40. Idem.

buscar a Deus e procura um mosteiro no qual todo o trabalho baseia-se na música precisa ter talento e ouvido musical, o ator que procura o teatro como veículo precisa ter talento e domínio da técnica teatral. No caso específico de Pontedera, o ator, além de talento e técnica, precisa ter a necessidade interior de um conhecimento que só pode ser encontrado junto a um mestre. Grotowski, nesse contexto, é o mestre da arte do teatro como veículo.

Grotowski[41] não recusa a idéia de ser visto como mestre. No seu entendimento, este é um conceito relacionado à noção de continuidade, de transmissão de conhecimento, de aprofundamento de caminhos. Conforme ele observa, no Ocidente costuma-se cortar a continuidade entre as gerações, a tradição e o conhecimento, e uma tradição leva muito tempo para se constituir, para se firmar. "Uma obra", diz ele, "deve se desenvolver durante muitas gerações. Sem isso, não se pode desenvolver grande coisa"[42].

A relação entre mestre e discípulo, portanto, é uma relação de continuidade, mas não no sentido da repetição. Significa que o discípulo deve contribuir, minimamente que seja, para o desenvolvimento e aprofundamento do conhecimento que lhe foi transmitido. "Quando um discípulo substitui o mestre", diz Grotowski, "deve avançar – na pesquisa, na prática – no mínimo vinte por cento a mais do que seu mestre, senão, a técnica e a tradição morrem". Assim, "deve-se ultrapassar o ancestral"[43]. É o que ele próprio tenta fazer em relação à herança deixada por Stanislávski, ao procurar dar continuidade ao trabalho desenvolvido pelo mestre russo sobre as ações físicas e sobre o si mesmo. É o que ele espera que Thomas Richards faça, depois dele, com o trabalho do Workcenter.

No simpósio internacional sobre o grupo, realizado em São Paulo, em 1996, alguém perguntou a Grotowski se ele acreditava que Richards – ator e colaborador, considerado seu sucessor e principal discípulo – conseguiria manter o trabalho do mestre depois que este desaparecesse. Grotowski respondeu que esperava sinceramente que não, porque isso significaria que Richards, tal como o mestre, estava morto. Para ele, o que mantém vivo o trabalho, a pesquisa, ou mesmo uma tradição, não é o fato de se ater a estereótipos ou a fórmulas pré-fixadas, mas justamente o fato de lhe dar continuidade, de contribuir com seus vinte por cento a mais.

Fundado em 1986, a convite de Roberto Bacci, diretor do Centro Per la Sperimentazione e la Ricerca Teatrale de Pontedera, que convenceu Grotowski a se transferir para lá, o Workcenter of Jerzy Grotowski – que mais tarde passaria a se chamar Workcenter of Jerzy Grotowski and

41. Caderno de Campo, São Paulo, 1996.
42. Idem
43. Idem.

Thomas Richards – é um instituto, um laboratório[44] que se dedica a pesquisas paracientíficas sobre a arte do ator.

O trabalho no Workcenter de Pontedera divide-se em dois pólos[45]. O primeiro é dedicado à formação do ator no domínio do texto, do canto, de exercícios plásticos e físicos e das ações físicas (baseado em Stanislávski). O segundo é consagrado à Arte como Veículo. Os atores trabalham pelo menos oito horas, de maneira sistemática, durante seis dias por semana, com os cantos, a divisão das reações, os modelos arcaicos de movimento e a palavra Ambos os pólos de trabalho exigem disciplina e conhecimento de si mesmo. É interessante notar que a jornada de trabalho no Workcenter – como de resto na maioria dos grupos de pesquisa teatral – é muito maior e mais pesada do que no teatro tradicional, em que geralmente ensaia-se poucos meses e não se treina[46], embora se tenha o objetivo da apresentação. Os atores do Workcenter trabalham muito, e sem a perspectiva de se apresentar para uma platéia. No entanto, sua dedicação monástica tem para eles um sentido quase religioso. Trata-se de uma entrega mística, uma doação, uma arte para iniciados. Nesse aspecto, o trabalho de Pontedera se diferencia do de outros grupos de pesquisa teatral que também enfrentam duras jornadas de treinamento e ensaios, mas que não aboliram a perspectiva do espetáculo. Alguns dos atores ligados ao Workcenter integram o grupo há mais de vinte anos, tendo tido o privilégio de conviver com o mestre por um longo período. Entre eles, estão Thomas Richards e Mario Biagini.

O ator Thomas Richards entrou em contato com Grotowski em 1984, quando começou a freqüentar os cursos ministrados pelo diretor polonês – à época, refugiado nos EUA, onde trabalhou na Universidade da Califórnia. Grotowski desenvolvia, então, o programa Objective Drama, considerado a quarta fase de seu trabalho; uma fase de transição, que abrange o período de 1982 a 1985. Interessado em investigar a existência de traços performativos comuns às diferentes tradições, Grotowski cercava-se, em seus *workshops*, de artistas e colaboradores de diferentes nacionalidades, bem como de estudiosos e cientistas, o que nos faz lembrar, ainda que vagamente, o próprio espírito da Ista. Encantado com o jovem e talentoso aluno, o diretor reconheceria nele seu herdeiro artístico e espiritual.

Nos encontros de grupos de pesquisa teatral costuma-se comentar que Thomas Richards estaria predestinado a ser um novo

---

44. Não percamos nunca de vista a imagem do Instituto Bohr, que tanto influenciou Grotowski.
45. É importante ressaltar que essa era a dinâmica de trabalho adotada pelo grupo à época desta pesquisa, quando Grotowski ainda estava vivo. Naturalmente, muitas mudanças devem ter sido implementadas sob o comando de Thomas Richards e de Mario Biagini.
46. A diferença entre treinamento e ensaio será discutida no capítulo 5.

Marlon Brando nos Estados Unidos, tal é o seu talento. Pode-se imaginar o que significa tal renúncia para um ator. Thomas Richards, no entanto, é um desses artistas a que Peter Brook se refere, cuja busca espiritual é maior do que a ânsia de sucesso. De modo que, quando Grotowski o convidou para segui-lo e, com ele, aprofundar suas pesquisas, advertindo-o, porém, de que ninguém jamais veria o trabalho que iriam realizar, hesitou por alguns momentos, porque, afinal, confessa ele, dedicara toda a sua vida a se preparar para ser um bom ator e isso pressupunha que alguém visse o seu trabalho. Todavia, após a hesitação inicial, aceitou as condições impostas por Grotowski, pois percebeu que sua necessidade pessoal era mais forte que o desejo de reconhecimento[47]. Claro, ele admite, em seu livro *Travailler avec Grotowski sur les actions physiques* (1995), sobre o trabalho no Workcenter, que a princípio achou que, mais dia, menos dia, alguém veria o trabalho, afinal, este se chamava *Performing Arts*. Mas se passariam quatro longos anos de labuta, em regime fechado, até que Grotowski resolvesse filmar *A Ação* (The Action), uma estrutura performática elaborada pelo grupo, e só eventualmente mostrada a alguns poucos artistas e pesquisadores, escolhidos pelo diretor e pelos atores do Workcenter. É curioso notar que mesmo o filme sobre *A Ação* é de difícil acesso, ficando restrito a um pequeno círculo de pessoas ligadas ao teatro de pesquisa.

De maneira distinta da Arte como Apresentação (ou espetáculo), na qual está presente uma história ou idéia que se quer contar, a Arte como Veículo prescinde da fábula; não existe história a ser contada, mas experiência a ser vivida. A partitura "cênica" de *A Ação* é elaborada a partir de imagens ligadas à memória dos atores, a cantos rituais e a fragmentos de textos muito antigos. De fato, apesar de parecer extremamente espontânea, de guardar um frescor da coisa feita pela primeira vez, a *Ação* – ou a obra, como Grotowski às vezes se refere a ela – possui uma estrutura performática bastante precisa, repetida há anos pelos atuantes, comparável a um espetáculo. Mas, ao contrário deste, *A Ação* é desenvolvida em função dos atores e não do espectador. É algo criado para ser vivido e não para ser visto, embora eventualmente possa haver espectadores convidados.

Em 1996 tive a oportunidade de testemunhar uma demonstração do trabalho desenvolvido pelos atores do Workcenter de Pontedera, em São Paulo. O grupo fez algumas apresentações de *A Ação*, em caráter fechado (e sempre gratuito), para poucas pessoas, especialmente convidadas, durante o período em que esteve em São Paulo para o simpósio internacional *A Pesquisa de Jerzy Grotowski e Thomas Richards sobre Arte como Veículo*. Meu acesso à *The Action* se deu por intermédio do próprio Thomas Richards. Eu estava participando do simpósio e

---

47. Caderno de Campo, São Paulo, 1996.

tive a oportunidade de falar com ele após uma das conferências, no *hall* de entrada do Teatro do Sesc. Disse-lhe que era atriz e coordenava, com mais duas colegas, um projeto de pesquisa teatral sobre o ator, junto ao Departamento de Artes Cênicas do Instituto de Artes da Universidade de Brasília (UNB), e que nós tínhamos o máximo interesse em assistir à demonstração, pois, para entender o que de fato significava a verticalidade, era fundamental ver como a trabalhavam na prática. Ele respondeu que era difícil, porque as sessões de demonstração já estavam completas. Mas, dois ou três dias depois, recebemos o convite para uma das sessões.

A estrutura apresentada, a *Ação*, continha cantos rituais, ações e fragmentos de textos antigos (coptos) traduzidos para o inglês e era realizada por sete atuantes, entre eles, Thomas Richards e Mario Biagini. A demonstração aconteceu na Pinacoteca do Estado de São Paulo. A pessoa que ligou para dizer que havíamos sido convidadas explicou que a entrada a ser utilizada seria a dos fundos e pediu que não comentássemos com ninguém a respeito do local e da hora do evento, a fim de preservá-lo de qualquer tipo de publicidade.

Uma vez reunidos os convidados em um pequeno terraço nos fundos do prédio, Mario Biagini, um dos atores mais antigos do Workcenter, veio nos receber, conduzindo o pequeno grupo – cerca de quinze a vinte pessoas – até uma sala com uma grande mesa no centro, em torno da qual nos sentamos[48]. Lá, havia chá e café. Biagini distribuiu cópias do texto que seria utilizado na *Ação* para que o lêssemos, e nos alertou para que não procurássemos um sentido ou uma história naquilo que iríamos ver e ouvir. Sugeriu apenas que ficássemos abertos, no sentido de nos deixar tocar pelos sons, pelos movimentos e pelo silêncio de *A Ação*, ressalvando que não deveríamos participar ou nos manifestar sobre o trabalho com palmas, cantos ou palavras, mas apenas atuar como testemunhas de um ato – silenciosamente. Segundo nos informou, a *Ação* é elaborada em cada detalhe, de forma que a estrutura básica é rigorosamente mantida, mesmo que os atores sejam substituídos. Feitas as devidas recomendações, Biagini nos conduziu por entre os corredores em obras da Pinacoteca em reforma, que lembravam ruínas antigas, até uma pequena sala, de pé-direito muito alto, cujas paredes descascadas deixavam à mostra suas entranhas de adobe secular.

Havia uma espécie de solenidade no ar, semelhante àquela observada em situações rituais. A própria estrutura do evento continha etapas análogas às identificadas por Van Gennep[49] nos rituais de iniciação

---

48. O périplo pelos salões vazios da Pinacoteca, que estava em reforma, lembra o périplo de chegada no local destinado à Ista, no qual duas das atrizes mais antigas do Odin Teatret se revezavam na função de conduzir os participantes no reconhecimento do espaço, nomeando cada lugar do circuito – o que evidencia a estrutura ritual de ambos os eventos.

49. A. Van Gennep, *Os Ritos de Passagem*

margem ou separação (o terraço dos fundos), transição (o périplo e a sala com a grande mesa, em que eram dadas as orientações sobre como se comportar) e incorporação (o fato de ter acesso, de testemunhar a *Ação* propriamente dita).

Alguns princípios do teatro continuam presentes, seja na técnica dos atores – afinação, ritmo, encadeamento e realização precisa das ações e dos cantos –, seja na forma absolutamente profissional como conduzem o trabalho, do ponto de vista do jogo teatral. Existe um figurino, ainda que muito simples: calça social da mesma cor, escura, e camisa branca para os homens, e saia simples, rodada, de comprimento pouco acima dos tornozelos, para a única mulher do grupo.

A Ação compunha-se de cantos, quatro fragmentos de textos coptos antigos, traduzidos para o inglês, e ações físicas não-realistas (no sentido de que não contavam uma história nem possuíam significado aparente para o espectador). Momentos de suavidade alternavam-se com outros de muito vigor. As ações aconteciam de forma simultânea e os cantos possuíam uma força singular. Conforme explicou Mario Biagini, as ações estão relacionadas à memória de cada ator, ao passo que os cantos escolhidos provocam uma ressonância interna no corpo do atuante, liberando impulsos. Minha sensação como espectadora era a de que tanto as ações como os cantos e as palavras estavam sendo improvisados, tal era a intensidade e a aparente espontaneidade com que os atores agiam. Se digo aparente é porque, na realidade, cada detalhe, cada mínimo gesto é milimetricamente repetido por eles há vários anos.

É difícil descrever *A Ação*, tendo em vista que, como o próprio Biagini nos alertou, não há uma história ou argumento interligando as ações e os cantos. Trata-se, incontestavelmente, de alguma coisa que ultrapassa o teatro propriamente dito, no sentido de que os atores atuam para si mesmos; não há a preocupação de fazer com que as ações sejam apreendidas pelo espectador. Tanto é assim, que a pequena platéia é literalmente ignorada, do começo ao fim da demonstração. Sentia-me, por vezes, como se presenciasse o sonho de alguém. Como se me fosse dado adentrar em uma atmosfera onírica, cuja gramática desconhecesse. Partícipe de um ato de voyeurismo consentido. A impressão que se tem, ao assistir a *The Action*, é que de fato existe algo de muito sutil e delicado sendo trabalhado. Algo difícil de ser captado por um não-iniciado, estranho às práticas do grupo.

Encerrada *A Ação*, os atores se retiraram da sala e não mais retornaram. O pequeno grupo de testemunhas permaneceu em silêncio, sem saber o que fazer, até se dar conta de que o trabalho havia terminado. O percurso até a saída do prédio foi feito em silêncio, dessa vez, sem ninguém para indicar o caminho. Lá fora, alguns permaneceram conversando a respeito do que viram, em uma atitude sempre muito respeitosa e cuidadosa. Mario Biagini apareceu pouco depois, no terraço dos fundos, e trocou algumas palavras conosco, mas nada muito esclarecedor. A maioria dos comentários, por parte dos espectadores, era vaga e imprecisa, o que denota a falta de familiaridade com a linguagem. Ainda que uma ou outra pessoa tenha ficado decepcionada e, embora a maioria não tenha conseguido sequer alcançar algum nível de fruição, não resta dúvida de que todos saíram impressionados.

De acordo com Grotowski, os cantos utilizados por eles causam um impacto físico sobre a cabeça, o coração e o corpo dos atores e têm ligação direta com o que ele denomina o processo de transformação da energia, ou verticalidade. Tendo feito muitas e sistemáticas pesquisas sobre cantos rituais iniciáticos tradicionais de diversas culturas, Grotowski elegeu aqueles que, por suas características específicas, estimulam os impulsos corporais dos *doers* ou atuantes. Os cantos escolhidos foram os da África negra e das Antilhas. A maior parte dos elementos-fonte utilizados na construção de *A Ação* pertence ao que ele considera "o berço do Ocidente", que compreenderia – de maneira "aproximativa, sem pretensão à precisão científica" – o Egito arcaico, Israel, a Grécia e a Síria antiga[50]. Sua escolha recai, portanto, principalmente sobre a tradição ocidental (ou, pelo menos, sobre aquilo que considera ocidental) e não sobre a oriental. Nesse sentido, o Workcenter se distingue de boa parte dos grupos de teatro de pesquisa, que têm no Oriente uma de suas principais referências, o que ressalta a singularidade de seu trabalho.

A opção pelas fontes ocidentais deve-se ao fato de que, na visão de Grotowski, os cantos afro-caribenhos estariam enraizados na organicidade, ao passo que os mantras da tradição hindu ou budista, por suas próprias características, estariam mais distantes de uma abordagem orgânica, sendo, por isso mesmo, menos aplicáveis à Arte como Veículo. Um e outro possuem as qualidades vibratórias buscadas por ele. No entanto, no seu entendimento, os cantos da tradição ocidental, por não se prenderem nem a posições específicas do corpo, nem a uma maneira determinada de respiração (como é o caso dos mantras), seriam indissociáveis dos impulsos orgânicos e das pequenas ações que passam pelo corpo. Os cantos rituais são vistos no Workcenter como uma referência "a alguma coisa que vivia no Egito antigo", como "pertencentes ao berço", às origens mesmas do teatro: o ritual[51].

O trabalho desenvolvido pelo Workcenter de Pontedera procura aliar aspectos sistemáticos da criação, baseados no rigor e na precisão com o que se consideram as raízes mais profundas e antigas do teatro

---

50. J. Grotowski, De la compagnie théâtrale à l'art comme véhicule, op. cit, p. 195.
51. Idem, p. 194.

identificadas pelo diretor com os "Mistérios da Antigüidade", quando o teatro ainda não havia se separado de seu aspecto de culto. Os cantos empregados em *A Ação*, portanto, são aqueles que, originalmente, obedeciam a fins sagrados ou rituais; serviam, segundo ele, como veículo. No trabalho do Workcenter, os cantos rituais têm função semelhante: servem como veículo para a verticalidade.

Thomas Richards[52] identifica o percurso da verticalidade praticada em *A Ação* em pontos específicos do corpo. Segundo ele, o caminho percorrido pela energia é vertical e vai da base da coluna ou do abdômen à cabeça, "podendo ir mais além". Nessa perspectiva, a fonte dos impulsos corporais é algo próximo do plexo solar (abdômen ou base da coluna). Este é "o centro vital de onde se sai para conquistar", diz ele. Desse ponto é possível sair e voltar. É ele que dá a estrutura vital – muito precisa – para "a pessoa descobrir a si mesma, seu eixo, sua vitalidade". "Não se sai com a ação, entra-se, em direção a esse ponto", observa É como "um rio correndo pelo eixo do corpo". O ponto de partida da ação é o impulso, e ele nasce no plexo solar. Assim, para Richards, a verdadeira ação sempre nasce do impulso, do plexo solar. A idéia é que cada um deve seguir seu próprio ritmo, seus próprios impulsos, mas com as intenções e a atenção certas para se alcançar a ação certa: "a verdadeira paixão da vida". Na visão de Thomas Richards, "quem procura só encontra se pratica com o coração"

Na pesquisa sobre os impulsos, é imprescindível descobrir o que bloqueia as reações da pessoa, pois, em razão dos condicionamentos impostos pela educação e pela cultura, o corpo reage de determinadas maneiras que impedem seu livre curso. Também a "mente falante" pode obstruir os canais de receptividade, conforme salienta Thomas Richards[53]. É essencial, portanto, descobrir a chave que, para cada pessoa, faz abrir uma porta. Um dos caminhos pode ser o do "rio do conhecimento ou memória". Mas, seja qual for a chave, ela se baseia em ações físicas precisas, tecnicamente precisas, mesmo e, sobretudo, na Arte como Veículo, pois os instrumentos de que se servem os atores nesse trabalho são justamente as técnicas teatrais de canto, de voz, de corpo, de como estabelecer a relação entre os atores e manter vivo o frescor e a espontaneidade na repetição da partitura de ações etc. Portanto, o ator deve ter absoluto domínio de sua técnica para lançar-se à Arte como Veículo, uma vez que, como observa Richards, a verticalidade necessita de formas plenamente definidas. Esse é justamente um dos aspectos que mantém o trabalho do Workcenter de Pontedera em contato direto com o teatro.

52. Caderno de Campo, São Paulo 1996.
53. Idem.

Grotowski chama atenção para o fato de que, na cultura ocidental, o conhecimento do corpo humano provém do estudo e da dissecação de cadáveres, enquanto que, no Oriente, estuda-se o corpo vivo, em seus princípios ativos. Isso determina, segundo ele, a visão que se tem tanto da medicina quanto do corpo[54]. Todo o seu interesse recai, portanto, sobre o corpo-vida, o corpo-memória. De acordo com Thomas Richards, cada nível do corpo possui seus próprios desejos e é preciso conhecê-los. Assim, o ator é como o cavaleiro e, o corpo, como o cavalo. É preciso conhecer o cavalo e domá-lo, respeitando, no entanto, sua natureza selvagem.

Na concepção de Grotowski[55], existiriam duas abordagens distintas em relação à questão da obediência do corpo. A primeira consiste em colocá-lo em estado de obediência, domando-o. O perigo, nesse caso, é que o corpo "se desenvolve como uma entidade muscular e, portanto, não suficientemente maleável e 'vazia' para ser o canal aberto às energias". Reforça-se a "separação entre a cabeça que dirige e o corpo, que se torna uma marionete manipulada". Imagem, aliás, que nos remete àquela utilizada por Eugenio Barba ao se referir à imobilidade do soldado que faz continência, cujo pensar está separado do fazer e do sentir.

A segunda abordagem é a que se propõe a desafiar o corpo, dando-lhe deveres objetivos que parecem ultrapassar suas capacidades[56]. Trata-se, no entender de Grotowski[57], "de convidar o corpo para o impossível e de fazê-lo descobrir que o 'impossível' pode ser dividido em pequenas porções, em pequenos elementos, tornando-se possível". Nessa perspectiva, o corpo se transforma em "um canal aberto às energias e encontra a conjunção entre o rigor dos elementos e o fluxo da vida", a espontaneidade. Mas não há espontaneidade sem o rigor da forma. Desse modo, a busca dos pequenos detalhes é o grande segredo. O eixo do corpo é o canal receptivo, a escada interior que permite o acesso à verticalidade. Para que essa escada seja feita de bom artesanato, o corpo deve ser preciso como "a gazela perseguida de perto pelo tigre", diz ele.

Na opinião de Grotowski, não é a metafísica que leva a uma técnica, mas a técnica que leva à metafísica. É a técnica que leva à sabedoria. Para começar, diz ele, é necessário esquecer a finalidade e ter uma base sólida, concreta, de onde partir. Os cantos rituais da tradição afro-caribe-

---

54. Idem.
55. J. Grotowski, De la compagnie théâtrale à l'art comme véhicule, op. cit., p 193-194.
56. A idéia de ultrapassar os limites e as capacidades do corpo remete à noçã grega de *métron* (a medida de cada um), que consiste em ver o ator como alguém qu superou ou ultrapassou a medida humana. A esse respeito, ver J. de S. Brandão, *Teatr Grego*: tragédia e comédia; e o capítulo 5 deste livro.
57. J. Grotowski, De la compagnie théâtrale à l'art comme véhicule, op. cit., p 194.

nha utilizados no Workcenter cumprem esse papel, fornecendo o apoio necessário à "construção dos degraus da escada vertical"[58]. O sentido do canto estaria precisamente em suas qualidades vibratórias, que estimulam os impulsos corporais, trazendo diferentes tipos de resultados. Na acepção de Grotowski, os cantos tradicionais assemelham-se a pessoas e, como tais, podem ser divididos segundo o gênero e a faixa etária: cantos-mulher, cantos-homem; cantos-femininos, cantos-masculinos; cantos-criança, cantos-adolescentes, cantos-velhos etc. Podem, igualmente, ser vistos como animais ou como categorias – canto-força, por exemplo. Seja qual for a classificação que lhe seja dada, o canto, para ele, é sempre o canto-corpo, porque está "enraizado na organicidade". Dessa forma, quando conseguimos captar as qualidades vibratórias do canto, radicadas nos impulsos e nas ações, é como se, de repente, esse canto começasse "a nos cantar".

A descrição de Grotowski assemelha-se ao fenômeno observado na dança por John Blacking, em seu artigo "Towards an Anthropology of the Body" (1977). De acordo com Blacking, muitas vezes, ao dançar, sentimo-nos dançados pela dança; o corpo movendo-se sem a interferência do pensamento. Sentimo-nos reintegrados; corpo e mente já não estão mais dissociados. Para Blacking, o real propósito de dançar é precisamente ser dançado; ser capaz de se mover sem pensar. E isso só é possível, porque a divisão ordinária entre mente e corpo não é real, mas fruto de uma categorização que consiste em ver o corpo dessa maneira. Essa dicotomia patológica, como ele a define, reflete-se nas "contraditórias conceitualizações culturais da experiência física"[59]. Acabamos por separar os níveis da experiência humana em categorias do tipo físico/mental, corpo/espírito e cabeça/corpo, sem nos darmos conta de que essa é uma divisão baseada em padrões culturais de pensamento.

Desse modo, nas sociedades ocidentais, existem médicos que cuidam do corpo e médicos que cuidam da cabeça e, se aceitamos que seja assim, é porque essa bipartição nos parece absolutamente natural. Da mesma forma, a "divisão do trabalho" que consiste em delegar à cabeça todos os comandos, fazendo do corpo um mero executor, é amplamente aceita. Sequer questionamos a hierarquia de valor que supomos existir entre os desejos e os comandos da cabeça e os desejos e os comandos do corpo, de maneira que os primeiros são comumente associados às coisas do espírito, enquanto os últimos às dos "baixos instintos".

No entanto, como bem observa John Blacking, "assim como o movimento consciente está em nosso pensamento, o pensamento pode vir do movimento e especialmente do movimento comunal, comparti-

---

58. Idem, p. 190.
59. J. Blacking, Towards an Anthropology of the Body, *The Anthropology of the Body*, p. 21.

lhado ou conceitual"[60], o que faz com que o corpo não apenas possua seus desejos, mas também sua racionalidade. Sendo assim, a verdadeira façanha de pensar seria precisamente ser pensado, ser movido a pensar. Para Blacking, em experiências como a dança e a música, o que se vivencia é uma reintegração do corpo e da mente, no sentido de que o comando se desloca, deixa de se centrar na cabeça para se localizar no corpo como um todo. De sorte que a unidade corpo/mente possui diferentes tipos de comando, e não apenas aquele com o qual estamos acostumados a lidar: o comando da mente.

Grotowski chama a atenção para o fato de que não apenas os cantos rituais são fundamentais, mas a forma como são trabalhados. A forma escolhida por ele foi a da linguagem ritual. Grotowski utiliza o termo Arte como Veículo, cunhado por Peter Brook, para definir seu trabalho. Entretanto, não descarta a possibilidade de nomeá-lo de outra maneira, como, por exemplo, Artes Rituais ou Objetividade do Ritual. É justamente essa objetividade, essa qualidade do ritual, que o encanta. Os elementos de *A Ação*, por seus impactos diretos sobre "o corpo, o coração e a cabeça dos 'atuantes", são os instrumentos do trabalho[61].

Não obstante, os elementos técnicos utilizados na Arte como Veículo não diferem daqueles empregados pelas artes teatrais de maneira geral. A diferença entre a objetividade do ritual (característica da Arte como Veículo) e o espetáculo (próprio da Arte como Apresentação) reside na base da montagem, pois, no primeiro caso, o trabalho é voltado para os atuantes, ao passo que, no segundo, para os espectadores. Assim sendo, a diferença essencial entre a Arte como Veículo e as outras artes teatrais – ou *performing arts*, como denomina Grotowski – é que a primeira é um elevador primordial para os atores, enquanto que estas últimas o são para os espectadores.

A Arte como Veículo é vista por Grotowski como um elevador muito primitivo, por intermédio do qual o atuante pode subir para uma energia mais sutil e luminosa, para "descer *com ela* até nosso corpo instintual"[62]. Esta é, segundo ele, a objetividade do ritual. É ela que faz o "elevador primordial" – a Arte como Veículo – funcionar. O resultado é o impacto sobre o atuante. Não devemos, no entanto, confundir o resultado da Arte como Veículo com o seu conteúdo, entendido pelo diretor como "a passagem do grosseiro ao sutil". Poderíamos dizer, portanto, que o resultado da Arte como Veículo é seu impacto sobre o atuante, enquanto que o conteúdo seria a passagem do nível grosseiro de energia para níveis mais sutis.

---

60. Idem, p. 23.
61. J. Grotowski, De la compagnie théâtrale à l'art comme véhicule, op. cit., p. 184.
62. Idem, p. 188. Grifo do autor.

Existe uma estrutura lógica na disposição dos cantos em *A Ação*. Há uma ordem, uma seqüência sintagmática relacionada à subida e à descida dos níveis de energia instintuais aos mais sutis e vice-versa. De acordo com Grotowski, o lugar de cada canto deve ser precisamente estabelecido e deve ser evidente. Para seguir a linha de *A Ação* – baseada na idéia de verticalidade –, é preciso levar em consideração o grau de sutileza de cada canto. Assim, por exemplo, para descer, após um "hino de valor altamente sutil", coloca-se um "canto mais instintual". Entretanto, não se deve perder ou cortar o hino anterior, mas "guardar um traço de sua qualidade dentro de si"[63]. Se o atuante se aproxima da energia mais sutil, a questão que se coloca é de como descer, trazendo consigo "essa coisa sutil" para a realidade cotidiana, "mais ordinária, ligada à densidade do corpo"[64].

Tal como idealizada por Grotowski, a verticalidade é um fenômeno de ordem energética. Diz respeito tanto a energias mais orgânicas, relacionadas às forças da vida, aos instintos, à sensualidade – consideradas mais pesadas –, como a energias mais sutis: "Não se trata de renunciar a uma parte de nossa natureza; tudo deve ter seu lugar natural: o corpo, o coração, a cabeça, qualquer coisa que está 'sob nossos pés' e qualquer coisa que está 'sobre a cabeça'"[65].

Sendo assim, para Grotowski, a verticalidade é a passagem de um nível mais grosseiro ou cotidiano para um "nível energético mais sutil ou mesmo para a *alta conexão*"[66]. Grotowski, todavia, não define o que chama de alta conexão. Diz apenas que se contenta em indicar a passagem, a direção. Embora se recuse a conceituá-la, não se furta, porém, a nomear as duas extremidades que mantêm tensionada a linha vertical: a organicidade e a consciência. A primeira estaria relacionada, conforme já visto, a energias pesadas, orgânicas; a forças vitais como os instintos e a sensualidade. E a segunda estaria associada à *Presença*, entendida como "a consciência que não é ligada à linguagem (à máquina de pensar)"[67]. Grotowski, uma vez mais, exime-se de fornecer maiores esclarecimentos sobre o conceito de *Presença*. Deixa a questão em aberto para que cada um descubra seu sentido, tal como a chave que, para cada pessoa, abre uma porta.

A Arte como Veículo é comparada por Grotowski à escada vista em sonho por Jacó, pela qual subiam e desciam os anjos. Para que essa escada funcione, é preciso construí-la com competência artesanal, por meio "da qualidade dos detalhes, da qualidade das ações e do ritmo, da ordem dos elementos"[68]. Cada degrau, portanto, deve ser bem feito, bem

63. Idem, p. 193.
64. Idem, p. 189.
65. Idem, ibidem.
66. Idem, p 188-189. Grifo do autor.
67. Idem, ibidem.
68. Idem, ibidem

cuidado. Os degraus da escada se compõem, segundo ele, dos cantos rituais da tradição; da forma como estes são trabalhados; do texto, enquanto palavra viva; das formas do movimento; e da lógica de cada pequena ação. Em sua concepção, não se pode trabalhar sobre si mesmo sem uma estrutura que se possa repetir, com começo, desenvolvimento e fim, na qual cada elemento seja tecnicamente necessário. Nesse sentido, a Arte como Veículo assemelha-se a uma técnica espiritual. É como se Grotowski estivesse fundando uma nova prática espiritual, cujo veículo é o teatro. A chave desse trabalho, segundo ele, é *A Ação*, a estrutura. Sem ela, tudo se dissolve.

Grotowski define *A Ação* como "a estrutura performativa objetivada nos detalhes"[69]. De acordo com ele, apesar de ela não se destinar aos espectadores, de vez em quando a presença de testemunhas pode ser necessária, tanto para pôr à prova a qualidade do trabalho quanto para que este não se torne uma coisa privada, sem utilidade para as pessoas. De certa maneira, esse é um dos fatores – além dos elementos técnicos teatrais utilizados no trabalho – que mantém a Arte como Veículo vinculada às demais artes teatrais.

As testemunhas do Workcenter são fruto do que o grupo considera um tipo de seleção natural, no sentido de quem procura o quê? São pessoas que, de alguma maneira, chegam até eles, não por intermédio de anúncios, da imprensa ou da burocracia, mas dos próprios meios desenvolvidos pelo grupo. Trata-se de especialistas e artistas convidados individualmente e de grupos de teatro de pesquisa escolhidos pelo diretor[70] e pelos atores para testemunhar *A Ação*.

Todo esse cuidado em preservar e proteger o trabalho de qualquer tipo de publicidade teria dois motivos operacionais. O primeiro se relaciona ao fato de que, por se tratar de uma investigação em profundidade sobre o si mesmo[71], essa não poderia ser aberta ao público, já que, como bem observa Peter Brook: "a curiosidade dos inativos seria sua ruína"[72]. O segundo motivo, apontado por Grotowski, é que tais precauções permitem falar livremente do trabalho com especialistas e grupos convidados, "sem medo de ser criticado" ou de "ser visto sob uma falsa luz"[73]. No trabalho realizado pelo Workcenter, o valor de mercadoria do teatro foi abolido, eliminado[74]. Portanto, o caráter do

69. Idem, p. 196.
70. Atualmente, o responsável pelo Workcenter é Thomas Richards, que divide com Mario Biagini a condução dos trabalhos.
71. A expressão "o trabalho do ator sobre si mesmo" foi cunhada por Constantin Stanislávski, e está na base de seu célebre sistema de formação do ator.
72. Conferência pronunciada por Peter Brook em Florença, em março de 1987, reproduzida em xerox pelo Centro de Pesquisa Teatral (CPT) do Sesc (São Paulo).
73. J. Grotowski, De la compagnie théâtrale à l'art comme véhicule, op. cit., p. 196.
74. O Workcenter de Pontedera é subsidiado por vários órgãos e entidades, públicos e privados, ligados à pesquisa, o que torna possível eliminar de seu trabalho o caráter comercial.

encontro é gratuito. Não se troca um produto cultural por dinheiro; troca-se substância: uma experiência por outra.

No simpósio internacional *A Pesquisa de Jerzy Grotowski e Thomas Richards sobre a Arte como Veículo*, realizado em São Paulo, em 1996, Grotowski[75] contou que, certa vez, estava se apresentando com seu grupo em uma pequena cidade européia, quando percebeu uma intensa movimentação nas ruas. É que havia chegado um circo cuja principal atração era uma baleia morta. As pessoas acorriam e faziam fila, acotovelando-se para ver a carcaça exposta do animal. Tal fato levou-o a concluir que não era esse o tipo de espectador que queria – o mesmo que procura a baleia morta –, mas "aquele que nos procura". Não se deve, ensina ele, procurar todo mundo, mas "alguém com quem temos algo a compartilhar".

O conceito de via negativa defendido por Grotowski nos anos de 1960 parece ter chegado ao seu extremo no trabalho com o Workcenter de Pontedera. Se, naquela época, ele eliminou o que considerava supérfluo nos espetáculos – efeitos sonoros e luminosos, maquiagem e cenografia –, agora, suprimiria aspectos até então tidos como fundamentais no teatro: o próprio espetáculo e, finalmente, o espectador, restando apenas o ator. Foi a este último que consagrou seus últimos anos de vida, período em que se dedicou a erigir uma nova modalidade de teatro, distinta da Arte como Apresentação: a Arte como Veículo.

Acusado, por uns, de não mais fazer teatro e, por outros, de charlatanice, Grotowski, apesar da aparente invisibilidade da experiência de Pontedera – guardada a sete chaves e só permitida aos iniciados –, exerce profunda influência nos rumos do teatro de pesquisa. Não obstante o fato de ter abandonado os espetáculos e, por conseguinte, de não mais fazer teatro, no sentido comum, suas pesquisas frente ao Workcenter certamente trarão novas luzes à arte de atuar.

Se o Workcenter se distanciou do público, foi por buscar outras formas, outro sentido para o teatro, que não aquele de entretenimento. A distância entre o seu trabalho e as demais artes performáticas é apenas aparente. Talvez nunca se tenha mergulhado tão profunda e abnegadamente na experiência teatral como os atores do Workcenter de Pontedera. No entanto, considerando que o que dá origem ao termo teatro é a platéia e que eles a eliminaram, é fácil entender o porquê da insistência generalizada, no meio teatral, em afirmar que o que eles fazem não é mais teatro, é outra coisa. Está em jogo a função normalmente atribuída a essa arte.

Grotowski não defende a redução do teatro à Arte como Veículo, nem tampouco nega a importância e a necessidade da Arte como Apresentação. Na verdade, ele amplia o conceito de teatro, atribuindo-lhe dimensões que ultrapassam as do espetáculo. Propõe a vertica-

75. Caderno de Campo, São Paulo 1996.

lização da experiência teatral; a passagem que permita ultrapassar o nível da horizontalidade – o nível cotidiano da experiência – e resgatar a dimensão de transcendência, presente em suas origens rituais. No seu entender, portanto, ambas as formas, cada uma à sua maneira, são fundamentais para o desenvolvimento do teatro:

> As duas extremidades da corrente (a arte como apresentação e a arte como veículo) devem existir: uma visível – pública – e a outra quase invisível. Por que eu digo "quase"? Porque se ela é totalmente escondida, ela não pode dar a vida às influências anônimas. Então ela deve ficar invisível, mas não completamente[76].

A ampliação da experiência do teatro, proposta por Grotowski, implica na ampliação da experiência do corpo, no sentido de anular a dicotomia corpo/mente, tornando possível a ponte entre o que se considera os dois pólos da experiência humana. Os atores, assim como os anjos no sonho de Jacó, buscam restabelecer o elo entre o sagrado e o profano. Por trás da concepção de corpo e de teatro de Grotowski, existe uma clara orientação místico-religiosa. O teatro, para ele, não se dissocia da idéia de espiritualidade, de busca espiritual. Nessa perspectiva, o teatro é o templo, o espaço sagrado onde Grotowski, o sacerdote do rito, conduz os mistérios e seus iniciados.

Na Arte como Veículo, o corpo é a ponte que permite re-ligar os dois níveis da existência: o imanente e o transcendente. Na concepção de Grotowski, como, aliás, em quase toda construção místico-religiosa do mundo, o transcendente, o supra-humano está associado ao plano alto, enquanto o imanente se relaciona ao plano baixo – céu e terra.

Assim, na definição de Thomas Richards, o corpo é dividido ao meio, na altura da região do plexo solar, por uma linha horizontal, que estabelece duas categorias: *em cima* e *embaixo*. Ambas têm como referência o meio do corpo, ou centro, que coincide com o plexo solar, de onde, segundo ele, nasce o rio de energia que percorre o corpo. A linha horizontal é cortada por outra, vertical, que une os planos alto e baixo – a cabeça, e "acima dela", e os pés, e "o que existe abaixo deles", conforme indica Grotowski. O meio do corpo é, pois, o horizonte, o ponto exato onde a terra parece tocar o céu.

Essa visão do corpo, que não deixa de ser religiosa, assemelha-se à divisão do mundo tal como concebido no Ocidente, com o meridiano central de Greenwich – relacionado ao tempo universal – cruzando a linha do Equador, que divide o mundo em duas partes: *em cima* e *embaixo*. O que uma linha corta, a outra re-liga, reúne. O mesmo acontece em relação ao corpo. A cruz simbólica que o divide e, ao mesmo tempo, une, efetua uma síntese da idéia de separação e de reintegração da unidade humana. É precisamente no cruzamento dessas duas linhas que se situa

---

76. J. Grotowski, De la compagnie théâtrale à l'art comme véhicule, op. cit., p. 201.

a região identificada como o centro de energia. É de lá, do ponto de onde nascem os impulsos e as ações corporais, que se toma o elevador primordial, que se parte para a ação, para a conquista.

O elevador idealizado por Grotowski é uma modernização do símbolo da escada, recorrente em muitas sociedades, nas mais diferentes épocas, resguardadas, obviamente, as variações culturais de forma[77] e significado. Por meio dele, o ator escala os diversos degraus da energia, podendo descer, depois, contaminado pelo sutil.

Durante uma entrevista com Eugenio Barba, indaguei como ele – que já foi colaborador de Grotowski – via o trabalho do diretor polonês frente ao Workcenter, e se ainda restavam pontos de contato entre o trabalho de ambos. Ao que ele respondeu:

> Penso que Grotowski indicou, de maneira muito clara, o que Stanislávski já havia indicado, embora não tenha mencionado em suas próprias palavras. Existe um trabalho do ser humano sobre si mesmo, que tem a ver com delimitar-se a si próprio, sem que isso se projete no espetáculo ou chegue até o espectador. Dessa maneira, o trabalho da técnica do ator torna-se um processo muito parecido com o que se poderia chamar de meditação ativa ou ioga. Todos esses domínios do trabalho sobre si mesmo estiveram sempre no campo da religiosidade. O grande mérito de Grotowski é mostrar que também no teatro pode haver um campo desse tipo, embora não se faça espetáculo e não se dirija ao espectador. [...] Para mim é muito importante o espectador. Afinal, tudo o que eu faço não é para mim, é só indiretamente para mim. Tem a ver com a questão de como chegar ao espectador e falar a cada um de maneira única, pessoal. Tudo o que Grotowski faz eu entendo bem, mas não é minha preocupação, nem minha necessidade[78].

Em que pese o fato de o hermetismo e o silêncio a respeito do trabalho no Workcenter acabar criando em torno dele uma aura mítica, mitologizante, a experiência do teatro como veículo de autoconhecimento e de ascese não se dissocia, na realidade, da investigação sobre as técnicas do ator. Apenas vai mais além, estendendo limites e ultrapassando fronteiras, não apenas físicas, mas espirituais.

Grotowski distingue dois tipos de influência: a influência buscada e a influência anônima. A primeira acaba morrendo logo, ou se convertendo em uma caricatura. Já a segunda persiste no tempo, tal a delicadeza com que circula, na forma de detalhes técnicos e de minúcias da profissão, difundidos e trocados anonimamente entre os diversos grupos teatrais. A influência de Grotowski é deste tipo.

Pioneiro, inovador e, quase sempre, polêmico, o teatro realizado por Grotowski, seja ele Arte como Apresentação ou Arte como Veículo, exerce, ainda hoje, influência profunda no teatro mundial contemporâneo. Costuma-se dizer, no meio teatral de pesquisa, que aquilo que o mestre polonês fazia nos anos de 1960 é o que se faz hoje, e que suas pesquisas com o Workcenter constituirão as fontes do teatro, amanhã.

77. A idéia de escada aparece, por exemplo, sob a forma de árvore da vida, enraizada na terra, com seus galhos tocando o céu.
78. Entrevista realizada em 8.6.1998, Belo Horizonte.

Grotowski considera fundamental o papel da companhia no desenvolvimento do ator, uma vez que ela possibilita a renovação e as descobertas artísticas. Terreno fértil que permite ao ator florescer, a companhia é a base concreta sobre a qual este elabora, de maneira criativa, sua arte e sua técnica, aprimorando seus recursos e sua inventividade. Sem isso, acredita o diretor, não é possível ser criativo. Grotowski lamenta a situação de desterro vivida pela maioria dos atores que, apartados de um grupo, ou de uma companhia, vendem sua força de trabalho no mercado teatral. Antunes Filho, do mesmo modo, vê com indignação a forma como os atores trocam o investimento na própria formação pelo investimento em eletrodomésticos.

Para Grotowski, o fato de se ensaiar cada vez menos para os espetáculos é sintomático dos efeitos da mercantilização da arte. Se as companhias teatrais desaparecem, sobretudo nos Estados Unidos e na Europa, é porque cedem à indústria do espetáculo. É crescente a quantidade de atores contratados, entre centenas de outros, para fazer determinado espetáculo, sem que lhes seja dado nem o tempo, nem "a possibilidade de encontrar qualquer coisa que seja uma descoberta artística e pessoal", o que, no seu entender, é o mesmo que "cortar a floresta sem plantar árvores". "A criatividade", diz ele, "é sobretudo descobrir o que é desconhecido"[79].

Grotowski, portanto, é um dos jardineiros preocupados em não deixar fenecer a floresta.

ANTUNES FILHO: O ATOR SHIVAÍTA E A NOVA TEATRALIDADE

> *A mente é o centro do universo e o ator que experimenta isso sabe que tem em suas mãos a pedra filosofal para criar e transformar.*
>
> ANTUNES FILHO

Antunes Filho é um diretor cuja trajetória profissional se confunde com a própria história do moderno teatro brasileiro. Estreou como ator em 1948[80], no Teatro Escola fundado por Osmar Rodrigues Cruz, um estudante de economia. A experiência como ator não duraria muito, mas serviria para conduzi-lo ao lugar da cena que domina com maestria: a direção teatral. Atuando como diretor há muitos anos, Antunes fez parte do Teatro Brasileiro de Comédia (TBC) e construiu uma sólida e bem-sucedida carreira no teatro comercial, até voltar-se, definitivamente,

---

79. J. Grotowski, De la compagnie théâtrale à l'art comme véhicule, op. cit., p. 177.
80. O ano de estréia de Antunes no teatro, como ator, seria também aquele que acenderia a fagulha da modernização do teatro brasileiro, com a estréia de *Vestido de Noiva*, de Nelson Rodrigues, dirigido pelo polonês Ziembinski, com o grupo Os Comediantes.

para o teatro de pesquisa, no qual aprofundaria seus estudos sobre a arte do ator. O espetáculo *Macunaíma*, de 1978, dirigido por Antunes Filho marcaria não só o teatro brasileiro, mas a passagem do diretor do teatro tradicional acadêmico para o teatro de pesquisa. À frente do Centro de Pesquisa Teatral do Sesc (CPT) há mais de vinte anos, Antunes vem experimentando o que define como um sistema fascicular: um sistema que está sempre em movimento, que já passou por várias etapas sem, no entanto, se esgotar. Após anos de pesquisas e de experimentações com sucessivas gerações de atores e colaboradores que passaram pelo CPT, ele acredita ter finalmente fechado seu método. Mas, nesse caso, fechar não significa fixar uma fórmula. O que parece ter se ajustado, em seu sistema, é precisamente a filosofia, baseada na idéia de complementaridade. Quando lhe perguntei o que o levava a crer que havia fechado o método, Antunes respondeu:

> Eu vejo na prática. Eu vejo na prática e a minha cabeça abotoa. Os botões abotoaram direitinho, porque é macho e fêmea, deu certo. Existem contradições, evidentemente, mas tem um sistema que a gente vê que está fechado. Antes, não, eu tinha muitas dúvidas e não conseguia fechar. Fiquei anos e anos tentando, mas sempre ficava esse negócio da voz de lado, e algumas coisas do corpo que eu ainda não entendia. E eu fui indo, fui indo, fui indo... De repente, comecei a fechar o corpo, mas eu não podia fechar o corpo inteiro se eu não começasse a fechar também a voz e a voz alterou muita coisa do corpo e o corpo alterava muita coisa da voz, e assim é. É uma complementaridade. Enquanto avança um lado, avança o outro, que, na verdade, é o mesmo, é uma coisa só que está avançando. Mas faltava a junção dessa complementaridade. [...] Para a voz, para o corpo, para tudo. É uma coisa só[81].

Antunes observa, a respeito da gênese de seu pensamento e de sua filosofia frente ao CPT, que, já em *Macunaíma*, certas coisas que lhe tocavam o remeteram a Mircea Eliade, depois, a Nelson Rodrigues e, em seguida, a Jung. A partir daí, diz ele, "veio o pensamento da Nova Física e, depois da Nova Física, o pensamento oriental" – budismo e taoísmo[82]. Do contato com esses campos do conhecimento, resultam as noções de simultaneidade e complementaridade, presentes em seu trabalho: "yin/yang o tempo todo, [...] não tem uma coisa sem a outra". Toda a prática do CPT está orientada, portanto, em torno desse eixo fundamental, representado pela idéia de complementaridade, de simultaneidade.

A forma dualista de ver o mundo, expressa no clássico dilema hamletiano, ser *ou* não ser, é substituída, aqui, por uma visão mais plural da experiência, em que tudo é *e* não é, simultaneamente. Conforme observa Antunes, a própria realidade, embora existente, não deixa de ser

---

81. Entrevista realizada em 4.4.1998, São Paulo.
82. Idem.

uma ilusão. Tudo está em contínua transformação e se torna obsoleto permanentemente.

À idéia de complementaridade acrescenta-se a idéia de morte e de renascimento, inerente a tudo o que existe. Tudo está permanentemente nascendo e morrendo. Tudo se transforma. O princípio budista da impermanência, segundo o qual todas as coisas que surgem um dia desaparecerão, posto que o fluxo e a transformação – a mudança – estão na base da existência, norteia o pensamento e o trabalho de Antunes Filho. Encontra-se nos menores detalhes, nas mínimas ações, desde os exercícios à composição de personagens, cenas e espetáculos. Para construir, diz ele, é preciso destruir ou desconstruir, limpar.

Conforme observa Fritjof Capra, na concepção budista, "o sofrimento vem à tona [...] sempre que resistimos ao fluxo da vida e tentamos nos apegar a formas fixas que são todas *Maya*, quer se trate de coisas, fatos, pessoas ou idéias"[83]. A idéia budista de impermanência, de transitoriedade da vida é fundamental para compreender o trabalho desenvolvido pelo CPT de Antunes:

> Cada trabalho é uma morte e um renascimento. Cada espetáculo meu através desses últimos vinte anos – desde *Macunaíma* a essa parte – sempre tem um caráter de individuação, de autoconhecimento como ser humano e como expressão desse ser humano. Então, cada espetáculo é a expressão de um determinado momento da minha vida[84].

Nesse contexto, o ator deve ser capaz de praticar o desprendimento, de ver o teatro não de uma forma narcisista, égólatra, mas como um caminho, um meio para o autoconhecimento, para o seu desenvolvimento como pessoa. Vemos aqui algo que se aproxima da idéia de teatro como veículo, defendida por Grotowski. Apesar de trilharem vias diferentes, há, em ambos os diretores, a determinação de fazer do teatro um instrumento para a espiritualidade, para o conhecimento, para a ampliação da consciência e da percepção humanas. Trata-se, como observa Antunes Filho, da busca da essência; "da essência das realidades"[85].

Outro ponto em comum entre Antunes e Grotowski, e que caracteriza o teatro de pesquisa, de maneira geral, consiste na tentativa de reintegrar corpo e mente, corpo e espírito. De tal forma que, corpo e alma, corpo e voz, não se dissociam mais, sendo vistos como complementares. Eliminam-se as dicotomias, mas não as contradições. Como diz Antunes, não se trata mais de ser *ou* não ser, mas de ser *e* não ser. A complementaridade substitui o dualismo na forma de ver e de conceber

---

83. F. Capra, *O Tao da Física:* um pararelo entre a física moderna e o misticismo orinetal, p. 79.
84. Entrevista realizada em 4.4.1998, São Paulo.
85. Caderno de Campo, Brasília, 1997. As notas foram colhidas durante oficina ministrada por Antunes Filho.

Fig. 11: Cena do espetáculo Macunaíma (1978), dirigido por Antunes Filho, que marcou o teatro brasileiro. Foto: Paulo Henrique de Carvalho.

o mundo. Essa parece ser uma forte tendência entre os diversos grupos de pesquisa teatral. A diretora Ariane Mnouchkine, do Théâtre du Soleil, de Paris, por exemplo, costuma dizer que:

> Nós somos todos almas completas. Também os personagens são assim [...] Alguns personagens vão mais em alguma direção e menos em outra, o que não quer dizer que não possam ir em determinada direção, o que seria limitativo e racista, preconceituoso com sua característica[86].

A idéia de complementaridade introduz um novo olhar sobre questões que, até então, eram vistas de forma estanque. Divisões clássicas, como a de corpo e voz, que ainda hoje perduram nas escolas técnicas e nas faculdades de teatro, podem, finalmente, ser substituídas por uma visão mais orgânica, mais abrangente, que integra, ao invés de separar. O mesmo se dá com a construção da personagem, que passa a ser compreendida em todo o seu espectro de possibilidades e não mais a partir de uma característica determinada. A visão maniqueísta do mundo, que consiste em situar, de um lado, os *bons* e, do outro, os *maus*, cede espaço para uma concepção mais plural, em que cada

---

86. Caderno de Campo, Paris, 1993. As notas referentes a Ariane Mnouchkine foram coligidas durante os dois estágios que fiz com ela em 1993. O primeiro, no Rio de Janeiro, e o segundo, em Paris.

pessoa e, portanto, cada personagem contêm em si o germe de todas as coisas, todas as possibilidades de ser *e* de não ser.

Portanto, a uma concepção linear e cômoda do mundo e da vida contrapõe-se uma alternativa mais complexa, na qual o jogo dos opostos não está previamente definido. Substitui-se, assim, o modelo determinista por outro, mais relativista, que contempla as ambigüidades do sujeito e suas contradições. A atriz Daniela Nefussi, que, à época desta pesquisa, integrava o CPT de Antunes há cerca de um ano e meio, nos dá um exemplo esclarecedor de como a complementaridade funciona na prática, para o ator:

> Tudo é relação. Este é o legado da física quântica. Tudo se constitui. Não existe diferença entre o objeto e o observador. Tudo é a relação: isso se constitui como tal, porque eu estou me relacionando com isso, e vice-versa. Então, tudo que acontece numa cena é por relação. Ninguém entra assim, como a gente faz no teatro: com o personagem já montado, com o ódio que deve ter, na intensidade que tem que estar, com tudo que tem que ter, com o objetivo definido do que vai fazer na cena. Se você entra muito montado, então não acontece nada em cena. Você só fica correndo atrás daquilo que deve acontecer como definição externa. E isso não é vida. E isso, além de não revelar a vida, não revela o que há de fundamental entre os seres humanos, entre as coisas. Existe uma outra coisa por trás disso tudo, que é mais espiritual, que é mais subjetiva, que é mais do campo da sensibilidade, que não tem espaço para acontecer, se você não estiver disponível, se você não estiver relaxado, se você não estiver aberto. Se o ator se coloca dessa maneira, relaxado mesmo, os músculos têm que estar tranqüilos, a cabeça tem que estar aberta. Se você não estiver em disponibilidade, não só para as ações, mas também para as não-ações, que têm que acontecer, você não chega nesse nível com o público. E a idéia é que você comunique o ser e o não-ser[87].

A noção de complementaridade de Antunes, baseada na física quântica e nas correntes filosóficas e místicas orientais, aproxima-se ligeiramente do método dialético utilizado por Bertolt Brecht, para quem "o ator descobre, revela e sugere, sempre em função do que faz, tudo o mais, que não faz". E o que não faz, diz ele, "tem de estar contido no que faz, em mútua compensação"[88]. O discurso de Daniela traz esse elemento de abertura para o fazer e o não-fazer. A diferença entre ambos os métodos, ou visões de complementaridade, no entanto, é que eles se referem a dimensões diferentes da realidade, como observa Antunes. Brecht refere-se ao caráter histórico da realidade e seu teatro pretende renunciar "a todas as espécies de misticismo"[89], enquanto que o teatro de Antunes contempla também a dimensão transcendente, metafísica da vida.

Brecht, assim como Antunes, Grotowski, Artaud, Barba e tantas outras pessoas de teatro, concebe o ator como um duplo. Para ele, "o ator está em cena como uma personagem dupla": o sujeito que faz a demonstração não desaparece no seu objeto; apenas o representa ou recria como

---

87. Entrevista realizada em 4.4.1998, São Paulo.
88. B. Brecht, *Estudos sobre Teatro*, p. 81.
89. Idem, p. 85.

se fosse, ele próprio, o objeto, mas, em última instância, ele, sujeito, não é de fato o objeto representado[90]. Essa, segundo Ortega y Gasset, é uma característica da metáfora, pois, de maneira geral, a expressão mais utilizada nessa figura de linguagem é justamente o *como*.

Ortega y Gasset chama atenção para o fato de que "o *ser como* não é o ser real, senão um como-ser, um quase ser: é a *irrealidade como tal*"[91]. Sendo assim, nas situações em que a metáfora ocorre, as duas realidades – o ser real e o ser como – se chocam uma com a outra, anulando-se reciprocamente. De forma que o resultado desse choque, desse aniquilamento, é justamente a irrealidade ou a realidade-imagem, virtual – a ilusão criada pelo ator, como quer Antunes. É do choque, do confronto entre as duas realidades, a do ator e a da personagem, que surgem "figuras que não existem em nenhum mundo"[92].

O teatro, para Ortega y Gasset, é a própria metáfora corporificada, uma vez que é habitado por uma "realidade ambivalente que consiste em duas realidades – a do ator e a da personagem que mutuamente se negam"[93]. Assim, voltamos a Brecht, para quem o sujeito não desaparece no seu objeto. Para que o imaginário, o irreal, possa se constituir, é necessário que ambos, ator e personagem, se neutralizem, que um não sobrepuje o outro. Se o ator se sobressai em relação ao personagem é a ele que vemos, e não a este, o que faz com que sua atuação não seja crível. Do mesmo modo, se o personagem é tudo que existe e o ator se anula inteiramente, há o risco de uma interpretação cega, descontrolada. Portanto, para que a metáfora possa acontecer no palco, é importante encontrar a justa medida. É o equilíbrio da relação entre sujeito e objeto que faz com que o ator se torne o que Ortega y Gasset denomina a "metáfora universal corporificada" e, o teatro, a metáfora visível.

A noção de ator como um duplo o assemelha ao antropólogo, no sentido de que ambos são o "duplo marginal de dois mundos", de que nos fala Evans-Pritchard. Transitam entre universos diferentes – o seu próprio e o de seu objeto. No caso específico do ator, ele observa a si mesmo e ao personagem, *o outro* do ator. Para que a metáfora aconteça, ele deve estar atento ao conduzir o jogo teatral, a fim de que sua personalidade não se sobreponha ao personagem, e, ao mesmo tempo, para não ser tomado ou possuído por este. O antropólogo não está dispensado de observar os mesmos cuidados.

Na visão de Antunes Filho, para ser um artista, o ator deve estar ao mesmo tempo *aqui* e *atrás de si mesmo*, afastado do que está fazendo,

---

90. Idem, p. 118.
91. J. Ortega y Gasset, *A Idéia do Teatro*, p. 38. Grifos do autor.
92. Idem, ibidem.
93. Idem, p. 39.

observando[94]. Nesse aspecto, ele se aproxima de Bertolt Brecht, para quem "o artista é um espectador de si próprio". Brecht dirá:

> O ator, em cena, jamais chega a metamorfosear-se integralmente na personagem representada. O ator não é nem Lear, nem Harpagon, nem Chvéik, antes os apresenta. Reproduz suas falas com a maior autenticidade possível, procura representar sua conduta com tanta perfeição quanto sua experiência humana o permite, mas não tenta persuadir-se (e dessa forma persuadir, também, os outros) de que neles se metamorfoseou completamente[95].

É sempre bom lembrar que, no teatro, como na antropologia, os conceitos circulam, de forma que Brecht, ao criar sua noção de distanciamento, inspirou-se nas técnicas de atuação chinesas, especialmente na do ator Mei Lan-Fang, cuja arte tanto o impressionou, marcando profundamente seu pensamento. No entanto, se a técnica de distanciamento de Brecht teve como inspiração a maneira chinesa de atuar, o mesmo não se observa em relação ao seu método dialético, inspirado na dialética materialista e não na filosofia oriental, como é o caso de Antunes.

Assim, embora aparentemente possa existir uma influência brechtiana na noção de distanciamento de Antunes, este faz questão de afirmar que há, entre ambos, uma diferença filosófica fundamental. Segundo ele, o afastamento praticado por seus atores está mais associado ao mundo platônico das idéias, no sentido de que remete a outra realidade, ao imaginário. Ao passo que, em Brecht, o distanciamento se dá no mesmo plano de realidade: "você joga com esta realidade se distanciando desta realidade. E me refiro a outra coisa, que vai para o imaginário, que vai para o mundo, o universo imaginal"[96].

Para Antunes, o ator é o comediante e, como tal, ele vê a comédia humana. Ele brinca, não sofre. Não se identifica com o que está fazendo, com a emoção do personagem, o que não significa que atue de maneira fria. Embora não se envolva, não envolva sua emoção no que faz, permite, no entanto, que sua sensibilidade esteja aberta para as emoções do personagem, deixando que estas fluam. É a sua sensibilidade que modela a emoção. Ele não desenha uma emoção sobre a outra. O ator deve ser a folha em branco[97] sobre a qual se delineiam outras humanidades que não a sua própria.

O ator e diretor francês Louis Jouvet, discípulo e colaborador de Jacques Copeau, estabeleceu, na *Enciclopédia Francesa,* uma di-

---

94. R. de C. de A. Castro, *Da Persona ao Si Mesmo*: uma visão antropológica do teatro de pesquisa, p. 152.
95. B. Brecht, op. cit., p. 81.
96. O Repensador, *Revista Bravo*, ano 1, n. 9, junho de 1998.
97. Essa é uma imagem recorrente na linguagem teatral. Brecht utiliza a mesma expressão ao se referir à atuação de Mei Lan-Fang: "o artista", diz ele, "utilizou o rosto como uma folha em branco que pode ser preenchida pelo 'gesto' do corpo" (B. Brecht, op. cit., p. 57).

ferenciação entre ator e comediante que ajuda a esclarecer o conceito de comediante empregado por Antunes Filho. Para Jouvet, o ator só consegue representar determinados papéis, os outros ele deforma, consoante sua personalidade. Já o comediante é capaz de representar qualquer personagem. Isso se dá, segundo ele, porque o ator habita uma personagem, enquanto que o comediante é habitado por ela. É como se o ator desenhasse o personagem sobre uma folha que já contém um desenho (o seu próprio), criando uma emoção a partir de outra, enquanto o comediante seria a folha em branco.

Assim, no entender de Jouvet, a diferença essencial entre o ator e o comediante reside no fato de que o ator não consegue alcançar o mesmo grau de mimetismo que o comediante. O ator é mais limitado, devido à sua própria personalidade, à sua dificuldade de empreender o desprendimento necessário que torna possível criar outra pessoa, diferente dele mesmo. O ator exibe sua personalidade, não consegue desprender-se dela e, por essa razão, os personagens que representa têm sempre a sua cara, a mesma cara, são sempre parecidos entre si, porque parecem com ele próprio. Já o comediante tem a capacidade de esconder-se para que o outro, o personagem, apareça.

Conforme observa Ariane Mnouchkine, "o ator deve abandonar o seu narcisismo e saber que quando as pessoas o olham não é a ele que elas querem ver, mas ao outro". Quando ele se deixa, diz ela, pode ser fascinante[98]. Antunes Filho, por sua vez, assim define o comediante:

> O comediante (não confundir com cômico de televisão) é aquele ator que sobrevoa a realidade imediata e tudo "percebe" com sua mente, que contém o cérebro/computador à disposição com toda a programação já analisada e sistematizada. Ele entra no jogo "emprestando", com a sensibilidade, seus reais sentimentos aos efeitos das ações que se sucedem. E então, ao invés do ator masoquista, mártir, ansioso, propõe-se o ator liberto, ser humano desapegado (no sentido budista), amante da liberdade – condição *sine qua non* para se ter a vastíssima planície do imaginário ao seu dispor. E alegria, muita alegria, festejando sempre a sacralidade do viver e a legião de seres que cada um contém em si. Alegria do dançar (Lila), do jogo – e através dele expressar todos os projetos e prefigurações que no momento se atualizam[99].

O termo comediante vem sendo cada vez mais utilizado na França e em outros países, sobretudo pelos integrantes de grupos teatrais de pesquisa[100]. Patrice Pavis acredita que isso se deva ao desejo, por parte dos especialistas, de ressaltar o aspecto mais artesanal e global do ofício, uma vez que, na França do século XVII, o termo ator designava tanto o personagem como a pessoa que o encarna. De modo que ele parece estar

---

98. Caderno de Campo, Paris, 1993.
99. Em Programa do espetáculo *Prêt-à-Porter*.
100. Um terceiro termo, *atuante*, vem sendo muito utilizado, por influência de Grotowski. Ele utiliza, ainda, o termo *doer* (fazedor), para denominar o ator. A fim de evitar confusões desnecessárias, o termo ator, conforme ressaltado anteriormente, será utilizado aqui em seu sentido geral, de agente do ato.

mais vinculado à ação do que à caracterização, reforçando "uma visão funcionalista e sintática da fábula"[101]. O vocábulo ator seria, assim, uma "força diretriz" e não uma "substância individual", ao passo que a palavra comediante teria uma abrangência maior, denotando tanto o ator que faz tragédia como aquele que se dedica à comédia, ao drama ou a qualquer outro gênero teatral. Na acepção de Pavis, portanto, o comediante seria uma substância, e o ator uma função.

Antunes identifica dois tipos de atores: o dionisíaco e o shivaíta. O ator dionisíaco é aquele que se deixa possuir, deixa-se levar pelo que faz, pela emoção. Não tem controle sobre si mesmo, trabalha em uma espécie de possessão, sem consciência do que está fazendo – sai do próprio eixo. Essa noção de ator encontra-se na origem do próprio termo. Na Grécia antiga, o ator era o *hypocrités*, "aquele que responde em êxtase e entusiasmo", que sai de si após a dança vertiginosa em homenagem a Dioniso[102]. O *hypocrités* identificava-se com o deus, não estabelecia a separação entre ele e o outro, representado pela divindade. Naquele momento, ele era, ou se sentia, como *o outro* ou como *um outro*. O mesmo acontece com o ator dionisíaco, tal como definido por Antunes. Ele acredita na ilusão que cria, e acaba se identificando com o personagem.

Já o ator shivaíta é como Shiva, que, com sua dança divina, ao mesmo tempo cria e destrói a ilusão do mundo. Tal como o deus, o ator cria uma realidade que ilude o espectador, mas ele mesmo não se ilude – ele é o ilusionista. Sabe que a realidade é *Maya*, é ilusão. A dança de Shiva é assim descrita nos versos do poeta Skryabin:

> En la maravillosa grandeza de esta clarividencia sin sentido,
> Y en la unión de las aspiraciones contrarias (dvandva),
> Aislado en la conciencia, aislado en el amor,
> El espíritu comprende la naturaleza (svabhāva) de su divino ser...
> Oh, mi mundo, mi vida, mi salud, mi éxtasis!
> Cada momento Tuyo yo lo invento
> Negando todas las formas que he vivido antes:
> Soy negación eterna (neti, neti)..."[103].

Shiva é o senhor dos bailarinos, o rei dos atores. De acordo com Coomaraswamy, o Cosmos é o teatro de Shiva e amplo é o seu repertório, sendo ele próprio o ator e a audiência. Da mesma maneira, para

---

101. P. Pavis, op.cit.
102. J. de S. Brandão, *Teatro Grego:* tragédia e comédia.
103. "Na maravilhosa grandeza desta clarividência sem sentido,/ E na união das aspirações contrárias (dvandva),/ Isolado na consciência, isolado no amor,/ O espírito compreende a natureza (svabhāva) de seu divino ser.../ Oh, meu mundo, minha vida, minha saúde, meu êxtase!/ Cada momento Teu eu o invento/ Negando todas as formas que vivi antes:/ Sou negação eterna (neti neti)..." (Em A. K. Coomaraswamy, *La danza de Siva*, p. 95).

Antunes, o senhor do palco é o ator. Ele é, como o deus, capaz de criar realidades, ilusões, cosmogonias:

> O ator é um gerador de signos. Trabalha com significações. Depois é que ele procura esconder isso com a ilusão. O ator é "fingido", não é o natural bobo da televisão. Não existe em arte ser natural. O artista finge. Cada ator é cosmogônico. É ele com os outros, não é ele sozinho[104].

O palco, portanto, é o Cosmos de Shiva, o espaço de criação. É nele que o ator representa, diariamente, a morte e o renascimento do universo. O mestre do *Butoh* japonês, Kazuo Ohno, dirá:

> De maneira nenhuma, pode-se dizer que não haja nada num palco vazio, num palco que se pise de improviso. Pelo contrário, existe ali, um mundo transbordante de coisas. Ou melhor, é como se do nada surgisse uma infinidade de coisas e de acontecimentos, sem que se saiba como e quando[105].

Para ser capaz de gerar signos, o ator deve ser um artesão, um artista. Ter o dom da imaginação e, ao mesmo tempo, o método para executar as obras imaginadas, para lapidar a pedra bruta da criação. "Ser preciso na imprecisão", como define Antunes. Bertolt Brecht costumava dizer que o ator deve "transformar o simples ato de mostrar num ato artístico"[106]. Todavia, conforme observa Antunes, as pessoas parecem ter esquecido que teatro é arte, e, como tal, exige técnica e sensibilidade artística. Em sua opinião, para haver arte é necessário existir o projeto antes, o arquiteto. "Se você não tiver técnica", diz ele, "você pode se lixar no palco, pode ficar a vida inteira que não vai sair do lugar. Vai ficar essa gritaria, essas trombadas, colidindo um com o outro o tempo todo"[107]. O que ele propõe em seu trabalho com os atores é justamente a passagem da emoção para a sensibilidade educada.

A formação do ator reveste-se de fundamental importância para Antunes, que costuma indicar aos alunos e atores do CPT a leitura de livros de outras áreas que não apenas o teatro, já que este, em sua concepção, implica uma interdisciplinaridade[108]. Ele entende que a questão da formação do ator no Brasil constitui um caso óbvio de falta de conhecimento da história da arte. "Nesse país", diz ele, "somos muito incultos e belos"[109]. Daí a importância de se investir na formação do

---

104. Caderno de Campo, São Paulo, 1998. Notas coligidas durante a entrevista realizada com Antunes Filho.
105. Programa da Temporada Brasil-Argentina.
106. B. Brecht, op. cit., p. 119.
107. O Repensador, op. cit., p. 114.
108. Constam de suas indicações livros como: *Princípios Fundamentais de Filosofia*, de Politzer; *Yin-Yang*, de J. C. Cooper; *O Tao da Física*, de Fritjof Capra; *O Poder do Mito*, de Joseph Campbell; e autores como Mircea Eliade e Gaston Bachelard, entre outros. Existe, ainda, no CPT, um acervo de filmes clássicos da cinematografia mundial.
109. Caderno de Campo, São Paulo, 1998.

ator, de constituí-lo, visto que o ator deve saber ler, compreender as situações arquetípicas com as quais lida, não somente no teatro, mas na vida. O ator precisa ter cultura para não confundir estereótipo com arquétipo, provoca ele. Ser capaz de trabalhar unindo o consciente e o subconsciente.

O ator, portanto, deve ter igualmente sabedoria e método – Atenea e Hefesto. Na mitologia grega, Atenea é a deusa dos olhos brilhantes, considerada a deusa da Sabedoria e da Inspiração, e surgiu da cabeça de Zeus, seu pai. Hefesto, também filho de Zeus, é conhecido como o titã ferreiro, que executa obras maravilhosas. Os dois vivem juntos, em um santuário comum, e simbolizam a inspiração e a execução. Atenea inspira o que Hefesto realiza. Segundo observa Coomaraswamy[110], todo trabalho efetuado de maneira mecânica ou servil, como, por exemplo, o trabalho em série que caracteriza o sistema industrial, separa Atenea e Hefesto.

A imagem dos dois deuses gregos aproxima-se da forma como o corpo é concebido no Centro de Pesquisa Teatral, de Antunes Filho, em que, imagina-se, ele se divide verticalmente, dando origem a duas categorias opostas e complementares: *na frente* e *atrás*.

A linha vertical que corta o corpo é vista por Antunes como o eixo do mundo: "é o grande vórtice que está atrás da gente; que está em contato com a eternidade; está em contato com o cosmos; está em contato com tudo. É o eixo do mundo"[111]. No centro desse eixo encontra-se a região do plexo solar, identificada por Daniela Nefussi com o abdômen: "a gente chama aqui [apontando para o abdômen] de plexo, embora não seja exatamente nenhum dos plexos convencionais, mas a gente chama de plexo. Ele é na altura da lombar"[112]. O que Antunes denomina o *Um* situa-se atrás, é a *mãe*. Na frente, está o *pai*. Segundo ele, não interessa a nomenclatura. Trata-se tão somente de uma imagem que se utiliza para trabalhar. O que importa é o princípio que está na base do método e da divisão corporal. O plexo solar é a região em que as duas forças se encontram. A mãe é a verticalidade, a linha vertical, e o pai, a horizontalidade, a linha horizontal. A mãe está associada ao tempo, o pai, ao movimento, ao espaço. Conforme explica Daniela Nefussi, essa idéia está diretamente relacionada com a noção de complementaridade:

> Você tem uma vertical, que te liga à Terra, que te liga à mãe, que é *yin*, que te mantém parado, que te mantém no eixo do mundo. E você tem uma horizontal, que te permite se deslocar. Você não pode trabalhar separadamente. Você não pode andar sem uma verticalidade, e você não pode permanecer na verticalidade, senão você não

---

110. A. K. Coomaraswamy, *La danza de Siva*.
111. Entrevista realizada em 4.4.1998, São Paulo.
112. Idem.

anda. [...] É no jogo das duas coisas que você flui. [...] Então a gente trabalha como se houvesse um centro que puxa você[113].

Dependendo do aspecto a ser trabalhado, a mãe e o pai assumem significações diferentes, podendo ser associados a elementos e imagens distintos. Quando o ator caminha, por exemplo, a mãe é a gravidade relacionada ao corpo. Nesse caso, esclarece Daniela, "o trabalho é todo no calcanhar, o tempo todo, onde estão teus antepassados. Então, toda a andada tem calcanhar"[114]. Em outros momentos, a mãe pode estar associada ao vazio de pensamento. O que se mantém constante é a idéia de que a mãe é a geradora de tudo, é o eixo do mundo, enquanto que o pai é sempre a ação, a realização, a concretização das coisas, tudo aquilo que não é o eixo. Poder-se-ia dizer que a mãe atua como Atenea, e, o pai, como Hefesto – sabedoria e método, inspiração e realização.

O mesmo se observa em relação ao trabalho prático com a voz. De acordo com o ponto que se quer enfatizar, o centro, a frente, o pai é também chamado de Leonardo ou de Mozart. É como se o ator fosse tocar um piano, um instrumento, ensina Daniela:

[...] Existe o som, que é a própria vibração sonora, que é a mãe, que deve permanecer parado, que é o eixo, que é a verticalidade. O que gera movimento e resulta nas palavras são as articulações – língua, dentes etc. –, que vão incrustar as consoantes nesse som fundamental. O pai, aqui, é esse trabalho. Leonardo trabalha aqui. Preservando sua respiração, você mantém essa sonoridade, essa vibração constante, e aí o pai vem incrustar essas articulações[115].

A referência a nomes de grandes artistas remete-nos à idéia de que o ator é um artista, um criador. Assim, o ator deve ter sempre a seu lado a mãe/Atenea (o calcanhar, a terra) e o pai/Hefesto (o plexo solar, o centro gerador de movimento, o céu): a criadora e o executor das belas obras.

Todo o processo de trabalho no CPT, portanto, envolve os complementares *yin* e *yang*. Mas de que forma essa complementaridade é exercitada, na prática, pelo ator? Vimos como a complementaridade é trabalhada na voz. Em relação ao corpo, a idéia é a mesma. Existe a linha horizontal, *yang*, o pai, que faz o ator mover-se, e a linha vertical, *yin*, a mãe, que o faz ficar parado, o que equivale a dizer que ele deve andar e, ao mesmo tempo, permanecer parado – e vice-versa. A mesma imagem se aplica ao pensamento. O ator pensa e não pensa, simultaneamente. Na construção da personagem, vimos que a complementaridade ser e não ser faz com que o ator contemple as várias facetas possíveis do personagem sem, contudo, ater-se a nenhuma delas.

113. Idem.
114. Idem.
115. Idem.

Daniela nos dá um exemplo de como a idéia de morte e renascimento é trabalhada na cena:

> Toda ação tem uma morte imediata. Ela nasce e morre. Um sorriso não permanece muito. Nada permanece. Não pode permanecer, porque é irreal. Então eu posso sorrir para você porque uma coisa me trouxe o sorriso e ele se apaga de alguma maneira – ou completamente, ou pela metade. Algo se destrói. Se eu vou sorrir para você, o sorriso é reconstituído todas as vezes, o tempo todo. Para que alguma coisa permaneça durante muito tempo, você tem que constituí-la permanentemente[116].

O CPT conta com todo um conjunto de exercícios corporais e vocais que, no entender de Daniela, disponibilizam o ator para sua filosofia; "vão cutucando a filosofia em você". Ela cita como exemplo um exercício que, embora pertença a uma fase anterior do trabalho de Antunes, ainda era bastante utilizado pelos atores do CPT, nessa época. Trata-se da andada olímpica, que consiste em caminhar em círculo pela sala, com uma marchinha de fundo, alternando, vez por outra, a direção do giro. Os atores que estão se iniciando no método fazem a andada sem a música. No curso ministrado por Antunes, em Brasília, porém, ela era realizada ao som de uma marcha que lembrava muito a música de circo. Daniela explica que a imagem utilizada nele é arquetípica: "os deuses estão todos sentados e você é um sacerdote ou um jogador que tem que corresponder a toda uma sociedade, e está andando nessa praça olímpica"[117].

O objetivo do exercício, segundo ela, é parar de andar e ser andado, "entrar no fluxo da natureza". O *ser andado*, aqui, possui o mesmo sentido integrador de corpo/mente utilizado por Grotowski com respeito aos cantos rituais, quando este afirma chegar um momento em que se é *cantado pelos cantos*; ou por John Blacking, em relação a *ser dançado*. Para ser andado, diz Daniela, o ator precisa compreender que pode andar sem usar a musculatura da perna para puxá-lo. É como se ele fosse andado ou puxado pelo centro, pelo pai, pela linha horizontal *yang*.

Daniela estabelece uma distinção entre a forma de trabalhar que consiste em utilizar a *fiação interna* e aquela que lança mão da *fiação externa*. O que as diferencia é precisamente a distinção entre força e decisão, entre força e energia *yang*. No teatro convencional, segundo ela, o ator trabalha por fiação interna, definida como a identificação com a musculatura, com a crença de que é necessário fazer força para realizar as coisas, o que, a seu ver, constitui um equívoco, uma vez que a filosofia oriental demonstra que não existe força. Assim, o ator que trabalha por fiação interna, só trabalha na força. Não percebe que existe outro tipo de movimento:

116. Idem.
117. Idem.

Você acha que para levantar o braço, precisa usar força. E a idéia é que não. É um pouco como nas lutas marciais, em que você não utiliza a força, mas, através da sua própria energia, ou da energia do universo, ou da energia da relação com as coisas, tudo vai se encaminhando. Eu não preciso impor uma força, impor uma ação a nada. As coisas vão se movendo. [...] Elas estão se movendo. Você é que não percebe e segura, ou retém, ou fica empurrando, impondo coisas novas. E a idéia do Antunes é isso: o ator voltar pra esse movimento que já existe, da natureza[118].

O eixo físico do trabalho, conforme descreve Daniela, é a respiração. Todo o trabalho é a respiração:

Na respiração você tem a morte e o renascimento. Na respiração você tem o *yin* e o *yang*. Quando você aspira, você vai para o eixo, você tem contato com umas dez mil coisas. Mesmo na cena. [...] Você aspira, você tem uma redução da realidade e aí a energia faz uma parábola quando você aspira. A idéia é que a sua respiração vá até o calcanhar e volte. Tem uma grande parábola, um grande processo acontecendo. [...] Quando a gente aspira, que essa parábola principia, a energia é colapsada na lombar e vem aqui para a frente para o que a gente chama de Leonardo da Vinci. Aqui está uma mãozinha, como a do pintor, que é quem gera a forma, que é o *yang*, que é o pai. Tudo aqui é a mãe [indicando a região das costas][119].

Dessa forma, o trabalho por fiação externa é feito com base na energia *yang* e não na força. O movimento é gerado a partir do centro, do plexo solar. Há, nesse ponto, uma coincidência com a idéia de Thomas Richards, do Workcenter de Pontedera, de que é no centro, identificado também com a região do plexo solar, que nascem os impulsos e as ações. A parábola da energia, descrita por Daniela, parece estabelecer a conexão entre o céu e a terra, o pai e a mãe, *yang* e *yin*. Se for assim, a respiração pode ser vista como a escada que permite ao ator o acesso ao universo, ao transcendente.

A andada olímpica busca tornar o corpo neutro, folha em branco, desconstruindo os condicionamentos físicos cotidianos, que impedem o livre movimento, o contato com o fluxo da natureza. Contém toda a filosofia de Antunes. É uma espécie de síntese do seu pensamento. A andada olímpica inicia o ator no processo de descondicionamento físico e mental, ao mesmo tempo em que o introduz no universo da complementaridade, tal como concebido por Antunes. Por meio dela, o ator experimenta, no próprio corpo, a metáfora do *pai* e da *mãe*, a interação de *yang* e *yin*.

A diretora Ariane Mnouchkine utiliza um exercício semelhante no Théâtre du Soleil, que tive a oportunidade de vivenciar, durante estágio que fiz com ela em Paris[120]. A diferença é que, no Théâtre du Soleil,

---

118. Idem.
119. Idem.
120. Esses eram os exercícios utilizados pelos dois diretores à época em que esta pesquisa foi realizada, de maneira que muitos deles podem ter mudado, ou, mesmo, ter sido substituídos por outros.

a andada era feita em dupla e tinha uma duração muito mais curta do que aquela de Antunes. A imagem utilizada, no entanto, era parecida. Tratava-se, igualmente, de uma arena, repleta de deuses. O ator da dupla que ocupava o lado interior do círculo caminhava, apoiando, com a sua mão, a do companheiro, de maneira a apresentá-lo às divindades ali reunidas. Sua atitude devia ser condizente com a responsabilidade e a magnitude da tarefa, o mesmo sendo observado em relação a seu parceiro. Feito isso, invertiam-se os papéis. Também lá, havia música durante a execução do exercício.

Resguardadas as diferenças de contexto e de significado, ambos os exercícios parecem objetivar a desconstrução do corpo e do andar cotidianos, bem como a conseqüente aquisição de um porte, de uma expressão artificialmente construída. No caso específico do grupo francês, a intenção era conscientizar o ator a respeito do tipo de postura, de atitude que ele deveria assumir perante o público, enquanto que, no caso de Antunes, além desse aspecto, existe a expectativa de provocar uma atitude interior – como se a andada fosse uma espécie de meditação ativa.

Na concepção de Antunes, o "ator-artista são dois". Para o ator ser criador, é imprescindível o afastamento. Somente distanciando-se da realidade cotidiana, ele pode criar cosmogonias, "criar jogos infinitos" para iludir o espectador "com eficácia". No seu entender, "a parte frontal do ator é uma grande tela onde ele por trás propõe figurações, espectros, personagens"[121]. O ator-artista traz dentro de si Atenea e Hefesto, a mãe e o pai (céu e terra). A mãe seria a força geradora *yin* e o pai, a força geradora da forma e do movimento, *yang*. De forma que o pai executa as belas obras que a mãe inspira. O ator lida com essas duas forças, inclusive no trabalho com o texto, em que o fluxo das palavras e frases contém alternadamente a relação *yin/yang*.

A preparação do ator, no CPT, começa, portanto, pela tomada de consciência de seu papel enquanto criador, enquanto artista. Conforme salienta Antunes:

> Procurando colocá-lo em sintonia com a natureza através da complementaridade da aspiração e expiração, o dia e a noite (*Li*). E o que sintoniza, além da respiração, é a mente, no vórtice do grande vazio (*Sunyata*) das 10.000 coisas (*Wan wu*), e não o frio computador/cérebro. Ela, a mente, é que comanda o cérebro, e não o contrário[122].

Portanto, o eixo fundamental do trabalho do ator, o que o conecta ao Universo, é a respiração. A aspiração/expiração é a base da própria vida (morte e renascimento) e, como tal, é a complementaridade por excelência. Quando o ator-artista compreende isso e consegue manter-se no que Antunes denomina fluxo da natureza, descobre em si

---

121. Programa do espetáculo *Prêt-à-Porter*, 1998.
122. Idem.

todas as coisas e pode, então, converter-se, ele próprio, "na metáfora do universo corporificada", a que se refere Ortega y Gasset. O artista torna-se, assim, um construtor de signos, de cosmogonias. Com sua arte, cria a ilusão das realidades, recria o próprio processo da vida: "como um satélite, ele sobrevoa toda a condição humana com o vasto e inesgotável repertório da natureza"[123].

A idéia de uma verticalidade que liga o ator ao Universo lembra um pouco aquela de Grotowski. Embora os trabalhos dos dois diretores sigam caminhos diferentes, é possível identificar alguns pontos de semelhança entre eles. Um deles consiste na divisão do corpo em duas linhas perpendiculares, uma vertical, a outra horizontal, em que a primeira está relacionada ao tempo e, a segunda, ao espaço. Também a busca de uma nova corporalidade, que não a cotidiana, está presente em ambos os métodos. Os atores do CPT e do Workcenter anseiam por desbloquear o corpo, desembaraçando-o de seus condicionamentos cotidianos a fim de conquistar-lhe a liberdade e entrar em contato com os impulsos vitais. Existe em ambos a busca da organicidade, da reintegração entre corpo/mente, corpo/espírito. E, sobretudo, existe a tentativa de resgatar a transcendência, de fazer do teatro um veículo para a espiritualidade, para o desenvolvimento das capacidades humanas, para o autoconhecimento.

Todavia, enquanto no Workcenter o eixo do trabalho são os cantos rituais iniciáticos da tradição afro-caribenha, no CPT, ele é a respiração. Ambos encerram a idéia de subida, de ascensão, de conexão com o alto, com o universo, e de descida – a parábola da respiração, por exemplo. A respiração e os cantos rituais seriam o *elevador primordial* do CPT e do Workcenter, respectivamente; a escada de Jacó, que permite estabelecer o elo entre o céu e a terra, o *pai* e a *mãe*. Antunes e Grotowski estão empenhados, cada um à sua maneira, em fazer do teatro uma experiência espiritual, capaz de reintegrar os vários níveis da experiência humana.

No entanto, em que pese existirem pontos em comum entre eles, diferem radicalmente no que respeita à filosofia e ao método. Grotowski estabelece uma gradação de energias que vai do pesado, denso, ao mais leve, mais sutil, mais luminoso. Concebe uma clara identificação da linha horizontal com as forças orgânicas vitais (instintos e sensualidade), e da linha vertical com o que considera a consciência. Antunes, ao contrário, não está preocupado em estabelecer uma gradação desse gênero. Tampouco abre mão do espetáculo, da relação com o espectador, como o fez Grotowski. Antunes, aliás, faz questão de demonstrar, publicamente, que não nutre nenhuma simpatia pelo diretor polonês, conforme deixa transparecer em uma de suas entrevistas, publicada por uma revista de circulação nacional:

---

123. Idem.

Grotowski não existe. Grotowski é um crime. Ele faz um almanaque antropológico de signos. Os atores entram e têm que imitar esse almanaque. São coisas mortas, passa um verniz, um bombril, um polimento e põe para o ator imitar isso. Eu não parto disso, eu parto do caos[124].

No trabalho com os atores do CPT, Antunes se coloca, cada vez mais, como coordenador, e não como diretor. Na Nova Teatralidade, proposta por ele, o ator é o senhor do palco e, como tal, deve ser capaz de propor jogos, de escolher os temas que quer trabalhar, de escrever o texto e, até mesmo, de se autodirigir. Trabalhando de modo quase autônomo, o ator vai se firmando enquanto artista, adquirindo confiança e segurança em si mesmo como criador. Na visão de Antunes:

> Não pode existir artista se não for autônomo. Se não tiver liberdade, a liberdade que só a autonomia pode dar, como é que pode ser artista? Acabrestado não pode ser artista! O cara acabrestado não pode ser artista. Ele tem que ser livre. E é por isso que eu estou constituindo. Quando eu digo que eu sou coordenador é uma forma de dizer: "façam, eu vou coordenar vocês". Mas, na verdade, o grande diretor é isso, é aquele que é coordenador. No fundo, se você analisar profundamente, é isso. Porque o senhor do palco é o ator[125].

Antunes acredita que a figura do diretor-designer, autoritário, surgiu como uma compensação para a falta de intérpretes preparados, de "intérpretes reais", como denomina. Suas experiências junto ao CPT parecem seguir a tendência mais geral do teatro de pesquisa, em que o ator assume a condição de ator-dramaturgo. Na Nova Teatralidade, defendida por ele, o ator criador não apenas atua, mas praticamente cria o texto e as cenas do espetáculo, cuja montagem final fica a cargo do diretor, a quem cabe, ainda, apontar erros e caminhos, ao longo do processo. Esse tipo de prática aproxima seu trabalho daquele desenvolvido por Eugenio Barba frente ao Odin Teatret, muito embora existam, entre ambos, diferenças fundamentais, de forma e conteúdo. O fato é que ambos se dispõem, cada vez mais, a assumir o papel de coordenadores, deixando seus atores livres para criar, ainda que, cada um à sua maneira, continuem rigorosos, do ponto de vista da linguagem e do resultado final de seus espetáculos.

Antunes exercita sua nova faceta, de coordenador, no *Prêt-à-Porter*, fórmula que compreende uma série de esquetes teatrais escritos e dirigidos pelos atores do CPT. Definido por ele como "um não espetáculo que é espetáculo", o *Prêt-à-Porter* pretende criar a ilusão no espectador a partir do "artifício do naturalismo", mas sempre dentro da filosofia e do método da complementaridade. No entender de Antunes, trata-se de uma reflexão sobre o próprio teatro, seus paradigmas e conceitos. Há, no *Prêt-à-Porter*, uma tentativa de reeducar a platéia, de colocá-la a par dos princípios que orientam o jogo teatral, de instruí-la a respeito das discussões filosóficas, estéticas e técnicas que estão sendo postas em cena.

---

124. O Repensador, op. cit., p. 115.
125. Entrevista realizada em 4.4.1998, São Paulo.

Fig. 12: As atrizes Arieta Corrêa e Juliana Galdino em cena de Prêt-à-Porter nº 7 – Castelos de Areia. CPT/SP. *Foto: Carlos Rennó.*

A própria noção de platéia parece estar sendo discutida por Antunes, que, na experiência do *Prêt-à-Porter,* reduziu o número de espectadores para trinta pessoas – o que, de maneira geral, parece ser uma tendência, no teatro de pesquisa. Tendência esta, aliás, que não se prende a uma visão elitista de teatro, mas a questões de mercado. Afinal, hoje em dia, o grande público tem ao seu alcance o cinema, o vídeo e a internet e, dificilmente, se desloca para assistir a um espetáculo – sobretudo se for de pesquisa –, ainda que este seja ótimo. A demanda por esse tipo de trabalho, lamentavelmente, não supera a oferta. Conforme observa Antunes:

> Não é que o teatro tenha sido elitizado com o negócio de 30 pessoas. O teatro que é arte é que foi exilado do próprio teatro, foi chutado pela porta dos fundos. Ninguém mais quer saber, é um pobre diabo maltrapilho, fedorento. Ele não corresponde à imagem bonita, simpática, rósea, que a televisão está exigindo, que a mídia está exigindo. Ele está jogado num canto. Então a gente está tentando realimentá-lo. Eu sei que estou na contramão, mas ninguém presta atenção nas coisas simples. Não se tem tempo para o outro. As pessoas não têm tempo nem pra si, não têm mais consciência de si, o prazer de estar consigo, o que é horrível. Acho que isso é um mal que está havendo no teatro. É muito engraçado o teatro ser arte: que porcaria é essa? O negócio agora é divertimento, é tecnologia, são os efeitos do *Titanic*, essas bobagens[126].

Antunes parece estar procurando afastar-se do público que busca a baleia morta, ao qual se referia Grotowski. O teatro maltrapilho, o teatro pobre – já dizia o mestre polonês, há quarenta anos – desafia "o

---

126. O Repensador, op. cit., p. 114.

conceito burguês de ter um padrão de vida"[127]. Nele, o ator não tem a possibilidade, como em uma telenovela ou em um filme como o *Titanic*, de obter sucesso de um dia para o outro[128]. O teatro pobre, de pesquisa, tampouco significa "flores e aplausos intermináveis", como diz Grotowski, mas "um silêncio especial, no qual há muito de fascínio, mas também um pouco de indignação, e até de repugnância", que o espectador dirige ao teatro[129].

No teatro de pesquisa, o minimalismo de um pequeno público, a falta de repercussão e a pobreza de recursos são amplamente compensados pela intensidade poética, pela força da experiência, e pelo próprio ato teatral em si. Nesse contexto, ao contrário do que ocorre na indústria cultural, não é a medida do sucesso que determina o valor do artista, ou o valor do que se faz, mas a sua arte, a sua paixão, a sua dedicação.

Em seu clássico *Em Busca de um Teatro Pobre*, publicado em 1968, Grotowski alerta para a necessidade de o teatro reconhecer suas limitações frente ao cinema, à televisão e à tecnologia. "Se o teatro", diz ele, "não pode ser mais rico que o cinema", então deveria assumir sua pobreza. "Se não pode ser superabundante como a televisão" precisa assumir seu ascetismo. E, finalmente, se o teatro não pode ser uma atração técnica, que "renuncie a qualquer pretensão técnica"[130]. Assim, se o teatro não pode ter o alcance das mídias, do cinema ou da televisão, o melhor que se faz é investir na intensidade da relação ator/espectador, que o caracteriza; no encontro que significa o ato teatral, marcado pela presença, pelo corpo e pela respiração, do ator e do espectador, colocados frente a frente. O ator Paulo Autran é um dos que se mostram otimistas quanto à permanência do teatro, face ao incremento das artes midiáticas. Diz ele:

> Eu acho que pode até ser que um dia a televisão acabe. Que se descubra um outro meio eletrônico qualquer de estabelecer um contato com uma emissora. Mas o teatro... Enquanto existir gente, o teatro vai continuar existindo. Porque o teatro é comunicação direta. O teatro, para mim, na sua expressão mais simples, é uma idéia transmitida por um ator ao público. São os três elementos essenciais do teatro: o texto, o intérprete, e o público. Sem esses três, não há teatro. Mas, com esses três, sempre haverá teatro[131].

---

127. J. Grotowski, *Em Busca de um Teatro Pobre*, p. 39.
128. A revista *Veja*, em sua edição de outubro de 1998, publicou uma matéria cujo *box*, intitulado "O Valor do Sucesso', trazia o salário mensal de alguns atores da TV Globo, considerados do primeiro time. Segundo a reportagem, as cifras dobram de valor quando o ator aproveita o sucesso em determinada novela ou programa de televisão para encenar uma peça de ocasião. Isso nos dá uma idéia do que significa a opção pelo teatro de pesquisa, onde a vida é bem mais frugal e, os salários, praticamente inexistentes.
129. J. Grotowski, *Em Busca de um Teatro Pobre*, p. 38.
130. Idem, p. 36.
131. Depoimento colhido em 2.5.1998.

Na experiência do *Prêt-à-Porter*, Antunes renuncia aos refletores e aos efeitos sonoros, em uma tentativa de chegar, tal como o diretor polonês, à essência do teatro, ao ato teatral em si, o qual, em última instância, nada mais é do que o ator, o espectador, e uma idéia que se quer transmitir, como lembra Paulo Autran. Nesse sentido, Antunes parece ter chegado, à sua maneira, à noção de via negativa, eliminando da cena tudo aquilo que, a seu ver, é supérfluo. O que conta, no exercício do *Prêt-à-Porter*, são os atores e os espectadores.

O trabalho no Centro de Pesquisa Teatral do Sesc ultrapassa a pesquisa formal, em seu sentido puramente estético. Alia, ao conhecimento técnico, um processo de desenvolvimento do ator que é também espiritual e filosófico. Ciente de que o teatro é uma arte, Antunes entende que o que caracteriza o ator é a sua humanidade, aquilo que ele tem para dizer – o grito do artista a que se refere a atriz Iben Nagel Rasmussen, do Odin Teatret. Assim, em sua opinião, para ter algo a dizer e para saber como dizê-lo, o ator deve ser culto, conhecer a história da arte, ser capaz de pensar por si mesmo, ser livre para criar. Enfim, ter uma sensibilidade educada. É, pois, à pavimentação desse caminho, capaz de fazer do ator um artista, que Antunes Filho dedica seus esforços:

> Se você não tiver uma ideologia, que é o *Um*, você vai fazer teatro em seus aspectos mecânicos; com uma técnica mecânica. A técnica, ela advém. Eu detesto ginástica. Eu acho que as pessoas só podem fazer certas coisas corporais antevendo o objetivo, o tempo necessário à sua ideologia. Porque, senão, você é um funcionário do palco. Então, a ideologia está acima disso, caso contrário, você se perde; fica a técnica como fim. A técnica é apenas um meio. Um meio de transmitir alguma coisa que você quer dizer. E essa alguma coisa que você quer dizer – que na verdade você chama de conteúdo – advém, na verdade, do quê? O meu conteúdo é formado do quê? Da minha espiritualidade. De uma ideologia, evidentemente[132].

Essa ideologia (do *Um*), a que Antunes se refere, é um dos elementos que o distinguem, já que a maioria dos diretores obedece a uma lógica, a uma ideologia de mercado que acaba por transformá-los em funcionários do palco. O trabalho de Antunes insere-se no que ele identifica como uma tentativa mundial do teatro de resgatar a transcendência.

Se o propósito de estabelecer uma ética e uma filosofia que orientem a prática teatral é um dos fatores que aproximam diretores tão singulares como Antunes Filho, Eugenio Barba e Grotowski, o modo como eles o vivenciam difere, a começar pela forma como organizam seus grupos e se relacionam com seus atores.

O Odin Teatret, de Eugenio Barba, mantém praticamente a mesma formação há várias décadas, o que faz com que seus atores sejam partícipes da criação, tanto do método como da filosofia de trabalho. O grupo, em si, já é a obra. Permanecer juntos por tanto tempo demons-

---

132. Entrevista realizada em 4.4.1998, São Paulo.

tra que teoria e prática estão em perfeita sintonia, e que o ideal maior que os une é, de fato, coletivo. O mesmo se observa em relação ao Workcenter, cuja base sólida permite que os atores Thomas Richards e Mario Biagini colaboradores e discípulos de Grotowski, que com ele construíram o projeto de Pontedera, continuem desenvolvendo suas pesquisas, mesmo sem a presença do mestre.

Nesse aspecto, Antunes Filho se distingue dos dois diretores, uma vez que a estrutura do CPT é mais mutável, no que se refere à sua composição. Antunes não tem, como eles, um ator que o acompanha desde a fundação do grupo e que possa ser chamado de colaborador ou discípulo, se bem que, obviamente, existam atores fundamentais em seu trabalho, que com ele permanecem durante muitos anos, em uma rica parceria artística. O fato é que não há, no CPT, um ator ou atriz que tenha vivenciado seu método desde o princípio, ajudando-o a formatá-lo e a sistematizá-lo, dividindo com o mestre a autoria e a responsabilidade sobre ele. É claro que todos os que por lá passaram contribuíram, de alguma maneira, para enriquecê-lo, e que existem atores cuja imagem se confunde com o próprio CPT, em determinados períodos, tal a sua entrega e identificação com o método de Antunes. Mas a verdade é que há um fluxo muito grande de atores no grupo.

Na visão de Antunes, a dificuldade de manter os mesmos atores, o tempo todo, seria uma decorrência natural do fato de o CPT se dedicar à pesquisa. Entretanto, a questão da sobrevivência é um fator que pesa. Ao contrário do diretor, os atores não são subsidiados pelo Sesc. Tendo em vista que a jornada no CPT é diurna e envolve cerca de seis a oito horas de trabalho, de segunda a sábado, os atores vêem-se obrigados a trabalhar à noite, e, de modo geral, em subempregos[133]. Muitos deles acabam sendo sustentados pelos pais ou pelos companheiros. Quando se é jovem, isso não constitui um problema, mas, se o ator é mais velho, implica em fazer sérias opções. Talvez seja essa a razão pela qual os jovens são maioria entre os atores do CPT.

A rotatividade do grupo coloca um paradoxo interessante conforme destaca o ator e pesquisador Renato Ferracini, do grupo Lume, de Campinas. "Se o cerne do teatro é o ator", diz ele, "como prescindir dessa parceria fundamental, que só pode ser vivida, em profundidade, a custo de muitos anos de devotamento e de trabalho árduo?"[134]. O processo de desconstrução do corpo, com seus gestos cotidianos, assim como o aperfeiçoamento técnico e humano, exige anos de trabalho, de dedicação exclusiva à arte do ator. Os atores de Barba e de Grotowski, por exemplo, observa Ferracini, estão diretamente vinculados aos métodos desenvolvidos por seus diretores. Há uma longa parceria entre

---

133. Alguns atores do CPT trabalham à noite como caixa de supermercado, garçom/garçonete, *baby-sitter* etc.
134. Depoimento colhido em 2.11.2005.

eles, uma simbiose artística e espiritual. A técnica, o sistema, é perfeitamente identificável em seu corpo e inexiste sem eles. Ator, diretor e método são praticamente indissociáveis. O próprio Barba afirma que, se um ator morre, seu trabalho morre com ele.

A impressão de um novo código no corpo do ator acontece de forma lenta e gradual – é trabalho para uma vida. Nesse sentido, não se pode ignorar que há uma diferença fundamental entre um ator que treina há anos dentro de um método que ele ajuda a construir, e que com ele amadurece, *pari passu*, e aquele que o faz por um período determinado. Na opinião de Ferracini, o paradoxo de Antunes reside, portanto, no fato de ele ter criado "um sistema fechado de atuação que não se vincula a nenhum ator, especificamente"[135], o que significa dizer que o referido sistema continua nas mãos do diretor.

Seja como for, o fato de o CPT ser um grupo mutante – quer por opção quer por questões conjunturais – não diminui a seriedade de suas investigações teatrais, nem tampouco o impede de produzir obras de qualidade. A mutabilidade parece ser o terreno fértil onde Antunes Filho semeia seu pensamento e cultiva o seu teatro.

O trabalho no CPT é intenso. Envolve diversas atividades – aulas, leituras, discussões, ensaios. O método e a filosofia de Antunes funcionam como um sistema de orientação para os atores. Talvez, por isso, muitos dos que passaram pelo CPT sintam enorme dificuldade de adaptação, ao sair de lá. Alguns não conseguem voltar a um esquema puramente comercial de teatro; outros procuram adequar os ensinamentos do mestre aos novos trabalhos. Há os que deixam o grupo e buscam experimentar o exato oposto, a linguagem superficial e massificante da televisão, o sucesso, o dinheiro, o reconhecimento. E existem, ainda, aqueles que passam pelo CPT sem, contudo, conseguir compreender o real significado daquilo que propõe Antunes. Todavia, não resta a menor dúvida de que a passagem pelo CPT, seja ela curta ou longa, representa uma experiência marcante para o ator. Antunes forma atores, mas não os conserva junto de si por muito tempo. Seria esse mais um paradoxo, ou apenas o reflexo de sua forma de ver o mundo? Seja como for, é incontestável que a formação prática e teórica com Antunes Filho proporciona considerável bagagem e amplia o universo do ator, descortinando-lhe novos horizontes.

Antunes Filho é uma pessoa instigante e polêmica. Costuma primeiro responder com uma pergunta às perguntas que lhe são dirigidas. Se compararmos os depoimentos, a seu respeito, dos diversos atores que já trabalharam com ele, veremos que Antunes, assim como seu método, é um homem em constante movimento, uma pessoa que não se fixa em determinada faceta dela mesma. O Antunes ditatorial e cruel, que levava seus atores a viverem uma espécie de insegurança

135. Idem.

crônica, visando uma possível quebra do ego ou do narcisismo, descrita por alguns atores que trabalharam com ele, há alguns anos, não é o mesmo de hoje. Atualmente, ele parece estar procurando outras formas de relacionamento com seus atores. Nos poucos contatos que tivemos, quando o entrevistei em São Paulo e durante um breve curso que ministrou em Brasília, Antunes, embora severo, mostrou-se uma pessoa sábia e generosa. Estava mesmo longe da caricatura que a mídia, os atores e, talvez, ele mesmo, tenham ajudado a construir. "Sou um simples operário do conhecimento", diz ele[136].

Grotowski, Antunes e Barba, como tantos outros artistas envolvidos com o teatro de pesquisa, buscam um teatro que proporcione às pessoas sensações, idéias e impulsos diferentes daqueles estabelecidos pelo que Brecht define como "o respectivo contexto histórico das relações humanas"[137]. Um teatro que suscite pensamentos e sentimentos capazes de transformar esse contexto. Embora possuam visões diferentes de teatro e de mundo, todos eles estão empenhados em construir novos paradigmas e em fazer do teatro, ainda que do pequeno e pobre teatro, um instrumento de mudança, de tomada de consciência, de autoconhecimento. Uma alternativa para o aspecto puramente consumista que invadiu as relações humanas. Uma tentativa de despoluir, como diz Antunes Filho: "de mostrar outros valores que não estes que estão vigendo por aí"[138].

---

136. Entrevista realizada em 4.4.1998, São Paulo.
137. B. Brecht, op. cit., p. 113.
138. Entrevista realizada em 4.4.1998, São Paulo.

5. A Construção do Corpo segundo a Perspectiva da Antropologia Teatral

O CAMPO DA PRÉ-EXPRESSIVIDADE

Etienne Decroux acreditava que o que torna as artes parecidas entre si são seus princípios e não seus espetáculos. Convicção semelhante levaria Eugenio Barba a conceber a Antropologia Teatral como um campo de investigação sobre os princípios que regem a arte do ator, os quais estariam na base dos diferentes gêneros e estilos teatrais. Tais princípios, que constituem "a técnica das técnicas", são vistos como um "conjunto de bons conselhos", de informações úteis para a prática cênica, e não, como leis ou regras universais. O objetivo da Antropologia Teatral, diz Barba, não é "fundir, acumular ou catalogar as técnicas do ator"[1], mas observá-las, traçando um caminho entre as várias disciplinas que se dedicam à representação, sejam elas técnicas ou estéticas. Dedica-se, em última instância, ao estudo do que ele denomina campo da pré-expressividade.

Na concepção de Barba, o campo do trabalho pré-expressivo relaciona-se à lógica do processo, e não do resultado. É nele que o ator prepara o corpo, por meio da aplicação dos princípios recorrentes, tornando-o capaz de prender a atenção do espectador e de expressar mensagens. Nessa etapa do trabalho, o que se busca não é a expressão, mas o como se tornar capaz de expressar, como tornar o corpo cenicamente vivo. Nesse sentido, o nível pré-expressivo seria um "*antes*

1. E. Barba, *A Canoa de Papel*: tratado de Antropologia Teatral, p. 24.

lógico e não cronológico", constituindo "o nível de organização elementar do teatro"[2]. É a partir dele que os diferentes gêneros e estilos teatrais e suas respectivas codificações se formam. A pré-expressividade, portanto, diz respeito ao processo de criação do ator, conforme esclarece Eugenio Barba:

> Quando falamos de pré-expressividade, estamos nos referindo ao processo do ator que tenta chegar a uma eficácia, que será apresentada na fase final do espetáculo, quando o espectador verá o resultado. É claro, que, quando o espectador assiste, tudo o que ele vê é expressivo. [...] Sempre que há alguém, um espectador, aquilo que se faz – quer seja expressivo, ou não – sempre expressará algo: não-expressivo ou expressivo. No entanto, durante o processo, não existe o espectador. O ator trabalha sozinho, ou junto a um diretor, e toda essa etapa é chamada de pré-expressiva, no sentido de que ele não está tentando ser expressivo, mas buscando chegar a uma eficácia. Às vezes, distanciando-se, indo longe do que seria o caminho mais fácil. Por exemplo, quando uma bailarina clássica se põe de ponta, esse é o modo mais difícil de caminhar. É o típico trabalho pré-expressivo, até chegar ao momento da expressão, quando ela baila *O Lago dos Cisnes*. [...] O nível pré-expressivo não concerne ao espectador. Concerne só ao ator; aos diferentes níveis de seu trabalho no teatro, que pode ser o treinamento, se ele faz treinamento, mas não necessariamente. Há muitos atores que não fazem treinamento, que trabalham diretamente com a interpretação do personagem. Então, toda a construção do personagem é o que se poderia chamar a fase pré-expressiva. É a lógica do processo e não a lógica do resultado. Durante o processo você pode ser incoerente. Pode fazer uma coisa e depois fazer o contrário, para ver se funciona ou não. Quando se chega ao resultado, você não pode fazer isso. Tem que construir todo outro tipo de coerência[3].

Assim sendo, no nível da pré-expressividade, o ator pode ousar, sem receio ou ansiedade de chegar a um resultado. Nesse momento, o que importa é o caminho e não o ponto de chegada. É nessa fase que o ator se coloca em experiência, arriscando efetuar escolhas diferentes, elaborando formas de ação, de movimento, que contemplem também a contradição. É esse o espaço privilegiado, em que ele pode fazer isso *e* aquilo, ou, como diz Antunes Filho, ser *e* não ser, simultaneamente.

Richard Schechner observa que, diferentemente do que acontece no teatro, na vida cotidiana tudo parece predeterminado, de forma que as pessoas sobrevivem aos seus destinos, sendo raras as chances de dizer: "corta, faz de novo"[4]. Em que pese certo exagero na afirmação, uma vez que, na vida, como na arte, é possível mudar o próprio destino e efetuar escolhas, o teatro é, de fato, o terreno fértil para se inventar ou recriar possibilidades; para se brincar de ser outros. Nele, o próprio corpo é reinventado; tem suas capacidades ampliadas quase ao extremo. O teatro é um espaço que, por suas próprias características, possibilita a desconstrução e, ao mesmo tempo, o reencantamento do mundo.

2. Idem, p. 23.
3. Entrevista realizada em 8.6.1998, Belo Horizonte.
4. R. Schechner, Points of Contact Between Anthropological and Theatrical Thought, *Between Theater and Anthropology*, p. 6.

O olhar do Eugenio Barba diretor é o mesmo do Barba estrangeiro. Conforme ele narra, ao se tornar emigrante, deixando para trás a terra e a língua maternas, sentia-se submerso em um "esforço constante de escrutar comportamentos que não decifrava imediatamente"[5]. Lutava para defender-se, enquanto aprendiz de soldador, dos companheiros de trabalho noruegueses que o tratavam, segundo ele, ora como ursinho de pelúcia, ora como deficiente mental. Via-se, portanto, às voltas com a necessidade de captar e decifrar "trejeitos, piscadelas, sorrisos", na tentativa de adivinhar-lhes o significado – se eram favoráveis ou contrários a ele:

> Como imigrante vivi muitos anos a cotidiana e desgastante oscilação de ser aceito ou recusado em bases "pré-expressivas". [...] A exigência de perceber a atitude dos outros sobre mim foi uma condição que mantinha alerta todos os meus sentidos. Advertia-me para os mínimos impulsos, as reações inconscientes, a "vida" das tensões mais microscópicas que se carregavam para mim, observador atento, de significados e propósitos[6].

A familiaridade com alguns estudos clássicos da antropologia, tais como o de Clifford Geertz sobre a piscadela e o de Erving Goffman sobre a representação do eu na vida cotidiana, parece evidente no relato de Barba. Leitor e admirador dos trabalhos de Marcel Mauss, sobretudo no que se refere às técnicas do corpo, e fundador de um campo de estudo – a Antropologia Teatral – cujo nome nos induz a pensar, em um primeiro momento, tratar-se de uma ramificação ou especialização da própria antropologia, é natural que ele conheça os clássicos dessa disciplina.

O discurso de Eugenio Barba revela algo que todos nós experimentamos na vida cotidiana e que diz respeito aos vários papéis que desempenhamos na sociedade. Enquanto membros de uma mesma coletividade, sabemos (ou espera-se que saibamos), de certa maneira, o que se espera de nós em relação aos papéis sociais que representamos, pois esses papéis, na definição de Goffman, consistem justamente na "promulgação de direitos e deveres ligados a uma determinada situação social"[7]. Porém, sendo Barba um estrangeiro e, por conseguinte, não tendo ainda dominado o código e as regras sociais norueguesas, os sinais emitidos pelo outro, não-estrangeiro, ou nativo, passam a ser fundamentais para a sobrevivência em um país estranho. Interpretá-los corretamente poderia livrá-lo de constrangimentos e/ou ajudá-lo a alcançar objetivos, entre outras possibilidades.

Conforme analisa Goffman em seu clássico *A Representação do Eu na Vida Cotidiana*, o indivíduo, ao se apresentar diante de outros, desperta a curiosidade destes em relação à sua pessoa. De tal sorte que

---

5. E. Barba, op. cit, p. 17.
6. Idem, ibidem.
7. E. Goffman, *A Representação do Eu na Vida Cotidiana*, p. 24.

eles buscam reunir e obter o maior número de informações possível sobre aquele que chega, a fim de saber, antecipadamente, o que pretende e o que podem esperar dele. Como diz o velho ditado popular: "a primeira impressão é a que fica". Assim, as informações iniciais que o sujeito adquire ou possui do outro são fundamentais, porque é com base nelas que a relação se estabelece e que ele define a situação e a forma de agir.

Goffman define a interação, ou encontro entre pessoas, como a "influência recíproca dos indivíduos sobre as ações uns dos outros, quando em presença física imediata"[8]. No seu entender, existe uma manipulação consciente e/ou inconsciente dos indivíduos, que procuram obter o controle da situação, enviando sinais ora objetivos, ora subjetivos, voluntários ou involuntários – muitas vezes, simultaneamente. O que o leva a afirmar a existência de "duas espécies radicalmente diferentes de atividade significativa", envolvendo a expressividade do sujeito: a expressão transmitida e a expressão emitida[9].

A expressão transmitida seria a comunicação propriamente dita, entendida em seu "sentido tradicional e estrito", e abarcaria os "símbolos verbais, ou seus substitutos", utilizados pelo indivíduo para veicular informações que, tanto ele como os demais, reconhecem estar relacionadas a esses símbolos. A expressão emitida, por sua vez, abrange uma grande variedade de ações, que podem ser consideradas pelos outros como "sintomáticas do ator, deduzindo-se que a ação foi levada a efeito por outras razões diferentes da informação assim transmitida"[10]. Ambas as expressões podem ser manipuladas pelo indivíduo, de forma a transmitir ou a enviar informação falsa. No primeiro caso, a falsa informação (transmitida) implicaria em fraude; no segundo (emitida), consistiria em dissimulação. Sendo assim, de acordo com Goffman: "[...] as atividades 'verdadeiras' ou 'reais', as crenças e emoções do indivíduo só podem ser verificadas indiretamente, através de confissões ou do que parece ser um comportamento expressivo involuntário"[11].

Esse comportamento expressivo involuntário, cuja natureza é não-verbal, inclui gestos, expressões, "trejeitos, sorrisos e piscadelas", aludidos por Barba em sua narrativa, e, embora na maior parte das vezes não seja intencional, pode ser manipulado voluntariamente pelo indivíduo, em algumas situações. No entanto, por mais que este procure dissimular, ou intencionalmente emitir informações, há sempre uma gama de expressividade involuntária que foge ao seu controle. Isso porque, segundo Goffman, existe uma "assimetria do processo de comunicação", que consiste no fato de que "a arte de penetrar no

8. Idem, p. 23.
9. Idem, p. 12.
10. Idem, ibidem.
11. Idem, ibidem.

esforço do indivíduo em mostrar uma inintencionalidade (*sic*) calculada" parece estar "mais bem desenvolvida do que nossa capacidade de manipular nosso próprio comportamento"[12]. Assim, a relação que se estabelece entre o observador e seu objeto é assimétrica, no sentido de que, enquanto o indivíduo provavelmente só tem consciência ou controle de apenas um fluxo de sua comunicação – e, de acordo com Freud, nem desse, a julgar pelos atos falhos –, seus observadores teriam consciência de ambos os fluxos: o que é transmitido e o que é emitido por ele.

A experiência vivida por Barba como estrangeiro e como observador lembra muito aquela vivenciada pelo etnógrafo em seu trabalho de campo. Em face de uma alteridade radical, cuja língua e costumes desconhece, o observador estrangeiro põe-se a examinar e a tentar perceber cada ínfimo detalhe, cada silêncio ou tom de voz de seus interlocutores. Seu comportamento é estrategicamente calculado, diplomático, a fim de não ferir regras e sentimentos coletivos. É esse olhar silencioso e circunspecto, cuidadoso, que caracteriza o etnógrafo e o estrangeiro, que os faz atentos às bases pré-expressivas dos comportamentos, que fará com que Barba não apenas perceba, mas volte seu interesse para o que considera "a 'vida' das tensões mais microscópicas". São essas tensões microscópicas, capazes de fazer expressar *antes* mesmo que os indivíduos tencionem exprimir alguma coisa, que chamarão a atenção do diretor nas relações cotidianas e, mais tarde, no teatro.

> Desse modo, durante minha viagem de emigrante, se forjaram os instrumentos para meu ofício de diretor: alguém que, alerta, escruta a ação do ator. Com estes instrumentos, *aprendi a ver*, a individualizar em que lugar do corpo nasce um impulso, como se move, segundo que dinamismo e trajetória. Por muitos anos trabalhei com os atores do Odin Teatret como *maître du regard* descobrindo a "vida" que se manifestava, às vezes sem sabê-lo, por casualidade ou erro, e evidenciando os múltiplos significados que podia assumir[13].

O estranhamento aprendido com a experiência de imigrante permitiu, assim, que Barba continuasse a ver com olhos de estrangeiro. É esse olhar atento, observador, distanciado, que o levará a identificar *os princípios que retornam*, que estariam na base do campo da pré-expressividade. Campo esse, que, como vimos, é tarefa da Antropologia Teatral estudar.

Em seu contato com as diferentes culturas teatrais do Oriente e no trabalho permanente com os atores do Odin Teatret, o estrangeiro Eugenio Barba, tornado diretor, pôde perceber que o que constitui a presença cênica dos atores são as tensões microscópicas que estes imprimem no corpo.

---

12. Idem, p. 17.
13. E. Barba, op. cit., p. 17-18.

Diferentemente dos indivíduos em sua vida cotidiana, os atores são treinados não apenas para transmitir, mas também para emitir informações. De maneira que aquela parcela da expressão, que no dia-a-dia dos comportamentos é comumente involuntária, no teatro, é tarefa do ator conhecer, controlar e dela se servir. As técnicas extracotidianas, que permitem ao ator substituir o realismo diário pela convenção, relacionam-se diretamente com a pré-expressividade, a vida do ator, no sentido de que elas a caracterizam, antes mesmo que "esta vida comece a querer representar algo"[14]. Assim, para Barba, a condição indispensável para o ator dominar o próprio conhecimento técnico, e não se deixar dominar por ele, é saber aprender a aprender.

O treinamento é o instrumento precioso desse aprendizado. É o espaço em que se podem experimentar livremente as inúmeras possibilidades do corpo e da voz. É nele que o ator adquire a habilidade de se colocar obstáculos, de observar cada pequena partícula que fundamenta o movimento e origina uma ação. É na prática dos exercícios que ele compreende a diferença entre força e tônus muscular. O treinamento é a usina do ator. É onde ele investiga os diversos caminhos que lhe permitem gerar energia de trabalho e moldá-la em seu corpo. É a partir dele que o ator descobre os centros de apoio e as tensões corporais necessárias para tornar cênicos os movimentos e as ações que executa. O treinamento é a mina da qual, diariamente, o ator extrai as pequenas pepitas cintilantes com as quais construirá sua linguagem cênica particular

PÓLO NORTE E PÓLO SUL

Eugenio Barba inverte a divisão vertical do mundo, normalmente utilizada, que consiste em classificar o teatro como oriental e ocidental, dividindo-o horizontalmente em Pólo Norte e Pólo Sul. Essa opção, segundo ele, visa evitar "falsas associações com áreas culturais e geográficas concretas [sic]", possibilitando inverter a bússola e utilizá-la de forma imaginária[15].

De acordo com ele, o ator do Pólo Norte seria aparentemente menos livre, porque aceita "um modelo de *pessoa* cênica estabelecido por uma tradição"[16]; está preso a uma especialização no gênero ao qual pertence, que torna difícil sair do seu território. Sua aprendizagem começa despersonalizando-se e, quando atinge a personalização do modelo aprendido, é porque alcançou a maturidade artística. Já o ator do Pólo Sul, ao contrário, não pertence a um gênero de teatro caracterizado por um código estilístico pormenorizado, devendo ele próprio elaborar as regras sobre as quais irá apoiar-se, a partir de seus dons e de sua personalidade. Barba reconhece

---

14. Idem, p. 32.
15. Idem, p. 27.
16. Idem, ibidem. Grifo do autor.

que, embora à primeira vista, o ator do Pólo Norte pareça menos livre do que o do Pólo Sul, sua liberdade artística é maior, já que este último "permanece facilmente prisioneiro da arbitrariedade de uma excessiva falta de pontos de apoio"[17].

A especialização do ator oriental, que, aos olhos ocidentais, parece limitante, é, na realidade, coerente com os princípios filosóficos e religiosos que a fundamentam, pois a arte oriental[18] não é feita, originalmente, para sair do contexto em que é criada. Obra e contexto não se dissociam. Do mesmo modo, despersonalizar-se, para personalizar o modelo da tradição, tem conotações que, à primeira vista, espantam os ocidentais, habituados, em geral, a um modelo individualizante e personalista de teatro e de vida. Na arte oriental, conforme observa Coomaraswamy, "a imagem é daquele de quem é imagem, não daquele que a fez"[19]. Assim, o que importa é ser fiel ao modelo herdado da tradição. O artista se despersonaliza para tornar mais nítida a personagem que representa, mantendo-se fiel ao modelo aprendido ao longo de várias gerações. Para o artista ligado às culturas euro-americanas, em que a originalidade é um conceito fundamental e tão apreciado que, como nota Richard Schechner[20], "trabalhos são louvados simplesmente por serem 'novos'", a prática oriental é difícil de ser compreendida, uma vez que, nela, o critério básico não é a originalidade, mas a fidelidade aos padrões tradicionais. A esse respeito, Coomaraswamy dirá:

> O observador moderno, acostumado à idéia da propriedade intelectual, fascinado e confundido pelo atrativo do gênio, e apesar do robotismo de seu próprio ambiente, fala de clichês e de desenhos "estereotipados", e vê na obediência do artista uma espécie de escravidão, pois é incapaz de conceber o que significa "pintar sem vaidade no coração"[21].

Apesar de conhecer bem os atores orientais e os admirar – inclusive muitos deles foram e são seus colaboradores na Ista há muitos anos –, Barba está impregnado da visão de transculturalidade e de intercâmbio que caracterizam o teatro ocidental, para quem as técnicas e as mercadorias culturais devem circular e, de certa maneira, se descontextualizar, para fazer parte do grande mercado mundial das artes. Porém, até que o capitalismo imperialista ou a globalização difundissem sua visão de mundo pelos quatro cantos do planeta, as artes tradicionais não precisavam se preocupar com critérios de originalidade impostos por um mercado sempre ávido por novidades transformáveis em bens de consumo. A questão da flexibilidade ou da capacidade dos atores orien-

---

17. Idem, p. 28.
18. Refiro-me às filosofias tradicionais do Oriente e não às teorias atuais, modernizantes de teatro e de mundo.
19. A. K. Coomaraswamy, *Sobre la doctrina tradicional del arte*, p. 21.
20. R. Schechner, op. cit.
21. A. K. Coomaraswamy, op. cit., p. 36.

tais de se adaptarem a outras linguagens e estilos cênicos tampouco era colocada, ao contrário do que se verifica no teatro euro-americano. Neste, conforme observa Richard Schechner, o mais importante é que o ator tenha flexibilidade suficiente para se adaptar aos diferentes agrupamentos temporários, e não que ele seja moldado de acordo com uma seqüência particular estabelecida por uma tradição.

Todavia, é interessante notar que, mesmo não possuindo e não priorizando um modelo teatral rígido e tradicionalmente codificado, os diversos grupos de pesquisa teatral acabam elaborando linguagens cênicas que lhes são peculiares e que, de certa maneira, lhes imprimem uma espécie de marca. Os atores do Odin Teatret, por exemplo, construíram uma forma muito particular de código, uma linguagem cênica inconfundível que, aos olhos de outros grupos, poderia parecer limitante. Talvez, também para eles, seja difícil sair de seu território, em certo sentido.

Os atores ocidentais que se submetem a um treinamento diário e constante adquirem, de modo geral, uma linguagem corporal muito específica, relativa à sua cultura de grupo, que nem sempre é flexível a ponto de lhes permitir, por exemplo, adequar-se ou participar de um espetáculo de teatro convencional. Ao contrário, face à linguagem geralmente realista que impregna o teatro tradicional – que, no Brasil, é ainda mais acentuada, uma vez que está submetida à tirania do padrão televisivo –, esses atores são vistos, muitas vezes, como artificiais e afetados, incapazes de agir e de falar *naturalmente*. É claro que existem exceções, que muitas das críticas são fruto de preconceito e que tudo depende da sensibilidade de cada artista. A própria prática cotidiana de um treinamento tende a ampliar as possibilidades técnicas e artísticas do ator, e não a limitá-las – pelo menos, é o que se espera.

De maneira que qualquer grupo que porventura estabeleça uma linguagem cênica própria corre o risco de uma certa inflexibilidade. Risco este que não acarreta o menor problema, salvo se houver o desejo, por parte de algum dos seus membros, de participar, mais efetivamente, do mercado teatral. Nesse caso, o ator teria, necessariamente, de flexibilizar-se e adaptar-se a outras linguagens. Mesmo a suposta flexibilidade dos atores tradicionais é, de certa forma, questionável, pois, observadas as exceções, limitam-se, quase sempre, a representar o mesmo personagem, a ser atores e não comediantes, como queria Jouvet. Em um contexto de improvisação, por exemplo, talvez sintam mais dificuldade de adaptação do que um ator cuja técnica é diariamente exercitada. De sorte que, guardadas as diferenças, toda linguagem cênica formalmente elaborada em termos de técnicas e de conceitos implica em certa especialização. No Oriente, essa especialização é mais rigorosa e, na maioria das vezes, impede seus atores de transitar entre diferentes estilos. Já no Ocidente, nada há, teoricamente, que impeça o artista de experimentar várias linguagens, a não ser o próprio risco de se incorrer na superficialidade, ou no não-aprofundamento de nenhum tipo de método.

Aparentemente, a rígida e tradicional codificação dos atores orientais os faz menos flexíveis do que aqueles que não pertencem a uma tradição muito codificada. Mas, talvez, aos olhos orientais, os atores ocidentais pareçam igualmente limitados. O problema, ao que tudo indica, diz respeito à descontextualização a que a arte é submetida no processo dinâmico do intercâmbio cultural e da troca entre grupos, já que o fato de se adotar determinado estilo ou linguagem cênica, por si só, não representa, necessariamente, uma limitação. A especialização, muitas vezes, traz a densidade do aprofundamento. A adoção de uma linguagem cênica pode significar uma base sólida de onde começar. À parte isso, como diria o poeta[22], tem-se em si todas as coisas do mundo.

Eugenio Barba não ignora o perigo homogeneizante que a intensidade de contatos entre as diversas culturas traz em si. Sua proposta de transculturalidade, materializada na Ista, é de estabelecer uma colaboração mútua entre as diversas culturas teatrais, no mesmo sentido daquela que orientava as pesquisas e os encontros do Instituto Bohr, que tanto fascinou e inspirou Grotowski na elaboração de seu Teatro Laboratório.

Essa troca de conceitos, de técnicas e de metodologias entre as artes e as ciências é hoje intensificada pelas mídias e pela velocidade dos tempos que correm. Esse diálogo, que atualmente se estabelece, ligando elementos modernos, tradicionais e pós-modernos, conforme observa Schechner, também ocorre no interior das nações[23].

O TREINAMENTO DO ATOR

Se você deixa de treinar um dia, você percebe logo. Se deixa de treinar dois dias, seus colegas percebem. Três dias, todos os espectadores percebem.

GROTOWSKI

O ato teatral como um todo possui um antes, um durante e um depois. Cada uma dessas fases se subdivide em outras tantas. Richard Schechner[24] identifica sete fases relacionadas ao conjunto da performance teatral: treinamento, oficinas, ensaios, aquecimento, performance, esfriamento e conseqüências. Segundo ele, dependendo do gênero e da cultura, enfatiza-se uma ou outra etapa da seqüência. Na fase anterior ao ato teatral propriamente dito, o ator freqüenta cursos, oficinas ou *workshops* de trabalho, faz estágios em outros grupos, realiza seu

---

22. Em seu clássico poema Tabacaria, Fernando Pessoa (1980) dirá: "Não sou nada./ Nunca serei nada./ Não posso querer ser nada./ À parte isso, tenho em mim todos os sonhos do mundo."
23. R. Schechner, op. cit., p. 24.
24. Idem, p.16.

treinamento e participa de ensaios. Nos lugares onde o ator segue um treinamento rígido e diário, como no Japão, por exemplo, essa parte do trabalho recebe uma ênfase maior do que os ensaios. O ator já sai preparado para o espetáculo. É o caso do teatro Nô, em que o treinamento muito detalhado faz com que os ensaios sejam praticamente desnecessários.

No Odin Teatret, após anos de treinamento coletivo, os atores chegaram a um nível de técnica e de maturidade artística que lhes permite criar seus próprios exercícios e praticá-los sozinhos. Cada ator compõe sua partitura cênica a partir de um tema escolhido por ele, ou sugerido por Eugenio Barba. O ator torna-se, assim, um ator-dramaturgo, capaz de elaborar o texto e as ações, em uma seqüência cênica estruturada. O diretor, nesse caso, monta o espetáculo a partir do material que lhe é oferecido pelos atores. Ao contrário do que costuma acontecer, o espetáculo não é imposto de cima para baixo – pelo diretor ao elenco –, nem tampouco se limita a ser a reprodução de uma idéia sua. É fruto de muitas idéias, de uma ampla colaboração entre ele e seus atores.

Uma vez elaboradas as seqüências de cada ator, Eugenio Barba as edita, sugerindo alterações na ordem das ações, ou cortando o que não funciona cenicamente, entrelaçando-as, de maneira a constituir a macrosseqüência que resultará no espetáculo.

Durante a Ista de Londrina tive a oportunidade de assistir a uma demonstração de trabalho da atriz Roberta Carreri, do Odin Teatret, na qual ela mostrava a forma como Barba dirige o ator na elaboração de sua partitura cênica individual. Roberta contou que, inicialmente, ele lhe pediu que compusesse uma seqüência de ações que contemplasse a vida de uma loba, desde o nascimento até a morte, utilizando, para isso, apenas o espaço delimitado por um tapete de tamanho médio. Estendendo o tapete sobre o palco, ela reproduziu, nos mínimos detalhes, a seqüência que criou. Segundo descreveu, o grupo estava em fase de elaboração de um novo espetáculo e ela sabia que o exercício proposto dizia respeito a seu personagem, embora não soubesse ainda qual seria ele, nem que texto lhe caberia. Depois de ver a seqüência, Barba pediu-lhe que acrescentasse ao que havia feito a dor de uma loba que perdera um filhote. Roberta assim o fez. Somente depois disso soube que seu personagem era uma mulher que perdera o filho. Mas, então, já tinha todos os elementos sobre os quais trabalhar, de uma forma não naturalista. Esse processo de trabalho evita que o ator ilustre as ações, limitando-se a representar o personagem de maneira óbvia ou previsível. O ator amplia, assim, os limites de sua imaginação. Ao final, a dor da mulher/loba[25] ganha contornos inusitados, tanto nos gestos como na voz.

---

25. O personagem da mulher/loba faz parte do espetáculo *Kaosmos*, do Odin Teatret.

Nos contextos teatrais em que não há treinamento, priorizam-se os ensaios. Existem casos em que ambos são enfatizados. A fase de ensaios pode ser longa ou curta, dependendo do tipo de espetáculo, do tipo de agrupamento teatral e, muitas vezes, de fatores econômicos. No teatro de pesquisa, os ensaios duram, em média, de quatro a seis meses, podendo a fase de elaboração do espetáculo chegar a um ano ou mais, dependendo do grupo. O Odin Teatret, por exemplo, costuma levar de um a dois anos para criar seus trabalhos. Isso se deve, justamente, a seu caráter de pesquisa. No teatro convencional, pode-se montar um espetáculo em um mês. Quando muito, em três meses. Enquanto no teatro experimental os ensaios duram em torno de quatro a seis horas, no teatro convencional esse tempo cai para três horas – no máximo quatro. Nos grupos de pesquisa que são subvencionados, como, por exemplo, o CPT de Antunes Filho, o Workcenter de Pontedera, o Théâtre du Soleil de Ariane Mnouchkine e o próprio Odin Teatret, os atores cumprem jornadas de seis a oito horas diárias, podendo chegar a dez, doze horas, em épocas de temporada teatral. Uma parte do tempo é dedicada ao treinamento e a outra, aos ensaios propriamente ditos.

Grande parte dos atores ligados ao teatro de pesquisa costuma utilizar o tempo livre para ministrar ou freqüentar oficinas que porventura possam enriquecer seu trabalho corporal e vocal[26]. Muitos fazem aulas de dança, de canto e/ou de música. Aprendem a tocar instrumentos musicais e a confeccionar adereços de cena e máscaras teatrais, entre outras coisas. Esse tipo de ator, em geral, é muito versátil. É comum encontrá-los em congressos, seminários e debates sobre teatro. Muita informação circula nesse ambiente. Trocam-se técnicas, conceitos e referências bibliográficas. Discutem-se problemas e questões ligados à profissão. Os grupos de teatro de pesquisa fazem demonstrações abertas ao público interessado, nas quais se podem observar seus métodos de trabalho, suas técnicas e a lógica por detrás do processo. Há uma espécie de circuito do Kula ligando esses grupos, tanto no que se refere à circulação de objetos do conhecimento como no que diz respeito a um ciclo de eventos nos quais é possível encontrar, quase sempre, as mesmas pessoas. A Ista, as demonstrações de trabalho, os estágios com diretores, os simpósios nacionais e internacionais, as oficinas, tudo isso faz parte do circuito do teatro de pesquisa.

No teatro convencional, é comum encontrar atores que chegam ao teatro pouco antes da função. No teatro de pesquisa, isso é quase impossível, porque as regras de pontualidade são precisas e os atores têm que estar no teatro muito antes do horário marcado para o espetáculo. No teatro convencional, há os atores que chegam cedo e os

---

26. Alguns atores do Odin Teatret, por exemplo, aproveitam as férias do grupo para desenvolver trabalhos pessoais, dar cursos etc. É o caso de Iben Nagel Rasmussen, que ministrou o seminário *Ponte sobre os Ventos*, na Bahia, durante seu período de férias.

que chegam tarde, os que se aquecem e os que não se aquecem, os que bebem ou se drogam antes de entrar no palco e aqueles que não o fazem, os que têm rituais e os que não os têm, os que respeitam o silêncio e os que têm necessidade da palavra, os que rezam e os que brincam, os que relaxam e os que ficam tensos. Não existe, portanto, um comportamento prescrito para todos. Já no teatro de pesquisa, algumas regras devem ser observadas. É muito raro, por exemplo, que um ator beba antes do espetáculo e, de maneira geral, isso não é bem-visto por parte dos grupos. Há uma ritualização que faz do espaço cênico um território quase sagrado, que não deve ser profanado. Em alguns grupos, como o Théâtre du Soleil, o silêncio deve ser observado antes do espetáculo. Existe um período de concentração que, em geral, coincide com o momento em que os atores se maquiam e se vestem, que deve ser respeitado. Atitudes banais e conversas corriqueiras não são admitidas. Deve-se dizer apenas o estritamente necessário. Depois do espetáculo, no entanto, na maioria dos grupos teatrais as regras arrefecem. Alguns atores vão direto para casa, outros, saem juntos, com amigos ou com a família e se reúnem em bares e restaurantes para confraternizar. Salvo pequenas tarefas que devem ser realizadas antes de deixar o teatro, como a arrumação dos figurinos e objetos de cena (nos grupos em que não há contra-regra, nem camareiros), não existe um comportamento predeterminado.

De maneira geral, as pessoas que escrevem sobre teatro tendem a priorizar o estudo e a análise do espetáculo em si, em detrimento das demais fases da prática teatral. É bem verdade que isso se deve, em parte, à dificuldade que enfrentam para ter acesso a todas elas. Assim sendo, o conhecimento acumulado, por várias gerações, segue sendo transmitido quase que exclusivamente pela tradição oral, passando de um ator a outro, de mestre para discípulo, de pais para filhos. Quanto aos estudos específicos sobre o trabalho pré-expressivo do ator, apesar de tão relevantes para a compreensão do processo como um todo, ficam restritos à produção de alguns poucos atores ou diretores, de pesquisadores e artistas ligados a centros de experimentação, como a própria Ista e o Workcenter de Pontedera, e de antropólogos, como Victor Turner e Richard Schechner, duas referências fundamentais nessa área. Esse valioso acervo imaterial mereceria ser reconhecido e tratado como um legado para as atuais e futuras gerações de artistas que têm no corpo o elemento vital de sua arte e expressão.

Nesse sentido, a iniciativa de Eugenio Barba de reunir artistas e estudiosos em torno desse novo campo de pesquisa é inovadora e abre amplas perspectivas para a teoria do teatro. Ainda que se tenha reservas quanto ao fato de a Antropologia Teatral ser muito vinculada a Eugenio Barba e a suas idéias, correndo o risco de tornar-se um culto personalista, é possível que, com o tempo e a maturidade, ela se transforme de fato em uma disciplina, passando a utilizar-se do rigor formal e dos procedimentos que caracterizam a discussão e a investigação científica.

O fato de serem autodidatas, como vimos, fez com que os membros do Odin Teatret se voltassem, inicialmente, para seu treinamento. A minuciosa pesquisa empreendida pelo grupo sobre as técnicas corporais e vocais o levaria não somente a suprir a falta de uma formação clássica tradicional de teatro, mas a desenvolver um novo método de preparação do ator, tão passível de ser transmitido e tão operacional quanto o próprio sistema de Stanislávski. O treinamento do Odin baseia-se em conceitos precisos, cuja lógica, uma vez aprendida, pode ser transformada e adaptada por qualquer ator em seu trabalho pessoal de pesquisa, seja ele relacionado ao Teatro Antropológico, ou não, como é o caso de Antonio Nóbrega, por exemplo, a quem já nos referimos.

Os conceitos que orientam o treinamento no Odin Teatret são os mesmos que dariam origem à Antropologia Teatral. Observando seus atores, Barba perceberia que a forma como dobravam ligeiramente os joelhos ao andar, ou ao executar certos movimentos, era semelhante à dos atores de outros gêneros e estilos teatrais. Foi nesse processo contínuo de observação e prática que ele chegou aos princípios que estariam na base da arte do ator. Antes dele, Stanislávski, Grotowski, Decroux e Meierhold, entre outros artistas ocidentais, já haviam apontado para a existência desses princípios. Barba, na realidade, sistematiza preceitos que já existiam por trás dos diferentes gêneros teatrais. Os princípios de oposição, omissão e equilíbrio precário ou de luxo seriam uma espécie de universal, no mesmo sentido em que o tabu do incesto ou o casamento o são. Estariam presentes em todas as manifestações teatrais, embora com roupagens culturais diferentes.

À época de sua fundação, o Odin Teatret contava, como vimos, com atores inexperientes e sem nenhuma técnica, e com um diretor estrangeiro principiante. O ponto de partida para o treinamento foram os exercícios que Barba trouxe consigo do período que passou junto a Grotowski – alguns dos quais, ainda hoje são utilizados pelo Odin. Aproximadamente três anos depois, o grupo já havia dominado os antigos exercícios e sentiu a necessidade de se colocar novos desafios corporais. Conforme relata Eugenio Barba, na primeira fase do trabalho, os atores treinavam juntos, procurando seguir um ritmo coletivo. Entretanto, sendo o ritmo um aspecto fundamental no teatro e, considerando que cada ator possui um ritmo vital diferente, o treinamento, com o tempo, passou a ser individual. Mais uma vez, foi Barba o responsável pela nova guinada do grupo:

> Nossa experiência entrou numa etapa decisiva quando eu disse a cada um dos meus atores: "Faça do seu próprio modo, não há nenhum método comum". O que aconteceu? Com a perda de um ponto externo de referência, o trabalho de cada ator tornou-

se mais difícil, mas também mais personalizado. Após mais de vinte anos, alguns dos meus atores ainda treinam regularmente. O significado deste trabalho pertence somente a eles. E, contudo, eles sabem que o treinamento não garante resultados artísticos. Antes, é um modo de tornar coerente as intenções de uma pessoa. Se ela escolhe fazer teatro, ela deve fazer teatro. Mas ela também deve despedaçar a armação do teatro com toda a força de suas energias e inteligência[27].

Se no início o "mito da técnica", ou do ator virtuose, fascinou os membros do Odin, após anos de trabalho, a técnica passou a ser vista como algo que não pode estar separado de uma filosofia. A técnica do ator deve estar fundada em uma ética e em uma filosofia precisas. Caso contrário, corre o risco de se tornar ginástica, como costuma dizer Antunes Filho. Eugenio Barba, citando Sartre, afirmaria, em uma de suas palestras realizadas na Ista de Londrina, que "toda técnica necessita de uma metafísica"[28]. Sendo assim, para tornar-se, de fato, uma experiência pessoal rica e adquirir sentido, desenvolvendo-se de maneira aprofundada, o trabalho do ator deve ter pontos de referência e de apoio precisos. A atriz Roberta Carreri, em uma de suas demonstrações de trabalho, realizada em Brasília, em 1996, deu uma definição poética do que entende por técnica: "Uma escada feia, fria e necessária, mas que se torna linda, leve e brilhante quando cai a neve"[29]. A neve, disse ela, é a relação que se estabelece entre a ação performática e o espectador.

Roberta Carreri, que entrou no Odin em 1974, conta que a "primeira estação" do seu treinamento durou cerca de três a quatro anos. Nesse período, trabalhava com exercícios que eram do domínio comum do grupo: acrobacias, câmara lenta, trabalho com pernas e pés, braços e mãos, improvisação a partir da idéia de extroversão e introversão dos movimentos (um pé para fora, outro para dentro, por exemplo), composição de ações etc. A "segunda estação" caracterizaria, segundo ela, um treinamento pessoal, individualizado, no qual ela mesma se propunha estímulos e obstáculos.

Cada ator do Odin Teatret desenvolveu, portanto, um método próprio de treinamento, baseado em uma filosofia e uma ética comuns ao grupo. As escolhas de cada um obedeceram a critérios pessoais, relativos às suas biografias, às suas necessidades e ao seu temperamento. Como observa Julia Varley[30], uma das atrizes do grupo, "todo ator tem uma ferida pessoal" e deve trabalhar essa ferida. Ela relata que houve uma época em que enfrentou sérios problemas vocais e precisou submeter-se a tratamentos médicos radicais de todo tipo, sem, no entanto, obter resultado. Os especialistas disseram-lhe que ela não poderia mais ser atriz, devido aos problemas em

27. E. Barba, A *Arte Secreta do Ator*: dicionário de Antropologia Teatral, p. 244.
28. Caderno de Campo, Londrina, 1994.
29. Caderno de Campo, Brasília, 1996. As notas foram coligidas durante palestras, demonstrações de trabalhos e debate realizado entre Eugenio Barba e professores do Departamento de Artes Cênicas do Instituto de Artes da UnB
30. Caderno de Campo, Londrina, 1994.

suas cordas vocais. Sua determinação e obstinação, porém, levaram-na a abandonar os médicos e a desenvolver um método próprio de trabalhar a voz, que respeitasse suas dificuldades, sem, contudo, se ater a elas. Não por acaso, Julia faria, em um dos espetáculos do Odin Teatret, *Kaosmos*, um personagem chamado Dona Música. Vários atores que assistiram a sua demonstração de trabalho em Brasília, em 1996, e que desconheciam sua história, ficaram impressionados com sua voz, com a força e a potência com que a utilizava e o modo particular como ela alcançava a platéia.

A obstinação, assim como a capacidade de se colocar obstáculos, é considerada por Barba uma das qualidades mais importantes do ator:

> Obstinação de se bater por pequenos detalhes para chegar a uma solução que não é a mais fácil, nem a mais óbvia. Como às vezes contrariar um caminho e ir em direção oposta, para chegar a algumas conseqüências muito coerentes; a alguns resultados que, ao final, causam impacto no espectador[31].

Para Barba, há sempre uma participação fundamental da biografia do ator em seu trabalho de composição do personagem. De forma que, se o ator tem que representar alguém distante dele no tempo e no espaço deve apoiar-se no que conhece, no que fantasia. Não se trata de efetuar "um psicodrama", diz ele, mas de realizar uma transformação, de utilizar um filtro que é pessoal. É aí que entra a sensibilidade educada de que falava Antunes Filho: na capacidade que tem o ator de filtrar as informações e de modelá-las, dando-lhes uma forma precisa. Para tanto, o ator deve ser capaz de saber colocar-se obstáculos, a fim de que o resultado do seu trabalho não resulte óbvio. Barba dirá:

> Cada disciplina artística tem de encontrar um meio que nos ofereça resistência. O poeta fala de si mesmo, de seu amor por uma mulher, mas as palavras criam essas resistências. [...] O poema de amor não é como um grito só: te amo, te amo, te amo! O mesmo é para o escultor com o mármore, ou o pintor com as cores. Para o ator, o problema é justamente que não existe essa resistência, porque ele é o material e é o criador. Por isso, é muito importante criar essa resistência, pois, sem obstáculos, não existe expressão. A expressão surge no momento em que se encontram obstáculos que permitem chegar a outra manifestação do personagem que não é a óbvia, cotidiana e estereotipada. [...] Toda criatividade autoral depende muito da própria experiência, vivência e, ao mesmo tempo, da capacidade de tentar objetivá-la de maneira que não seja só como um grito informe. Formalizar e dar forma significa pôr nessa forma muitas informações que podem ser biográficas, mas também objetivas, históricas, dinâmicas, narrativas, evocativas[32].

Na Ista de Londrina, Eugenio Barba pediu a dois atores (uma atriz do Odin e um ator balinês que portava uma máscara) que fizessem uma improvisação com o tema amor. Fizeram uma típica cena de amor. Barba, então, perguntou-lhes se aquela era a única forma de amor que conheciam e valeu-se do exemplo para mostrar a tendência que temos de recorrer ao

---

31. Entrevista realizada em 8.6.1998, Belo Horizonte.
32. Idem.

mais fácil, pegar a primeira idéia e utilizá-la na representação, quando, na realidade, o ator deveria sempre escolher o caminho mais difícil, pois é ele que o enriquece e o distingue como um verdadeiro artista. Saber colocar-se obstáculos é uma das principais chaves para o ator.

Os exercícios utilizados pelos atores do Odin em seu treinamento possuem justamente o objetivo de colocar dificuldades. É por seu intermédio que eles aprendem a criar e também a lidar com a resistência, aplicando-a em diferentes partes do corpo – a princípio, uma de cada vez e, depois, simultaneamente. Por exemplo: o ator age com todo o seu corpo como se quisesse ir para frente, mas imagina uma força puxando-o para trás. Ele deve sentir no corpo a tensão gerada por esses dois impulsos concomitantes, por essas duas forças opostas. À medida que o exercício vai sendo dominado, o ator pode incluir outro tipo de tensão. Ele agora quer ir para frente, há uma força que o puxa para trás, mas, em vez de seguir uma ou outra, ele faz com o corpo como se quisesse ir para baixo. E, assim, sucessivamente.

Barba considera as oposições a essência da energia. Meierhold, por sua vez, já dizia que a essência de qualquer movimento cênico baseia-se em contrastes. Essa é uma idéia recorrente no teatro. Barba vê, no princípio da oposição, o elemento diferenciador das técnicas extracotidianas e cotidianas:

> Nas diversas técnicas cotidianas do corpo, as forças que dão vida às ações de distender ou retrair um braço, as pernas, os dedos de uma mão agem uma de cada vez. Nas técnicas extracotidianas, as duas forças contrapostas (distender e retrair) agem simultaneamente. Ou melhor ainda, os braços, as pernas, os dedos, as costas, o pescoço se distendem como que resistindo a uma força que os obriga a dobrarem-se e vice-versa[33].

Assim, na visão de Eugenio Barba, as técnicas cotidianas do corpo caracterizar-se-iam, de maneira geral, pelo princípio do mínimo esforço, no sentido de obter o máximo rendimento, com o mínimo de energia. Ao passo que as técnicas extracotidianas seriam uma espécie de *potlatch* energético, que consiste em investir o máximo de energia, para alcançar um resultado mínimo. Isso significa que o ator, ao efetuar um gesto aparentemente simples, como erguer a mão e dar adeus, por exemplo, deve empregar muito mais energia, na forma de tensões opostas que imprime ao corpo, do que o faria em sua vida cotidiana. O gesto de dar adeus, no teatro, deve ser ampliado, reconstruído, de modo a não se resumir à mera reprodução ou imitação da vida real. Como diz Grotowski, "o teatro não deve imitar a vida, mas refazê-la"[34]. O ator, ao refletir sobre os gestos e atitudes cotidianas, desconstruí-los e recriá-los, pode provocar no espectador uma reflexão semelhante, que o faça, talvez, pensar sobre os estereótipos de comportamento es-

---

33. E. Barba, *A Canoa de Papel:* tratado de Antropologia Teatral, p. 44.
34. Caderno de Campo, São Paulo, 1996.

tabelecidos socialmente, despertando para as múltiplas possibilidades que se pode ter.

O ator, portanto, não deve se contentar em imitar comportamentos e ações; deve, antes, revelar o que se encontra latente. Zeami, o mestre do teatro Nô, ensinava, no século XV, que o ator deve mover sua mente cem por cento e seu corpo setenta por cento. A seu ver, existiria uma tensão dialética entre o que é visto pela mente (*tai*) e o que é visto pelos olhos (*yu*), de modo que o ator não deve buscar copiar *yu*, aquilo que seus olhos vêem, pois isso se tornará um falso *tai*, e ele, então, não será capaz de ter nem *tai* nem *yu*[35]. Assim, na concepção de Zeami, o ator deve tornar manifesto o *tai* das coisas que observa e não as próprias coisas.

UM DIA DE TREINAMENTO: BAHIA

Tendo em vista o fato de ter livre acesso ao universo do teatro e, portanto, de transitar entre dois mundos, o do pesquisador e o do artista, busquei mesclar, neste estudo, a análise dos dados com minha própria experiência, pois, sendo atriz, foi-me possível não apenas observar os fenômenos, mas deles participar. De forma que experimentei, em meu próprio corpo, muitos dos exercícios e práticas citados neste trabalho. O fato de tê-los vivenciado ampliou consideravelmente minha compreensão acerca dos princípios e conceitos do Odin Teatret e da Antropologia Teatral. Meu conhecimento a respeito do universo do grupo se deu, assim, por três vias: a observação, a leitura e a prática.

Considerando, como John Blacking[36], que o corpo do observador pode servir de instrumento de diagnóstico para os fenômenos que observa e, lembrando, como ele, que temos mais experiências do que rótulos sociais que permitam descrevê-las, adoto como ponto de análise minha própria experiência com o treinamento desenvolvido por uma das atrizes do Odin Teatret, Iben Nagel Rasmussen.

Conforme mencionado anteriormente, Iben mantém um grupo de treinamento, denominado Vindenes Bro (Ponte dos Ventos), formado por atores, pedagogos e diretores de vários países, que se reúne anualmente para treinar e compartilhar experiências artísticas. Em dezembro de 1995, parte do grupo (dois brasileiros[37], uma italiana e

---

35. R. Schechner, op. cit., p. 8.
36. J. Blacking, Towards an Anthropology of the Body, *The Anthropology of the Body*.
37. Ao final do evento, Iben convidou uma atriz brasileira, que já havia participado de um seminário do Vindenes Bro, realizado no Rio Grande do Sul, a ingressar no grupo, como membro efetivo. Com isso, subiu para três o número de atores brasileiros que o integra.

um argentino)[38] se reuniu em Salvador, Bahia, para participar, juntamente com alguns atores brasileiros, ligados ao teatro de pesquisa, do *Seminário Internacional Ponte sobre os Ventos*, promovido pela Cia. Teatral Avatar – à qual pertencia um dos atores que integram o grupo de Iben – e pelo Encontro Internacional de Investigação Teatral. O evento aconteceu no Centro de Treinamento de Líderes da Arquidiocese de Salvador, situado a cerca de trinta quilômetros do centro da cidade, e durou quatorze dias, com uma carga horária aproximada de cem horas. As atividades consistiam no treinamento físico e vocal e em uma demonstração final de trabalho, reunindo cantos e danças aprendidos ao longo do seminário.

Os participantes comprometiam-se a permanecer à disposição das atividades do seminário, em tempo integral. Não eram admitidas faltas, nem atrasos de qualquer espécie. O ritmo dos trabalhos era intenso. As atividades começavam às 7h30min, com uma pausa para o almoço entre as 12h e as 14h, recomeçando, pontualmente, às 14h e seguindo até às 18h30min. Iben costumava dizer que é importante respeitar a pontualidade, tanto na hora de começar o trabalho quanto na de terminá-lo.

Considerando que o treinamento possui uma seqüência de exercícios que se repete todos os dias, atenho-me a descrever um dia (típico) de trabalho, naquilo que todos tinham em comum. Certos detalhes e atividades que, porventura, não constavam da seqüência diária de exercícios serão citados quando necessários à análise.

Conforme observa Eugenio Barba, "os primeiros dias de trabalho deixam uma impressão que não podemos apagar"[39]. De fato, a lembrança que me ficou dos primeiros dias de treinamento na Bahia foi, por um lado, a de um cansaço inenarrável e, por outro, a de um prazer indescritível. À parte a farta adjetivação, posso dizer que aqueles quatorze dias foram de uma intensidade muito grande. O treinamento se revelou uma base sólida da qual partir em minhas pesquisas de antropologia e em meu trabalho como atriz. Naquela época, eu acabara de passar nos exames para o mestrado em antropologia na Universidade de Brasília e o seminário representou um campo privilegiado.

O Centro de Treinamento, em que se realizou o seminário e no qual ficamos hospedados, estava situado em uma praia muito bonita e praticamente deserta. Não havia ruas entre ele e a praia. Acordávamos cedo, por volta das 6h30min, de forma que, mais ou menos às 6h45min, nos reuníamos para um alegre, sonolento e cada vez mais cansado café da manhã. Terminada a refeição, o grupo seguia em silêncio até a praia, que ficava a uma centena de metros do local onde estávamos,

---

38. À época, o grupo de treinamento de Iben era composto de aproximadamente dez atores. Os dados aqui contidos dizem respeito a esse período.
39. E. Barba, *A Arte Secreta do Ator:* dicionário de Antropologia Teatral, p. 246.

para, pontualmente às 7h30min[40], fazer um rápido alongamento individual. O dia de trabalho propriamente dito começava, assim, invariavelmente, com um breve alongamento e uma corrida de quinze a vinte minutos pela praia. Apesar da beleza e da exuberância do cenário, era extremamente difícil correr na areia desigual. Muitas vezes, quando o mar estava cheio, formava-se um declive que dificultava ainda mais a corrida, com as ondas alcançando nossos pés, que afundavam na areia molhada. Em dias de maré seca, a areia estendia-se diante de nós como um imenso tapete branco, e era delicioso percorrê-la. Os atores acostumados ao treinamento não demonstravam o menor esforço na corrida e sentiam menos dificuldade do que os neófitos. Logo nos primeiros dias, introduzimos uma variação no programa que era extremamente prazerosa: encerrávamos a corrida com um rápido mergulho no mar. Nosso uniforme de trabalho, então, passou a incluir também a roupa de banho. Iben parecia se divertir com as pequenas alterações favorecidas pelo cenário e pelo clima da Bahia. Enquanto corríamos, costumava ficar na praia, tomando sol, enquanto lia ou escrevia alguma coisa.

Após os exercícios na praia, havia um pequeno ritual de lava-pés, que consistia em retirar a areia em uma pequena torneira do jardim. Tendo em vista o calor e a inserção do banho de mar depois da corrida, incluiu-se na programação uma rápida ducha para tirar o sal e o suor, antes de entrar, pontualmente às 8h, na sala de trabalho, rigorosamente limpa. Havia uma escala de serviço, na qual os atores se revezavam de dois em dois e, às vezes, de três em três, na limpeza da sala. O fato de limpar o próprio ambiente de trabalho provoca um sentimento de preservação e de respeito em relação ao espaço, que ajuda a sacralizá-lo, rompendo com a atitude utilitária, que em geral se tem, ao utilizar determinado local com o qual não temos nenhum compromisso ou responsabilidade. No estágio que fiz no Théâtre du Soleil (Paris), por exemplo, os atores do grupo se encarregavam da limpeza diária da sala de trabalho e dos banheiros, revezando-se, também, por escalas de serviço.

Uma vez na sala de trabalho, respeitava-se o silêncio e evitavam-se conversas desnecessárias. Podia-se falar, mas, de preferência, apenas o essencial ao treinamento. Não havia dificuldade quanto a isso, já que todos os atores eram profissionais ligados ao teatro de pesquisa, em que existem sempre regras muito precisas, e, portanto, estavam acostumados a trabalhar dessa forma. A sala, cujo chão foi forrado de linóleo[41], era bem ventilada e possuía janelas que davam para o mar. Como trabalhávamos descalços, com o tempo e com o rigor dos exercícios, criavam-se bolhas nas solas dos pés. Confesso que, no início, achei

---

40. O horário previsto inicialmente para começar os trabalhos era 7h, mas, devido ao "jeitinho brasileiro", conseguimos estendê-lo para às 7h30min.

41. Linóleo é um tipo de tecido emborrachado impermeável, muito utilizado em espetáculos de dança, devido à sua aderência, que evita escorregar.

estranho o fato de quase ninguém se importar com isso. Tive a nítida sensação de estar me submetendo a provas de um ritual de iniciação. As bolhas nos pés, no entanto, não foram empecilhos suficientes para a obstinação com que nos entregávamos aos exercícios.

A parte da manhã era reservada ao treinamento físico e vocal. Depois da corrida, fazíamos um aquecimento individual na sala de trabalho, que nos preparava para as diversas atividades que se seguiriam. Havia quatro exercícios básicos que eram repetidos todos os dias: o Samurai, a Dança dos Ventos, o El Verde e a Ópera. Um quinto exercício foi introduzido já quase no final do encontro: a Marionete. Todos eles envolviam os princípios de oposição, omissão e equilíbrio precário.

O Samurai, baseado na imagem do guerreiro japonês, consiste em três passos básicos, três formas de se deslocar pelo espaço. Sua postura de base é praticamente a mesma do *tai chi chuan*: mantêm-se os pés afastados, paralelos aos ombros, e os joelhos flexionados. Os quadris ficam fixos e o ator deve se deslocar sem desdobrar os joelhos, mantendo a cabeça sempre no mesmo nível de altura. O exercício pode ser feito com um bastão, ou sem ele. No caso da ausência do bastão, o ator deve executar os mesmos movimentos que efetuaria com ele, mantendo igual precisão. Durante o exercício, procura-se incorporar movimentos de ataque e de defesa (golpes com os pés e com o bastão), assim como diferentes formas de se deslocar pelo espaço, de girar e de sentar. Começa-se elegendo três ações, por exemplo, três tipos de giro. Depois, anotam-se os giros selecionados, os quais deverão ser repetidos no dia seguinte.

Esse procedimento de seleção e registro das ações era observado em todos os exercícios e é parte fundamental do método de trabalho dos atores do Odin Teatret. No Teatro Antropológico, o ator deve ser um ator-dramaturgo e, portanto, deve possuir meios tanto de criar seqüências de ações a partir da improvisação como de repeti-las, de modo a poder trabalhá-las diariamente. Assim, ele anota as ações e os movimentos de sua seqüência, ao mesmo tempo em que os cria. O primeiro passo é memorizar as ações. Em seguida, vai-se somando os detalhes que envolvem cada parte do corpo, uma de cada vez: os pés, as mãos, os olhos etc. Somente após a seqüência estar totalmente dominada, é que se acrescenta a emoção. Quando há canções, essas só são introduzidas depois que o ator já está familiarizado com sua partitura.

Os atores do Odin distinguem a ação do movimento. Para eles, a ação possui uma intenção e modifica algo, enquanto o movimento não tem qualquer intenção. Às várias ações estruturadas em uma seqüência dá-se o nome de *partitura*. A partitura é uma sucessão de ações justificadas internamente pelo ator por meio de uma *subpartitura*, que se constitui de informações e associações pessoais que ele utiliza para se fundamentar e manter o frescor das motivações e, portanto, das ações. A subpartitura permite ao ator manter a organicidade da partitura, conferindo-lhe um sentido que só ele conhece. Ela é subjacente.

A subpartitura difere do subtexto, no sentido de que sua função não é apoiar o texto, mas as ações do ator. Por exemplo: o ator cria uma pequena seqüência de ações, que consiste em caminhar saltitando, detendo-se, no final, bruscamente. Além das ações corporais, ele deve tecer ações vocais para dizer o seguinte texto: "O homem lúcido me espanta/ mas gosto dele na lírica/ A verdade metafísica/ modela o verbo e a garganta"[42]. As ações corporais de caminhar saltitando e de se deter no final, juntamente com as ações vocais responsáveis pela forma de dizer o texto, constituem a partitura.

A subpartitura confere a cada ação vocal e física imagens e/ou verbos que ajudam o ator a memorizar a partitura e a torná-la orgânica. De forma que à seqüência da partitura corresponde uma seqüência de verbos e de imagens, paralela e imperceptível. O ator pode elaborar, por exemplo, a subpartitura: caminhando sobre o rio, salto pedra por pedra (para o andar saltitado) e, para a seqüência da parada brusca: diante de mim surge um tigre. A subpartitura é uma grande aliada do ator, podendo sugerir desde a intenção das ações até as sensações provocadas por elas. Na maior parte das vezes, não possui nenhuma relação com o texto, o que torna a ação dramática ainda mais complexa e surpreendente.

A partitura, portanto, compõe-se de várias linhas que, por sua vez, também são partituras. Assim, retomando nosso exemplo, ao final, teríamos a seguinte estrutura: o caminhar saltitado e a parada brusca (partitura de ações físicas) que, somados à subpartitura, que lhes dá sustentação (caminhando sobre o rio, salto pedra por pedra, diante de mim surge um tigre), é acrescido do texto ("o homem lúcido me espanta/ mas gosto dele na lírica [...]") e das ações vocais (as diversas formas, silêncios e entonações empregadas para dizer o texto), com suas respectivas subpartituras, que podem ser realistas ou abstratas (voz de padre, voz alegre, voz da neve caindo na Dinamarca, voz do silêncio etc.). Nessa perspectiva, o espetáculo seria uma macropartitura, composta das partituras de cada ator.

A partitura assemelha-se a uma partitura musical. Nesta, o músico pode ler horizontalmente as linhas melódicas de cada instrumento em separado e, ao mesmo tempo, cruzar as linhas verticais e horizontais para obter o conjunto das linhas de toda a orquestra. Com a partitura de ações acontece o mesmo. Tem-se a linha da ação, a da voz e a das subpartituras das ações e da voz. Cruzando-as, obtém-se a ação cênica em sua plenitude. É um processo ao mesmo tempo sincrônico e diacrônico. Por essa razão, é fundamental que o ator crie seu próprio sistema de anotação e mantenha sempre consigo o seu caderno de notas.

---

42. A. Castro, Sonetilha Existencial, *Cidadela da Rosa:* com fissão da flor.

O exercício do Samurai (fig. 13) é complementar ao da Gueixa (fig. 14). No seminário da Bahia não tivemos a oportunidade de experimentar este último, mas os atores do grupo de Iben fizeram uma pequena demonstração, utilizando gueixas de seu próprio repertório, para nos dar uma idéia de como ele funciona[43]. Ambos os exercícios alternam energias *yin* e *yang*, forte e suave. É por seu intermédio que o ator se aproxima da natureza binária da energia, aprendendo a dosá-la e a utilizá-la. No Samurai trabalha-se a precisão, a agilidade e a atenção constante; os movimentos são mais sincopados e angulares, enquanto que, na Gueixa, eles são mais fluidos e redondos.

Embora, aparentemente, as imagens arquetípicas do samurai e da gueixa possam sugerir uma diferenciação de gênero que tende a reproduzir certos estereótipos do masculino e do feminino, esse não é, contudo, o objetivo dos exercícios. Espera-se que o ator ou a atriz, ao experimentar no próprio corpo as duas formas da energia, possa levar em consideração esses dois aspectos complementares e fundamentais da experiência humana na elaboração do personagem (seja ele masculino ou feminino). Na vida cotidiana, existe um fluxo constante entre essas forças. A cada momento ou circunstância experimentamos a predominância de uma delas em nossas atitudes e sentimentos. Mas não podemos dizer que somos esta ou aquela: ambas nos constituem e, na verdade, também o hiato que há entre elas. Como diz Antunes Filho, não se trata de viver uma *ou* outra, mas uma *e* outra, simultaneamente. A forma encontrada pelos atores de Iben para trabalhar a energia foi separar os dois lados da dicotomia forte/suave, usando as imagens do samurai e da gueixa. O exercício, no entanto, deve ser compreendido em seu aspecto complementar e visa, justamente, possibilitar ao ator o entendimento e a reunião dos opostos em uma relação dinâmica.

A Dança dos Ventos (figs. 15 e 16) baseia-se em um passo que é um saltito, realizado em um ritmo ternário contínuo, e consiste em tirar o impulso do chão para saltar com leveza. Impulso e contra-impulso se alternam, tendo como ponto de apoio o abdômen, visto como centro da energia. Esse exercício permite ao ator obter um maior domínio dessa região, concentrando nela a força necessária para dar o impulso e para amortecer o impacto no solo. Na Dança dos Ventos, o ator aprende a mesclar vigor e fluidez. As imagens utilizadas são as da terra e do vento – o sólido e o volátil. Lançando mão da terminologia de Antunes Filho, eu diria que, para saltar e manter o impulso e a leveza, o ator precisa ter calcanhar (a mãe) e abdômen (o pai); terra e céu. A imagem dos ventos utilizada no exercício contempla desde a suave brisa até a mais forte ventania. A respiração é outro fator fundamental e ajuda a manter o ritmo

---

43. Na pesquisa *Ator: Ofício e Tradição – Em Busca de uma Identidade*, utilizamos o exercício da Gueixa e chegamos a desenvolver algumas experiências bastante interessantes com ele.

Fig. 13: Os exercícios do Samurai *e da* Gueixa *são complementares. Neles, o ator se aproxima da natureza dupla da energia. Projeto de pesquisa* Ator: Ofício e Tradição – Em Busca de uma Identidade. *UnB/Brasília-DF, 1998. Foto: Randal Andrade.*

Fig. 14: Atores do projeto de pesquisa Ator: Ofício e Tradição – Em Busca de uma Identidade *realizando a partitura da Gueixa. UnB/Brasília-DF, 1998. Foto: Randal Andrade.*

Fig. 15: Na Dança dos Ventos *impulso e contra-impulso se alternam, tendo como ponto de apoio o abdômen. Atores do projeto de pesquisa* Ator: Ofício e Tradição — Em Busca de uma Identidade. *UnB/Brasília-DF, 1998. Foto: Randal Andrade.*

Fig. 16: A atriz Rejane Florinda Cintra, na Dança dos Ventos. Projeto de pesquisa Ator: Ofício e Tradição — Em Busca de uma Identidade. *UnB/Brasília-DF, 1998. Foto: Randal Andrade.*

interno em relação ao ritmo da dança: inspira-se pelo nariz e solta-se o ar suavemente pela boca. O exercício é acompanhado pelo toque de pedras que, batidas umas contra as outras pelos atores que não estão dançando, marcam o compasso. Depois que se aprende e se internaliza a cadência, a Dança dos Ventos pode ser executada sem a percussão.

O El Verde é um exercício realizado em dupla. Um ator se coloca atrás do outro, cingindo-o com um pano, de maneira a lhe impor uma resistência física que altera o eixo de equilíbrio de ambos. O ator da frente deve caminhar lentamente, concentrando-se no ponto do corpo em que o tecido o prende e mantendo o olhar voltado para adiante, na linha do horizonte. Pode-se passar o pano em torno da cintura, do peito, da cabeça, da parte inferior das pernas etc. A dupla deve observar se existem tensões em alguma parte do corpo e, em caso positivo, tentar relaxar. O corpo não deve estar tensionado.

É fundamental que o ator compreenda a diferença entre a tensão da rigidez e a tensão dos contrastes. A primeira bloqueia a energia, enquanto a segunda gera energia. O ator deve locomover-se pelo espaço, concentrando-se simultaneamente nas duas forças opostas que se encontram no ponto em que está o pano: a força de resistência imposta pelo companheiro através do tecido e a força que o impulsiona e o faz mover-se para frente. Assim, o ponto em que se coloca o pano é, ao mesmo tempo, foco de resistência e de impulso do movimento. O exercício pode ser feito, também, omitindo-se o objeto. O ator que impõe a resistência também está em trabalho e deve estar atento à forma como seu corpo exerce e recebe a resistência. Uma vez compreendidos os princípios, o ator pode experimentar fazer o El Verde sozinho, testando impulsos e resistências, sem o estímulo externo.

A Marionete baseia-se no princípio da segmentação das partes do corpo. O ator se move como se fosse uma marionete, cujos fios são puxados um a um. Assim, mexe-se uma articulação de cada vez, de forma a ter consciência de cada uma delas. A atriz Roberta Carreri conta que trabalhou por cinco anos nesse princípio[44].

A Ópera envolve a composição de ações físicas e vocais e sua estruturação em uma partitura. O exercício é feito em duplas, com os atores sentados frente a frente. Como em uma espécie de jogo, no qual cada um constrói uma ação física e vocal, que é acrescida pela do outro, alternadamente, eles vão unindo essas ações em uma seqüência comum, a qual deve ser anotada, para que possam ser capazes de reproduzi-la. Fixada a seqüência, juntam-se as várias duplas e estas devem elaborar uma partitura coletiva, a partir daquelas que criaram. No exercício da Ópera, trabalha-se o texto com imagens vocais. Por exemplo, dizer o texto com voz de ópera, de vento, de samurai, de padre rezando a missa etc. Isso ajuda o ator a explorar suas possibilidades vocais e a colorir a fala.

44. Caderno de Campo, Brasília, 1996.

Além dos exercícios citados, havia outros, de arremesso e lançamento de objetos imaginários, e de elaboração de pequenas partituras individuais e coletivas com os panos. Feitas as partituras, elegiam-se alguns trechos que seriam realizados sem estes.

O trabalho vocal é baseado na noção de ressonadores vocais e nos exercícios de voz de Jerzy Grotowski – do período em que Barba foi seu assistente. Os ressonadores são pontos no corpo identificados com os diferentes timbres vocais. Assim, ao ressonador do alto da cabeça corresponde a voz de cabeça; àquele situado na altura do peito corresponde a voz de peito; ao que é associado ao abdômen equivale a voz de abdômen, e assim por diante.

A idéia de ressonadores vocais pode parecer estranha a alguém que tenha formação clássica em teatro, ou em canto. O ator Paulo Autran, por exemplo, conta que, certa vez, conversando no camarim com seu colega italiano Vittorio Gassman – que estava em temporada no Brasil, e que, segundo ele, possuía uma voz "espetacular, assombrosa" – perguntou-lhe de onde é que ele tirava semelhantes agudos. O ator, olhando "seríssimo" para ele, respondeu: "Paulo, tem sons que eu tiro das pernas! Das minhas coxas!"[45]. Eis o bem-humorado comentário de Paulo Autran a esse respeito:

> É um total exagero, não é? Eu nunca vi ninguém tirar som das coxas, mas na cabeça dele era assim. Eu não acredito que ele estivesse mentindo, não. Ele sentia isso. Por exemplo: o útero da mulher. Eu sempre soube que servia para fazer criança. E, no entanto, eu vejo várias artistas que dizem que cantam com o útero, outras escrevem com o útero. Então, o útero tem várias outras utilidades desconhecidas das pessoas normais[46].

Gassman provavelmente utilizava uma técnica, ou uma imagem semelhante ao conceito de Grotowski, que lhe permitia estender a voz além dos limites considerados comuns. Os ressonadores, tais como concebidos por Grotowski, são imagens, metáforas com as quais o ator trabalha em sua investigação sobre as possibilidades vocais, e tiveram forte repercussão no trabalho de Iben:

---

45. Entrevista realizada em 2.5.1998, Brasília.
46. Idem.

Fig. 17 (alto): A atriz Letícia Nogueira Rodrigues durante exercício de treinamento. Projeto de pesquisa Ator: Ofício e Tradição – Em Busca de uma Identidade. *UnB/Brasília-DF, 1998. Foto: Randal Andrade.*

Fig. 18 (centro): No treinamento, o ator aprende a lidar com os princípios da oposição, da omissão e do equilíbrio precário. As atrizes Rejane Florinda Cintra e Cristiane Oliveira, em exercício de partitura. Projeto de pesquisa Ator: Ofício e Tradição – Em Busca de uma Identidade. *UnB/Brasília-DF, 1998. Foto: Randal Andrade.*

Fig. 19 (baixo): O treinamento é o espaço no qual o ator se concentra na construção da presença cênica. Os atores Letícia Nogueira Rodrigues e Guto Viscardi executam partitura com panos. Projeto de pesquisa Ator: Ofício e Tradição – Em Busca de uma Identidade. *UnB/Brasília-DF, 1998. Foto: Randal Andrade.*

Existe algo na voz que nos permite dizer: "esse é bom ator e esse não é". É claro que tem a mímica, os que não usam a voz. Mas penso que há uma coisa na voz. Os atores de que mais gostei sempre têm algo muito especial nas vozes. Para mim, foi fundamental a maneira de treinar a voz no Odin Teatret – a única coisa que restou do treinamento de Grotowski, que foi a parte que Eugenio havia levado da Polônia. Para mim, ficou. Tem pessoas que não usam, usam outro sistema. Mas ele é único. É tão simples, que, em uma semana, você pode extrair as vozes mais incríveis. Ensinei a voz a pessoas que, em dois dias, entenderam de onde teriam que partir e depois elas descobriram vozes distintas da minha. [...] Mas tem que ter uma pessoa que saiba como fazê-lo, para ensiná-lo[47].

Em uma demonstração de trabalho de Iben, durante o seminário na Bahia, ficamos absolutamente impressionados com sua forma extraordinária de cantar. Ela nos contou que, quando criança, certa vez ouviu no rádio uma voz estranha, e imaginou que aquela pessoa estivesse afundando em um pântano. Era Louis Armstrong que cantava. Iben diz que pensou, naquele momento, que um dia gostaria de cantar como alguém que se afoga num pântano. De fato, sua voz é um apelo – talvez o grito do artista a que ela se refere.

Os exercícios de voz consistiam em experimentar diversas vozes, com base na imagem dos ressonadores, falando-se um texto que se conhecia de cor. Trabalhávamos, também, com imagens vocais que ajudam a descolar a voz de sua utilização cotidiana, ou mesmo, de uma visão cênica realista, descortinando novos timbres. Iben sugeria, por exemplo, que fizéssemos a voz da neve caindo na Dinamarca, ou o som de crianças brincando.

O canto é outro recurso importante para trabalhar a voz. Tanto na Ista como no seminário da Bahia, aprendíamos canções que repetíamos todos os dias. Eram canções de diferentes tradições, cantadas na língua original, o que nos levava a desenvolver novos timbres e formas de modulação vocais. Havia canções africanas, japonesas, indianas, peruanas e gregorianas, entre outras, às quais veio somar-se uma canção brasileira[48], que se incorporou ao repertório do grupo de Iben.

Além das vozes, aprendíamos a executar ritmos com as pedras (afoxé, maracatu, bolero, baião e afro). Certa vez, Iben nos pediu que musicássemos três estrofes que ela havia selecionado. Dividiu o grupo em três e cada um ficou responsável por musicar uma delas. Tínhamos quinze minutos para fazê-lo. Nesse tipo de trabalho, se discute e se fala muito pouco, mas se age muito – e rápido.

O horário de almoço era livre e aproveitávamos para lavar roupa, limpar e arrumar os quartos (que dividíamos com um ou dois cole-

---

47. Entrevista realizada em 8.6.1998, Belo Horizonte.
48. A canção brasileira acrescentada ao repertório do grupo foi "É d'Oxum", de Gerônimo e Vevé Calazans.

gas), costurar os tecidos que se rasgavam quando eram utilizados nos exercícios, e ir à praia[49].

O período da tarde era reservado, via de regra, para a preparação da demonstração de trabalho. As atividades começavam, pontualmente, às quatorze horas, com um aquecimento vocal. Como era época de Natal, Iben sugeriu que montássemos cenas da natividade. A demonstração baseou-se, portanto, em trechos do texto bíblico, selecionados e distribuídos por ela entre os atores. Cada ator elaborava sua partitura física e vocal, e Iben coordenava a montagem final, estruturando as várias seqüências em uma única, que resultou na demonstração de trabalho. Os únicos elementos cênicos utilizados eram os panos, as pedras[50] e as saias, que Iben trouxera consigo e que pertenciam aos atores do Odin. Com elas realizávamos parte de nossas partituras, podendo usá-las como saias, capas ou qualquer outro tipo de coisa. Iben nos pediu que prendêssemos nelas alguma pequena lembrança para expressar nossa gratidão a seus donos pela gentileza do empréstimo. Como estávamos na praia, isolados da cidade, a maioria usou búzios e conchas. A demonstração de trabalho envolvia os exercícios do treinamento e as cenas do nascimento de Jesus. Tudo era interligado pelo canto.

À noite, após cearmos, um ou outro ator fazia uma demonstração de trabalho, no qual apresentava seu método de treinamento. Duas atrizes, que estudaram na Índia, expuseram, em noites diferentes, exercícios e trechos de seus espetáculos, baseados nos mudras e na dança odissi, e no *Kathakali*, respectivamente. Os atores de Iben mostraram vários elementos que compõem seu treinamento e algumas das danças que desenvolveram[51]. A própria Iben fez uma demonstração memorável. Eventualmente, também aproveitávamos para ensaiar as partituras da demonstração. De modo geral, a noite era o período de descanso, e costumávamos ir a uma barraca de praia, próxima ao Centro de Treinamento em que estávamos hospedados, para comer e beber alguma coisa depois dos trabalhos, ou nos reunir na recepção para conversar. Como o dia era muito exaustivo, dormia-se cedo.

Os momentos de folga serviam igualmente para trocarmos informações a respeito do trabalho de cada um e de outros grupos ligados ao teatro de pesquisa. Em uma dessas ocasiões, por exemplo, um colega da Argentina, o ator Guillermo Angelelli, mostrou, a um pequeno grupo (éramos três), como trabalhar os harmônicos, um tipo de som que é feito

---

49. Uma atriz que participou do seminário de Iben em Londrina conta que lá os atores eram também responsáveis por fazer a própria comida, de forma que quase não sobrava tempo livre. No seminário da Bahia, fazíamos as refeições no refeitório do Centro de Treinamento, mas a limpeza e higiene dos quartos, com seus respectivos banheiros, ficava sob nossa responsabilidade.

50. Cada um de nós escolheu e retirou suas próprias pedras (três) na vegetação próxima à praia, no primeiro dia de seminário.

51. A própria Dança dos Ventos foi criada pelo grupo de treinamento de Iben.

pelos camponeses da Geórgia. Eu nunca tinha ouvido falar a respeito e foi com enorme surpresa que o vi transformar-se em uma espécie de órgão, fazendo vibrar (na cabeça) sons de cristais que ecoavam no espaço. O seminário *Ponte sobre os Ventos* representou uma abertura para várias experiências corporais inteiramente novas para mim.

O SIGNIFICADO DOS EXERCÍCIOS

O Odin Teatret é um grupo cujas características mais marcantes são a busca permanente do conhecimento e sua tradição itinerante. Guiado há mais de quatro décadas por Eugenio Barba, o Odin, como vimos, é responsável por uma enorme rede intercomunicante de pequenos grupos de pesquisa espalhados pelo mundo, cuja ênfase recai sobre o trabalho do ator e seu treinamento – entendido como o momento em que o ator se concentra na construção de sua presença cênica, na dilatação e modelagem da energia.

O princípio da oposição está presente em todos os exercícios utilizados no treinamento do Odin Teatret. A lógica do ator, nesse caso, não é linear. Ele pode ser sujeito e objeto da ação, ao mesmo tempo. Em uma de suas demonstrações de trabalho, Roberta Carreri nos deu um exemplo, aparentemente muito simples, mas de grande complexidade, que consistia na ação de colher uma flor e levá-la até o nariz para aspirar o seu perfume. Elegeu, para isso, o caminho menos óbvio, mostrando que o ator é capaz de representar, na mesma seqüência cênica, as ações de cheirar a flor, que pode conter abelhas, de reagir a elas e, ainda, ser as próprias abelhas.

Na realidade, o treinamento físico acaba sendo também um treinamento da mente, porque após muitos anos de treino a filosofia adotada é quase naturalizada pelo ator, que adquire uma nova cultura corporal e mental. Com a prática, ele consegue realizar inúmeras ações contrárias e simultâneas, sem esforço. Pensamento e corpo estão, de fato, integrados. Há como que uma memória muscular, exercitada pelo treinamento, que torna o ator capaz de agir sem pensar, *ser pensado*, como diria John Blacking. O corpo desenvolve uma racionalidade, no sentido de que o pensamento pode surgir do movimento. Roberta Carreri, por exemplo, conta que, em seu trabalho, encontra imagens com seu corpo, que sua mente reconhece, e não o contrário[52].

Na definição de Eugenio Barba, "um exercício é uma ação que se aprende e se repete após tê-lo escolhido com objetivos muito precisos na mente"[53]. No princípio, os exercícios são repetidos mecanicamente pelos atores, até serem assimilados e desenvolvidos, seguindo rumos próprios. Eles podem ser feitos de forma introvertida (para dentro) ou extrovertida (para fora). Por exemplo, o ator mantém o tronco em uma

---

52. Caderno de Campo, Brasília, 1996.
53. E. Barba, *A Arte Secreta do Ator:* dicionário de Antropologia Teatral, p. 245.

posição introvertida, para dentro, enquanto sua cabeça inclina-se para frente (posição extrovertida). A mão esquerda aponta para o alto, ao passo que a direita repousa sobre o joelho direito, que se encontra levemente flexionado, e assim sucessivamente. O princípio é aplicado em cada parte do corpo, de forma que este jamais se apresente de forma simétrica.

Os exercícios podem ser reproduzidos em uma ordem diferente. A ênfase dada pelo ator recai ora em uma, ora em outra de suas fases. É possível e recomendável fazer os exercícios em várias direções e segundo diferentes ritmos, estabelecendo impulsos e contra-impulsos. Eles tanto podem ser realizados utilizando-se cem por cento da energia como apenas dez, ou vinte por cento. Na redução máxima de energia, o ator atinge a imobilidade dinâmica, no sentido de que a ação se passa no tempo e não no espaço. Ela ocorre dentro dele, por meio de microações que lhe permitem manter-se estático de maneira ativa. Há, nesse caso, um hiperacúmulo de energia e de intensidade. O ator está imóvel, mas prestes a saltar.

Barba utiliza um esquema muito parecido com o modelo das três fases do *Jo-ha-kyu* japonês[54] para classificar as etapas do exercício:

> 1. Começar com uma ação precisa, que projeta todas as energias numa determinada direção; 2. Dar um contra-impulso, uma outra descarga de energia no meio do processo, que produz um desvio de direção e uma mudança de dinâmica; e 3. Manobrar para concluir numa posição precisa que contém o impulso (o *sats*) da próxima ação[55].

De acordo com Barba, é possível treinar muito tempo com um pequeno número de exercícios. À medida que adquire experiência, o ator aprende a criar e a repetir seus próprios exercícios. Tudo é uma questão de tempo, de paciência, de dedicação e de obstinação. Os exercícios, segundo Roberta Carreri, devem ter uma duração aproximada de vinte a trinta minutos, para se obter resultado. É preciso, diz ela, que o ator se proponha a descobrir o que há "do outro lado do primeiro cansaço" e "o que cansa primeiro: o corpo ou a mente"[56]. Em meu próprio treinamento, ficou evidente que o que cansa primeiro é a mente. Quando ela se fatiga, a sensação que se tem é de que não há como continuar, que estamos exaustos. No entanto, buscando ir além dos meus limites, percebi que o que existe do outro lado do primeiro cansaço é uma surpreendente carga de energia. É como se o corpo, ultrapassado o primeiro nível de cansaço, encontrasse novo alento, nova disposição para continuar. Essa descoberta se fez acompanhar de uma estranha alegria: a consciência de que desconhecia meus limites físicos cedeu lugar à percepção de que é possível superá-los e ir mais além.

---

54. Sobre o *Jo-ha-kyu*, ver capítulo 3.
55. E. Barba, *A Arte Secreta do Ator*: dicionário de Antropologia Teatral, p. 245.
56. Caderno de Campo, Brasília, 1996.

A preocupação do Odin com o aspecto didático do conhecimento, de como passar adiante os exercícios e as técnicas desenvolvidos por ele, é parte constituinte do grupo e encontra-se em suas raízes, conforme descreve Barba:

> Eu creio que isso existiu desde o começo, porque nós fomos autodidatas. Então, o problema de aprender sozinho era muito presente o tempo todo. Transcorridos dois anos, tínhamos novos jovens em nosso teatro e viramos mestres deles. Assim, ao mesmo tempo, aprendia-se e se era mestre. Essa dualidade, essa complementaridade acompanhou o desenvolvimento de cada um dos integrantes do Odin. De tal forma que essa é uma das características da identidade do grupo. Ao mesmo tempo, sabemos que aprendemos muito com outros mestres, com os livros e que é também nossa responsabilidade e nossa obrigação transmitir aos demais[57].

A CONSTRUÇÃO DO CORPO E A TRANSMISSÃO DO SABER

> *Saber que existe uma saída corporal para a alma permite alcançar essa alma num sentido inverso e reencontrar o ser através de analogias matemáticas.*
>
> ANTONIN ARTAUD

Eugenio Barba é um orador brilhante. Suas frases lapidares soam como *slogans*, como manifestos. Ele próprio intitula vários de seus artigos e livros como tratados ou manifestos. É o caso, por exemplo, do livro *A Canoa de Papel: tratado de Antropologia Teatral*; ou do capítulo de *Além das Ilhas Flutuantes*, "Terceiro Teatro: manifesto". Se considerarmos, como Roman Jakobson, em seu *Lingüística e Comunicação,* a importância da função poética da linguagem e não apenas seu aspecto referencial, veremos que a forma como se fala é fundamental para a eficácia do discurso. E Barba é um homem extremamente preocupado com o problema da transmissão do conhecimento, com a pedagogia teatral, pois tem consciência de que, não sendo o teatro uma ciência exata, "os resultados e as soluções encontradas pelos atores morrem e desaparecem com eles"[58].

Um dos aspectos que parece fasciná-lo nas tradições teatrais do Oriente é exatamente o da transmissão do saber, que se estabelece na relação mestre/discípulo. Transmissão essa que se dá por meio de um longo e rigoroso aprendizado, no qual o aspirante a ator aprende, no próprio corpo, a filosofia que orientará a sua prática. A longa preparação do ator/ bailarino oriental faz com que este construa sua identidade enquanto ator no próprio aprendizado, e não em relação ao espetáculo, como costuma acontecer no teatro convencional do Ocidente. Neste

---

57. Entrevista realizada em 8.6.1998, Belo Horizonte.
58. E. Barba, *Além das Ilhas Flutuantes*, p. 33.

último, a identidade do ator se forma à medida que ele participa dos espetáculos. Ela é construída a partir de elementos que lhe são exteriores e dos quais não possui o controle, tais como a recepção por parte do público e da crítica, o reconhecimento, o sucesso ou o fracasso de determinado trabalho etc. Conforme observa Richard Schechner: "A maioria dos artistas despreza a crítica, mas aceita seus elogios"[59] – o que, aliás, é válido também para os atores ligados ao teatro de pesquisa, de modo geral. Fatores como o número de peças de que já participou, os diretores com quem trabalhou, a qualidade das produções e eventuais prêmios recebidos também contam e influenciam na construção da identidade do ator, no Ocidente.

De forma que, no teatro ocidental tradicional, a identidade do ator constitui-se, na maior parte das vezes, a partir das conseqüências do espetáculo, e não de um treinamento pessoal, como no Oriente, onde o treinamento possui o sabor de um processo de autoconhecimento, em que a identidade se constrói ao mesmo tempo em que é desconstruída, no sentido de que não se enfatiza a personalidade egóica, mas um outro estado de ser, no qual, não se sendo nada, pode-se ser as dez mil coisas de que falava Antunes Filho. E isso, independe dos resultados obtidos na indústria cultural.

No Oriente tradicional, portanto, a preparação do ator é, quase sempre, um processo iniciático, no qual o aluno é introduzido em um sistema filosófico e estético, em uma concepção de mundo e em uma ética particular. O ator, nesse contexto, sofre mudanças profundas em sua consciência, que podem, ou não, ser permanentes. Enquanto estava em Opole, Barba empreendeu uma viagem de seis meses pela Índia, em busca de técnicas que pudessem auxiliar o treinamento desenvolvido pelo Teatr Laboratorium, de Grotowski. Lá, ele descobriu o *Kathakali*:

> Ser um ator de *Kathakali* não é uma escolha, é uma vocação. Desde sua mais tenra idade, o menino fica sujeito a uma "disciplina". Entra num universo teatral que é contíguo a um universo religioso. Não é somente questão de ofício, mas de uma missão. Oito anos de austero e árduo aprendizado, durante o qual é conduzido quase além de seus limites, marcam-no para sempre, tanto do ponto de vista de sua habilidade técnica quanto de seu conceito mental. Esta longa "iniciação" condiciona a psique e o comportamento do ator do *Kathakali*, fazendo com que adquira uma sensibilidade profundamente diferente da sensibilidade profana[60].

No entanto, apesar de admirar profundamente a tradição oriental, Barba não acredita na importação de modelos ou de estilos. Para ele, é claro que, se os atores ocidentais passassem a imitar, ou a copiar, os trejeitos e estilos de representação dos atores orientais – como, por

---

59. R. Schechner, op. cit., p. 25.
60. F. Taviani, História do Odin Teatret, em E. Barba, *Além das Ilhas Flutuantes*, p. 228.

exemplo, o olhar do ator do *Kathakali*, ou a movimentação de pés e mãos dos atores balineses –, ficariam presos a uma superficialidade, a uma estilização que lhes impediria as "reações orgânicas da face". Logo, não são propriamente os exercícios dos atores orientais que lhe interessam, mas sua postura pessoal; a necessidade interior que possuem e que os motiva, dando sustentação emocional à escolha do próprio ofício, "com uma lógica que não se deixa apanhar por palavras"[61]. O que Barba apreende do treinamento oriental é a determinação obstinada com que os atores a ele se dedicam por toda uma vida. Mei Lan-Fang, o ator chinês cuja arte fascinou Bertolt Brecht a ponto de influenciá-lo em sua concepção de distanciamento do ator em relação à personagem, faz o seguinte relato a respeito do próprio treinamento:

> Hoje, com mais de 60 anos, ainda consigo executar os movimentos acrobáticos e as difíceis poses de mulher-guerreira em obras como *A Linda Bêbada* e *A Fortaleza na Montanha*. No inverno, meu professor me fazia praticar no gelo: cenas de dança e de batalha com pernas de pau. No início, caía todo o tempo, mas quando me habituei a movimentar-me sobre o gelo com as pernas de pau, foi mais fácil fazer os mesmos movimentos no palco, sem elas. Quando me exercitava com as pernas de pau, meus pés ficavam cobertos de feridas, a dor era imensa. Pensava que meu professor não deveria submeter um menino de dez anos a tais provas. Que deveria, ao contrário, demonstrar compaixão[62].

O longo e, muitas vezes, árduo treinamento enfrentado pelos atores orientais nos faz pensar no que os move; o que os estimula a continuar, apesar das provações sofridas. Necessidade espiritual? Artística? Há uma determinação, uma dedicação de sua parte, que foge ao padrão comum dos atores ocidentais que, em geral, não vêem a hora de terminar o mais rápido possível sua aprendizagem, de sair das escolas ou dos conservatórios de teatro para se lançar no mercado cultural. São poucos os que continuam a investir em sua formação depois de deixarem a escola.

Identificados com a linha do teatro de pesquisa, os atores de Grotowski e Eugenio Barba seguem em outra direção, imbuídos de determinação semelhante à dos atores orientais. Não há neles a submissão religiosa, mas a forte obstinação de aperfeiçoar-se, de dedicar-se *full time* à sua arte, não importa quais sejam as dificuldades enfrentadas: não ter filhos, ou uma vida confortavelmente estabelecida, ficar fora do mercado, como é o caso dos atores do Workcenter de Pontedera etc. Alguns dos atores do Odin Teatret, por exemplo, chegaram a ter problemas nas articulações, nos primeiros anos de treinamento, e uma de suas atrizes precisou se submeter a cirurgias nos joelhos, tal era a intensidade dos exercícios que se propunham a executar.

Se, para os padrões orientais, isso é mais comum, para os padrões ocidentais é algo que foge ao dia-a-dia dos atores profissionais, que

---

61. E. Barba, *Além das Ilhas Flutuantes*, p. 60.
62. M. Lan-Fang apud E. Barba, *Além das Ilhas Flutuantes*, p. 51.

cuidam dos próprios corpos como de um *Stradivarius*, que, no entanto, nem sempre sabem tocar. Alguns atores famosos, ligados à televisão (sobretudo as atrizes), chegam a fazer seguros caríssimos de partes do seu corpo, valorizadas pelo mercado – pernas, quadril, busto etc. Assim, enquanto uns se preservam, outros procuram ir além dos próprios limites. Todo ator tem no próprio corpo seu instrumento, no entanto, assim como Paganini, que, ao superar problemas físicos, ampliou também a técnica do violino, os atores que se dedicam a um treinamento diário exploram o território do corpo ampliando ao máximo suas possibilidades.

A idéia de ator como alguém que transcende, ou transgride os próprios limites, já se encontrava, como vimos, na Grécia antiga. O ator, identificado no princípio com os devotos de Dioniso, cuja dança vertiginosa os levava a sair de si por meio do êxtase e do entusiasmo, era visto como um *hypocrités*. O sair de si era considerado pelos gregos como uma superação da condição humana, uma vez que os seguidores de Dioniso identificavam-se com a divindade pelo processo do entusiamo. De maneira que o homem, simples mortal, *ánthropos*, ao comungar com a imortalidade, representada por Dioniso, tornava-se um *anér* (herói) – alguém que ultrapassou o *métron*, ou seja, a medida de cada um[63]. É, pois, o fato de ter ultrapassado a medida dos homens comuns (mortais), que faz do *anér* um *hypocrités*, um ator, um outro.

Ultrapassar a medida de cada um significa também transpor os limites culturais impostos pela sociedade. Libertar-se dos condicionamentos cotidianos e construir uma nova cultura corporal. Entretanto, essa nova cultura, embora pretenda romper com os ditames estabelecidos pela sociedade, não deixa de estar inserida no contexto histórico das relações sociais que criam as condições para que floresça. Assim, as técnicas corporais extracotidianas, por mais que caracterizem uma utilização particular do corpo, diferente daquela habitual, serão sempre condicionadas pelos conceitos vigentes em seu respectivo período histórico e cultural, ou seja, é ele que dá o tom das inúmeras possibilidades expressivas do corpo, seja no dia-a-dia, seja no palco.

Ao longo da história do teatro, as inúmeras concepções de corpo e a maneira de se servir dele sempre estiveram, de certa forma, em consonância com os ideais filosóficos e estéticos de seu tempo – fosse para afirmá-los, fosse para negá-los. É possível observar, nos diversos períodos históricos, o modo como o corpo é, alternadamente, valorizado ou desvalorizado, afirmado ou negado, e como, dependendo das circunstâncias, determinada função é ressaltada em detrimento de outras, como é o caso da voz, por exemplo. As dicotomias corpo/mente e matéria/espírito parecem estar sempre subjacentes, informando tais concepções, seja por uma perspectiva religiosa, seja por uma perspectiva científica ou filosófica.

---

63. J. de S. Brandão, *Teatro Grego*: tragédia e comédia, p. 11.

O estudo aprofundado da história do corpo no teatro, que envolve, ao mesmo tempo, uma perspectiva diacrônica e sincrônica, poderia contribuir para explicitar a forma como a dicotomia matéria e espírito tem sido absorvida e elaborada pelas diversas culturas teatrais. Tal estudo permitiria, ainda, observar se de fato existe, como acredito que exista, uma correlação entre a concepção que se tem desse par dicotômico no teatro e aquela estabelecida por seus respectivos contextos sociais.

A dicotomia corpo/espírito, no teatro, é comumente representada na forma da dicotomia corpo/voz. Existem períodos em que a voz é supervalorizada em relação ao corpo e outros em que o corpo é o objeto central das atenções. Nos contextos em que se ressalta a voz, os gestos e a movimentação tendem a ser reduzidos, priorizando-se o texto. Nesse caso, a dicção, a impostação, o saber dizer ou declamar um texto dramático são considerados o supra-sumo da arte do ator – como de fato ainda o são, em parcela considerável do teatro convencional. Antonin Artaud, em seu clássico *O Teatro e seu Duplo*, indignava-se com a limitação artística e corporal de seus contemporâneos:

> Ninguém mais sabe gritar na Europa, e especialmente os atores em transe não sabem mais dar gritos. Essas pessoas que só sabem falar e que esqueceram que tinham um corpo no teatro, esqueceram também de usar a garganta. Reduzidos a uma garganta anormal, não é nem mesmo mais um órgão, mas sim uma monstruosa abstração que fala: os atores, na França, agora só sabem falar[64].

Considerada o ponto forte, o divisor de águas entre o bom e o mau ator, a voz concentra todos os cuidados. Todos os exercícios destinam-se a trabalhá-la e a educá-la, enquanto o corpo é praticamente ignorado. Essa predominância da voz, muito comum no teatro burguês, é vista, muitas vezes, como um desequilíbrio, no qual se valoriza a alma, em detrimento do corpo – o que demonstra quão arraigada está a idéia de que a voz é o veículo da alma.

Em outras épocas, como por exemplo, na da *Commedia dell'Arte* – estilo teatral que exige extrema destreza e equilíbrio entre corpo e voz –, valorizava-se o intérprete e não o declamador. Os atores deveriam ser exímios na interpretação das diversas situações e, por isso mesmo, eram ágeis e, alguns deles, acrobatas. O corpo, nesse contexto, readquire seu lugar e sua importância.

A concepção que consiste em dividir o corpo em duas categorias – corpo e mente, corpo e alma – e em duas partes – parte de cima e parte de baixo – parece ser também responsável pela divisão entre corpo e voz, em que esta última é, comumente, associada à alma, ou ao espírito. Karl Heinz Martin, por exemplo, considerava a voz uma passarela para a espiritualidade, um caminho que conduz à metafísica.

---

64. A. Artaud, *O Teatro e Seu Duplo*, p. 171.

Percepção essa que se assemelha à de Grotowski, para quem os cantos rituais constituem um elevador espiritual.

Em fins do século XIX e início do século XX, o interesse em estabelecer o teatro total levaria à busca da integração entre cabeça e corpo, voz e gesto. Conforme destaca Odette Aslan, a cisão entre as várias facetas do artista (ator, bailarino, cantor) começa a ruir com os trabalhos de Jacques Copeau. Entretanto, as experiências de François Delsarte, que precederam seu trabalho, e de Émile Jaques-Dalcroze, seu contemporâneo, foram igualmente fundamentais para alterar os rumos do teatro e da dança mundiais.

Empenhado em observar e classificar as leis que regulam o uso do corpo humano como forma de expressão, François Delsarte procurava estabelecer relações entre os movimentos corporais e os do espírito, ligando os gestos à respiração e ao coração. Ele é o autor de uma das máximas mais repetidas por Eugenio Barba e Grotowski: a de que os atores devem se convencer de que existem cegos e surdos no auditório, de modo que sua inflexão deve tornar-se pantomima para o cego e, sua pantomima, inflexão para o surdo. Parafraseando Delsarte, Barba dirá:

> Tudo que é visível (que tem um corpo) deve ser sonoro (encontrar sua voz) e tudo que é sonoro (que tem uma voz) deve ser visível (encontrar seu corpo). Lembro-me de que, nesta época, dizia a meus companheiros: em nossos espetáculos os surdos devem ouvir com seus olhos e os cegos ver com seus ouvidos[65].

Considerado o pai da ginástica rítmica[66], Jaques-Dalcroze, por sua vez, é um dos grandes responsáveis pela reabilitação do corpo no teatro. Convencido de que qualquer fenômeno musical pode ser objeto de representação corporal, Dalcroze criou a eurritmia, um método de coordenação musical com movimentos corporais. A prática de exercícios rítmicos é vista por ele como uma forma de desenvolver a sensibilidade musical por intermédio dos movimentos do corpo. No entanto, em sua concepção, a rítmica não representa um fim, mas um caminho para redescobrir a harmonia, a unidade física e espiritual que, segundo ele, teria sido rompida em razão de valores morais e religiosos, que levaram o indivíduo a desprezar o corpo e a enaltecer apenas a beleza do espírito. Baseados na respiração, seus exercícios buscavam corporificar o que é espiritual e espiritualizar aquilo que é da esfera corporal. Em suas experiências, descobre o sentido rítmico muscular e que o corpo pode tornar-se o instrumento por meio do qual fenômenos no tempo podem transformar-se em fenômenos no espaço. Músico de formação, Dalcroze interessava-se, entre outras coisas, em

---

65. E. Barba, *Além das Ilhas Flutuantes*, p. 80.
66. A educação física surge na Inglaterra e nos Estados Unidos em torno de 1880. Os jogos olímpicos são recriados em 1892, e Isadora Duncan causa furor ao dançar descalça em 1902. Há, portanto, uma retomada do corpo, nessa época, que prepara o terreno para as pesquisas de Dalcroze.

observar as relações existentes entre os gestos e a voz cantada e falada. Em sua opinião, é fundamental estabelecer rápidas comunicações entre o cérebro, responsável por criar e analisar, e o corpo, que executa – os quais, metaforicamente, poderíamos associar ao par mítico Atenea e Hefesto. Dalcroze, portanto, juntamente com Delsarte e Copeau, é um dos primeiros artistas a preconizar o fim da divisão entre corpo e mente, e a buscar o equilíbrio e a reintegração entre eles.

John Blacking, em seu artigo "Towards an Anthropology of the Body", de 1977, questiona os papéis e as funções normalmente atribuídos ao corpo e à cabeça e afirma que a base da vida mental estaria nos sentimentos – especialmente no sentimento de companheirismo (*fellow-feeling*), "expressos como movimentos dos corpos no espaço e no tempo, e quase sempre sem conotações verbais"[67]. A atriz Iben Nagel Rasmussen segue uma trilha semelhante quando diz que primeiro sente com seu estômago e com seu coração e que só depois vem a cabeça.

Em nosso dia-a-dia, temos pouca ou nenhuma consciência do modo como utilizamos o corpo. Nosso comportamento e nossas técnicas corporais cotidianas são aprendidos de maneira subliminar e tradicional desde a infância. Somos culturalmente condicionados em nosso jeito de andar, falar, correr, amar, nadar, sorrir, comer, ou cantar. No teatro, ao contrário, o aprendizado deve ser consciente. Estabelecem-se formas de utilização do corpo distintas daquelas que, de tão habituais, acabamos por naturalizar. O ator deve reaprender a andar, descobrir outras maneiras de se deslocar pelo espaço, de utilizar a voz, os braços, as mãos, os olhos. Saber efetuar, por exemplo, mudanças no ângulo do olhar. Conhecer e dominar sobretudo a coluna vertebral, considerada por Barba e por muitos outros artistas o leme do corpo e da energia

A coluna é o eixo fundamental em torno do qual o ator realiza as mais diversas ações. Para Etienne Decroux, o corpo se limita ao tronco, de modo que os movimentos de braços e de pernas só se tornam cenicamente vivos se forem o prolongamento de um impulso, ou do que ele denomina uma microação, que ocorre na coluna vertebral. O equilíbrio do corpo baseia-se, assim, em micromovimentos e em pequenas, mas constantes, tensões musculares responsáveis pelo deslocamento e ajuste do peso, mesmo quando estamos aparentemente imóveis. De forma que o equilíbrio pode ser alterado conforme a utilização que se faz da coluna. Considerando, como Eugenio Barba, que a vida do ator baseia-se em uma alteração do equilíbrio, é fácil entender a importância da coluna vertebral no trabalho do ator. A coluna assemelha-se ao eixo do mundo – dela depende todo o equilíbrio.

Os pés também são parte fundamental do corpo do ator, conforme destaca Barba. Segundo ele, na Ópera de Pequim e no teatro Nô, por exemplo, existem termos específicos para nomear a forma como os

---

[67]. J. Blacking, op. cit., p. 21.

atores movem os pés. Um dos passos de base da Ópera de Pequim chama-se *fei cha*, que significa "pés que voam", ao passo que *suriashi*, os "pés que lambem" caracterizam a forma de caminhar do ator Nô. Grotowski considerava os pés o centro da expressividade. No seu entender, são eles que transmitem suas reações ao restante do corpo. Já Meierhold, um dos fundadores do teatro contemporâneo, dizia que é pelos pés que se reconhece o talento de um ator; ao passo que Charles Dullin, um dos grandes reformadores do teatro na França, observava que a principal característica do ator principiante é justamente "não saber caminhar em cena"[68].

De fato, o ator neófito tem a tendência de sapatear no lugar, no sentido de que seus pés não se fixam, não aderem ao chão, passando aos espectadores a sensação de insegurança na atuação, pois estes percebem sua falta de firmeza. Na linguagem de Antunes Filho, significaria dizer que o ator ainda não tem calcanhar.

Os quadris são outro ponto importante. Nas técnicas do teatro japonês, como o Kabuki, o Nô e o Kyogen, os quadris devem permanecer sempre fixos – tal como no exercício do Samurai. Para o ator japonês, o centro da energia situa-se na altura dos quadris, mais ou menos na base da coluna. De forma que o termo *Koshi*, equivalente à noção ocidental de energia, indica precisamente os quadris. Assim, no Japão, diz-se que um ator tem ou não tem *Koshi*. Da mesma forma, nas culturas teatrais em que o centro da energia localiza-se no abdômen, costuma-se dizer que o ator tem ou não tem abdômen. Entendida em termos de uma "virtualidade operativa", como define Barba, a energia ou "capacidade de perdurar no trabalho" encontra paralelo em outras culturas teatrais. Na China, por exemplo, observa ele, o termo *Kung Fu* indica a "capacidade de agüentar duro, de resistir". O mesmo acontece em Bali, onde *Tahan* também indica a "capacidade de resistir"[69].

No teatro, portanto, a convenção substitui o realismo cotidiano. Nele, certas limitações e bloqueios, vivenciados no contexto da realidade social, devem ser revistos e rompidos. Cria-se um novo código de ação e de conduta. Longos anos de treinamento e de prática teatral terminam por criar uma nova corporalidade. Fazem com que o ator desenvolva "outros reflexos neuromusculares" que resultam, segundo Eugenio Barba, "em uma nova cultura do corpo, em uma 'segunda natureza'"[70]. Como diz o mestre do *Butoh*, Kazuo Ohno: "Há metamorfoses e substituo os meus ossos, fazendo com que o útero, que abriga crianças, seja meu; os homens substituem os seus ossos mortais, por outros imortais. Há, me bloqueando, uma parede de corpos, que devo transpor"[71].

68. E. Barba, *A Canoa de Papel:* tratado de Antropologia Teatral, p. 40.
69. Idem, p. 33 e 43.
70. Idem, p. 45.
71. Folheto da temporada Brasil-Argentina, 1986.

A desconstrução de atitudes e de conceitos referentes ao corpo, levada a cabo pelos atores, inclui, também, conforme o depoimento de Kazuo Ohno revela, as determinações culturais de gênero. O ator ou a atriz não deve aceitar limitações de gênero em sua prática, ou em seu treinamento. A atriz Iben Nagel Rasmussen conta que foi justamente a forma inusitada com que os atores utilizavam suas vozes que mais a impressionou, em seu primeiro contato com o Odin Teatret:

> A primeira vez que vi o Odin foi em seu primeiro espetáculo, *Ornitofilene*[72]. O espetáculo era forte, mas o que mais me impactou foi o uso das vozes. Para mim, era chocante que alguém tivesse coragem de tirar essas vozes tão fortes. Porque, na nossa sociedade, vivemos em apartamentos, ou em casas. Temos que falar baixo, de forma tranqüila. Quando tem canto, tem que ser lindo; a mulher tem que ter todas as vozes conhecidas. E, para mim, a voz é fundamental[73].

Os atores, portanto, devem trabalhar no sentido de exercitar o que Antunes Filho denomina "complementaridade entre *yin* e *yang*", ou o que Eugenio Barba chama de "complementaridade dos opostos *animus* e *anima*", buscando o equilíbrio entre os dois pólos de energia: o vigoroso e o suave. A energia suave não se atém ao feminino, assim como a energia vigorosa não se restringe, necessariamente, ao masculino. Os personagens, seja qual for o seu sexo, exigem uma alternância de ambas as energias para serem credíveis. O ator ou a atriz deve saber servir-se delas em seu trabalho de composição, evitando sucumbir a supostas tendências naturais. Atrizes devem estar aptas a desempenhar papéis masculinos, assim como atores devem ser capazes de desempenhar papéis femininos. Conforme analisa Barba, certas escolhas, aparentemente naturais, acabam tornando-se uma prisão:

> Se no período de aprendizagem um aluno se adapta exclusivamente a papéis masculinos e uma aluna exclusivamente a papéis femininos, então ele e ela já estão limitando a exploração de suas próprias energias no nível pré-expressivo. Em lugar disso, durante a aprendizagem, a diferenciação individual pode passar pela negação da diferenciação dos sexos. O campo da complementaridade se amplia[74].

Assim, de acordo com Eugenio Barba, na etapa do trabalho pré-expressivo, os atores podem se dedicar a amplas investigações sobre a natureza da energia, sem se preocupar com o que é masculino ou o que é feminino. Cabe a eles aprender a lidar com a energia, moldando-a e esculpindo-a consoante as obras que desejam executar.

---

72. *Ornitofilene* (1965-1966) é o primeiro espetáculo do Odin Teatret e foi realizado quando este ainda era radicado na Noruega.
73. Entrevista realizada em 8.6.1998, Belo Horizonte.
74. E. Barba, *A Arte Secreta do Ator:* dicionário de Antropologia Teatral, p. 246.

Idéias de complementaridade e de simultaneidade estão presentes também no imaginário[75] científico. A concepção binária que se encontra na origem da divisão do corpo e do mundo em dois hemisférios, sejam eles denominados de esquerdo/direito ou de frente/trás, parece ser uma idéia recorrente não apenas no teatro, mas em disciplinas tão diferentes entre si como o são a geografia e a neurologia. A neurologia, por exemplo, concebe o cérebro como estando dividido em dois hemisférios, o esquerdo e o direito. O hemisfério esquerdo seria responsável pela linguagem, que é seqüencial, enquanto que o hemisfério direito, que opera de forma simultânea, responderia, entre outras coisas, pelas artes e pela consciência do corpo. Ambos atuariam juntos, de forma complementar. A partir dessa representação do cérebro e, conseqüentemente, do corpo e do indivíduo, desenvolvem-se diversos ramos da ciência.

A idéia de complementaridade encontra-se no cerne do debate sobre a reintegração dos vários níveis da experiência humana. John Blacking defende uma "função biológica da arte" que consistiria, em última instância, em "ativar ambos os hemisférios do cérebro, de modo a contribuir para uma consciência humana mais completa"[76]. Essa idéia vai ao encontro do que, no teatro, seria a busca de unir a teoria à prática, o fazer e o pensar. Eliminam-se, assim, as dicotomias entre teoria e prática, corpo e mente, e seus conseqüentes desdobramentos, que culminam no estabelecimento de uma hierarquia do pensar sobre o fazer (que caracteriza a teoria) e do fazer sobre o pensar (que, comumente, caracteriza a prática teatral).

Iniciativas como as de Grotowski, Barba e Antunes, de fazer com que seus atores sejam também pesquisadores e reflitam sobre o próprio trabalho, trazem um aprofundamento para o ofício do teatro, que, muitas vezes, transcende os limites do espetáculo. Aliar o saber e o método parece mais coerente com os princípios da arte, do que dividir os campos da experiência em teoria e prática, valorizando uma em detrimento da outra. A imagem de Atenea e Hefesto – sabedoria e método, criação e execução (*mãe* e *pai*) – traduz com clareza o processo dinâmico envolvido na arte. É esse par mítico, complementar, que deve sempre guiar os atores, os artistas.

Conforme observa Marcel Mauss, as diferentes sociedades determinam técnicas corporais diferentes. O corpo é o objeto por excelência da socialização. É por meio dele que o indivíduo aprende a ver o mun-

---

75. Utilizo o termo imaginário no sentido oferecido por Gilbert Durand: como o "conjunto das imagens e das relações de imagens que constitui o capital pensado do *homo sapiens*", que "abarca todos os procedimentos do pensamento humano" (G. Durand, *As Estruturas Antropológicas do Imaginário*, p. 14). Considero, ainda, como Le Goff (em *O Imaginário Medieval*), que o imaginário situa-se no campo das representações e, como tal, não se limita a reproduzi-las, podendo também, criá-las.

76. J. Blacking, op. cit., p. 20.

do, segundo a sociedade e o contexto histórico em que vive. O corpo, portanto, é uma espécie de códice vivo, mapa semântico das regras e das interdições de uma cultura. Com o teatro não será diferente. Cada grupo, cada microcultura, engendra uma forma peculiar de utilização do corpo, que corresponde à sua concepção de mundo e de teatro.

A cada tipo de teatro, portanto, corresponde um código, que reúne suas respectivas premissas técnicas, estéticas e filosóficas. No teatro de pesquisa, esse código é, em geral, passado na relação interpessoal, por intermédio do treinamento. É por meio dele que o ator penetra nos segredos da profissão, que se inicia nos "mistérios" do ofício. É nele que o ator ligado ao Teatro Antropológico adquire as noções da Antropologia Teatral. O treinamento é uma forma muito eficaz de transmissão do saber. É uma das maneiras pelas quais os grupos passam o conhecimento adquirido às novas gerações e a outros grupos teatrais.

Como ressalta Richard Schechner, "o conhecimento da performance pertence às tradições orais"[77]. Schechner faz uma comparação interessante entre a forma como, no esporte, os antigos jogadores, transformados em técnicos, transmitem seus segredos aos jovens jogadores e o modo como os atores mais antigos ou experientes o fazem em relação aos atores iniciantes. Ambos os saberes são comunicados pessoalmente. Fazem parte, portanto, de uma longa tradição oral de transmissão de conhecimento, que caracteriza inúmeros ofícios.

O treinamento pode ser visto, ainda, como moeda de troca entre os vários grupos teatrais de pesquisa. Há um intercâmbio constante de conceitos e técnicas teatrais entre eles, que movimenta uma enorme gama de informações. O conhecimento cumpre, assim, uma espécie de circuito que lembra aquele estabelecido no *kula* melanésio. No circuito do conhecimento teatral, o que circula são os segredos do ofício de ator.

É por meio do treinamento que o ator constrói, diariamente, sua identidade como membro de determinada família do teatro de pesquisa. Ao efetuar o processo de desconstrução de condicionamentos físicos, ele adentra em uma nova cultura corporal. Descobre outras atitudes e posturas e adquire um condicionamento diferente – dessa vez, mais consciente. O treinamento é a bússola do ator, sua Rosa dos Ventos. Ele suscita uma noção de ética muito precisa. É por seu intermédio que o ator encontra a orientação necessária para enfrentar as dificuldades colocadas pela profissão.

Submetido diariamente ao ritual do treinamento, o ator sofre uma transformação que é, em parte, transitória – pois, ao voltar à vida cotidiana, pode retomar antigos hábitos –, e, em parte, permanente. É como se ele se submetesse, todos os dias, a um ritual (de iniciação, de passagem e, mais tarde, de confirmação), no qual seu corpo e sua men-

---

77. R. Schechner, op. cit.

te fossem gradativamente introduzidos no universo da cultura teatral do grupo a que pertence. É no treinamento que o ator é iniciado nos segredos do culto. É lá, que ele muda de pele e adquire uma "segunda natureza", como pretenderia Barba, mas que eu preferiria chamar de uma segunda cultura.

Assim, é por intermédio do corpo que o ator é iniciado no universo da Antropologia Teatral, da Nova Teatralidade, da Arte como Veículo, ou de qualquer outra filosofia teatral. As técnicas do corpo, como ressalta John Blacking, "não são aprendidas inteiramente com os outros, mas, sobretudo, descobertas através dos outros"[78]. Tais descobertas coincidem com o contato e/ou com a aquisição de um novo *ethos*, assim definido por Eugenio Barba:

> Cada aprendiz, cada ator que começa a trabalhar, é caracterizado pela aquisição de um *ethos*. *Ethos* como comportamento cênico, isto é, técnica física e mental, e *ethos* como um trabalho ético, isto é, uma mentalidade modelada pelo *environment*, ambiente humano onde o aprendiz se desenvolve[79].

A forma de mover-se, de colocar a coluna, o lugar onde se situa o centro de energia, o movimento dos olhos, a maneira de trabalhar a voz e como ela é vista e situada no corpo: saber isso é estar inserido em determinado contexto teatral. É conhecer os princípios que regem determinado estilo. É pertencer a uma cultura de grupo, a uma cultura teatral específica, a um *ethos*, como denomina Barba. É, de certa forma, pertencer a uma paróquia, a uma igreja, com cujos "companheiros de culto" o ator compactua e se identifica em suas práticas, suas crenças e ideais.

Tal como acontece no método de trabalho de Antunes Filho, os exercícios do Odin Teatret baseiam-se nas idéias de complementaridade e simultaneidade. Assim como Antunes, Eugenio Barba também acredita na importância de os exercícios possuírem um sentido que ultrapasse o nível meramente técnico ou ginástico. Para ele, "todos os exercícios físicos são exercícios espirituais". Fazem parte do desenvolvimento da pessoa; são uma forma de fazer brotar suas energias físicas e mentais e de controlá-las – tanto as que se percebe, e que se pode descrever com palavras, quanto aquelas sobre as quais não se consegue falar[80].

Encontramos, pois, na concepção de teatro de diretores tão diferentes como Barba, Grotowski e Antunes, uma forma muito particular de prática da espiritualidade. Sua retórica, ainda que mescle termos e conceitos considerados científicos, não deixa de ter, de certa forma, cunho religioso. Nesse sentido, arrisco a pensar que o treinamento,

---

78. J. Blacking, op. cit., p. 4.
79. E. Barba, *A Arte Secreta do Ator:* dicionário de Antropologia Teatral, p. 246.
80. Idem, ibidem.

nesse contexto, é a missa diária em que se realiza o sacrifício ritual do ator, e a transmutação do corpo. O ritual cotidiano por meio do qual não apenas o ator se transforma, mas também a sua pessoa. Há, no ritual do treinamento, um processo contínuo e simultâneo de construção e desconstrução da identidade individual (do eu, em relação a mim mesmo, e do eu em relação ao outro) e coletiva (nós em relação aos outros).

Esse me parece ser mais um ponto de contato entre o trabalho de Antunes, Barba e Grotowski. Todos eles construíram métodos de trabalho que envolvem, ao mesmo tempo, uma visão muito peculiar do mundo e da humanidade, sobretudo do ator. Todavia, sua eficácia depende, em grande medida, do grau de compreensão e de aceitação do ator quanto à filosofia que o fundamenta. Os métodos teatrais dos três diretores funcionam como sistema orientador do indivíduo enquanto ator – em termos de uma técnica ou de uma estética – e como sujeito social, frente ao teatro e ao mundo. Cada um deles, isoladamente, fornece ao ator teatral/sujeito social os paradigmas para seu pensamento e para sua ação. Nesse sentido, acredito ser possível afirmar, ainda que metaforicamente, que esses grupos possuem um caráter de "igreja", no sentido definido por Durkheim: "Uma sociedade cujos membros estão unidos pelo fato de perceber, da mesma maneira, o mundo sagrado e suas relações com o mundo profano, e de traduzir essa concepção comum em práticas idênticas"[81].

Nessa perspectiva, cada grupo/igreja teria sua própria gramática simbólica, seu repertório particular de crenças e de ritos. De forma que os atores que se aproximam desses grupos, tal como os fiéis do culto, elegem aquele cuja prática, cuja visão de mundo e de teatro mais satisfaz suas necessidades espirituais e filosóficas frente aos imponderáveis da vida humana.

A atriz Daniela Nefussi conta que foi justamente a filosofia de Antunes Filho, mais do que sua linguagem cênica, que a fez prestar exame para o CPT. Segundo ela, apesar de já fazer teatro há quase vinte anos, sentia uma insegurança como atriz, que advinha do fato de não ter nenhuma técnica, nenhuma filosofia orientando seu trabalho. O método de Antunes, baseado na idéia de complementaridade, fez com que se sentisse mais segura, mais tranqüila para trabalhar:

> Eu fiz escola de teatro, tanto como atriz como diretora. Fiz duas escolas e trabalho com teatro há dezoito anos. E eu sempre fui insegura, como atriz. [...] Sempre que eu ia fazer ou construir um personagem ficava muito angustiada – aquela angústia do ator, de não conseguir se ver, de não conseguir enxergar. Você percebe que tem algum erro no trabalho, mas não consegue enxergar o que é que está errado; está sempre dependendo do diretor, dependendo da visão de fora. [...] Você percebe que não tem uma técnica. [...] Por exemplo, os espetáculos do meu grupo, mesmo. [Daniela se refere ao grupo de pesquisa que ela tinha antes de entrar no CPT]: cada um atirava para um lado, na inter-

---

81. É. Durkheim, *As Formas Elementares da Vida Religiosa*: o sistema totêmico da Austrália, p. 75.

pretação. Era uma estética que ficava engraçada, porque estava cada um interpretando dentro de uma linha. Você atira para onde dá, e isso gera uma insegurança, um descontrole. E aqui, nesse trabalho do afastamento, você não se identifica psiquicamente com o trabalho. Você está sempre afastado. [...] O Antunes gera um processo em que a gente constrói cenas, a gente é o dramaturgo, o ator, o diretor. A dupla [de atores] faz tudo. Você tem que conseguir se ver de fora. Essa cegueira que o ator costuma ter quando está fazendo uma cena tem que desaparecer. Você tem que conseguir se afastar e ao mesmo tempo não perder o envolvimento. Mas isso não significa que o trabalho fique frio, sem emoção. É uma questão de ter técnica. Então, você entra em cena tranqüilo, com segurança. Porque você não está lidando com o desconhecido, que gera a ansiedade. O desconhecido, você joga para o mistério, que é da vida mesmo. [...] Então, um aspecto fundamental é essa segurança e essa tranqüilidade que o método vai dando. Não quer dizer que você não tenha angústia quando termina um trabalho. Você acaba tendo, mas a angústia que todo artista sempre vai ter. Mas você terá a tranqüilidade de saber o que fez; de saber o que não fez. Coisa que eu, em quase vinte anos de teatro, nunca tinha tido com clareza. Era muito mais o desespero. Eu tinha desistido de fazer teatro por causa disso, porque eu pensava que, para sofrer do jeito que a gente sofre, ter tão pouco resultado, não vale a pena, não faz sentido. E aqui, é o contrário. Você tem que trabalhar com atenção, com decisão, mas com prazer, simultaneamente. Se não tiver uma tranqüilidade, se não tiver uma ideologia que dá sentido ao próprio trabalho, ele não acontece, você não consegue se afastar. Engraçado que o Antunes conseguiu imaginar uma técnica, que se você não pensar as coisas por simultaneidade, por complementaridades, se você não se desidentificar psiquicamente delas, não consegue alcançá-la[82].

No teatro de pesquisa é essencial que o ator conheça e compreenda os fundamentos que lhe dão sustentação e, ainda, que se identifique com eles. Caso contrário, o método não tem muita chance de funcionar, uma vez que a mecânica do treinamento necessita de uma filosofia que lhe dê sentido, e, em parte, que os atores confiem nela. Não há nada pior para o ator que treina do que repetir incessantemente um exercício cujos princípios e objetivos lhe escapam. Quanto menos ele entende o que está fazendo, mais rapidamente se cansa e se desinteressa daquela atividade. Quando, no entanto, compreende o sentido do exercício, encontra força e motivação suficientes para persistir. De maneira geral, o que se busca, nesse tipo de teatro, é o aperfeiçoamento não apenas técnico e profissional, mas também humano e espiritual. É, pois, justamente uma concepção estética e filosófica que subsidie seu trabalho e seu pensamento, que a maioria dos atores ligados ao teatro de pesquisa procura.

Esse é um dos motivos que os leva a eleger determinado grupo ou diretor; determinada técnica ou estilo. É claro que existem outros fatores que influenciam as escolhas, como, por exemplo, o grau de estabilidade e/ou de reconhecimento de cada grupo perante o público e a mídia; a possibilidade de, ingressando em um centro de pesquisa teatral conhecido, chegar a outros tipos de teatro e, quem sabe, no caso do Brasil, à televisão; ou, simplesmente, a vontade de aperfeiçoar-se tecnicamente. O fato é que, não obstante a existência ou a co-existência de tais tipos de interesse, o que parece predominar nesse universo – em

82. Entrevista realizada em 4.4.1998, São Paulo

que se ganha muito pouco, trabalha-se muito e se é quase sempre pouco reconhecido – é o desejo de aprimorar-se não só como ator, mas como pessoa, e, nesse caso, o teatro acaba se transformando em uma espécie de escola filosófica. O aprendizado desse tipo de teatro, que incorpora também uma filosofia, dá-se na interface entre corpo e pensamento, em que um não está desvinculado, dicotomicamente, do outro, e, sim, ligado por uma relação de complementaridade.

Nesse contexto, a transmissão do conhecimento se dá através do corpo. É na prática diária do treinamento que o corpo se desvencilha de sua linguagem usual e adquire uma expressividade cênica, coerente com os paradigmas filosóficos e estéticos do grupo ao qual pertence o ator. É o exercício contínuo de aprender, de colocar-se à prova, que possibilita ao ator construir uma nova identidade como sujeito social e como ator que é parte de determinado grupo, família ou igreja teatral. O corpo, portanto, assume enorme importância para a compreensão dos fenômenos envolvidos no processo teatral.

O fato de ter tido a rara oportunidade de vivenciar, com meu próprio corpo – e não apenas de observar –, os exercícios e as técnicas desenvolvidas por Antunes Filho, Eugenio Barba e seus atores foi fundamental para perceber e assimilar seus fundamentos. Nesse sentido, o corpo revelou-se um instrumento privilegiado de conhecimento, de análise e de aprendizagem. Um poderoso meio de comunicação com vias próprias, que me permitiu o acesso a categorias do espírito humano e a percepções sensoriais, as quais, possivelmente, eu teria levado mais tempo para identificar como observadora. Essa experiência não somente despertou meu interesse em relação ao tema da construção simbólica do corpo e de suas respectivas técnicas corporais, como forneceu os subsídios necessários para a elaboração deste estudo.

Durante o período em que realizei a pesquisa bibliográfica, pude constatar que são poucos os trabalhos, em antropologia, publicados sobre o corpo no teatro, sobretudo no Brasil, o que é lamentável, pois, considerando que a maioria dos artistas não costuma escrever sobre o próprio trabalho, seu conhecimento fica restrito ao círculo teatral, propriamente dito, correndo o risco de desaparecer com eles. Isso se deve, em parte, à própria dificuldade imposta pela travessia interdisciplinar. Talvez esse seja, ainda, um dos tabus a serem vencidos em nossa disciplina.

EM BUSCA DA *TÉSSERA* PERDIDA

O corpo é o instrumento por excelência da arte do ator. É por meio dele, e nele, que se expressam as paixões humanas. Mas o corpo é também mapa cosmogônico e semântico; sujeito e, ao mesmo tempo, objeto do conhecimento e da transmissão do saber. Nele, o ator inscreve, continuamente, significados, cosmologias. É no pergaminho do corpo que o ator tece as iluminuras que contêm o conhecimento de sua arte e de seu ofício. O corpo do ator é, pois, uma espécie de códice vivo cuja linguagem, uma vez decifrada, permite o acesso não apenas às concepções técnicas e estéticas que lhe servem de base, mas também à cosmogonia, à visão de mundo por detrás de cada ator, de cada grupo.

Assim, para Antonin Artaud, por exemplo, "conhecer as localizações do corpo" significa "refazer a cadeia mágica". Essa "antiga cadeia", diz ele, "na qual o espectador procurava no espetáculo sua própria realidade"[83]. A comparação que Grotowski, por sua vez, estabelece entre a Arte como Veículo e a escada de Jacó permite que vejamos os atores como os anjos que, na visão do personagem bíblico, subiam e desciam, estabelecendo o elo entre o céu e a terra, o sagrado e o profano. A metáfora bíblica utilizada por ele ilumina uma semelhança. Sua concepção de teatro assemelha-se, em certa medida, a uma visão mística do mundo, cujos efeitos se fazem sentir na forma como seus atores percebem o corpo. A idéia de ator como alguém capaz de estabelecer, com sua arte, uma ligação entre o sagrado e o profano parece estar presente mesmo nos grupos teatrais em que conteúdos espiritualizantes não são tão explícitos, como os de Eugenio Barba e Antunes Filho. Há, em todos eles, a busca de "refazer a cadeia mágica", a que Artaud se refere, por intermédio da re-integração entre o corpo e a mente, o espírito e a matéria.

O corpo é concebido em relação a duas linhas principais. A primeira linha, vertical, é vista pelos atores do Workcenter e pela maioria das artes teatrais como o eixo do corpo. No caso específico do Workcenter, a linha vertical é a linha da transcendência, enquanto a linha horizontal estaria associada às forças vitais, orgânicas, cotidianas. Todo o trabalho na Arte como Veículo dedica-se a ultrapassar essa última, na tentativa de estabelecer a passagem da horizontalidade à verticalidade da experiência humana. O corpo estabelece a ponte, a comunicação entre os níveis alto e baixo da energia, entre o visível e o invisível. Nesse sentido, o corpo é a própria escada de Jacó.

A segunda linha, horizontal, divide o corpo em duas partes, a parte de cima e a parte de baixo, e estaria situada ao nível do plexo solar, identificado por Thomas Richards e Daniela Nefussi com a região do abdômen e da base da coluna. O meio do corpo equivaleria, assim, ao chamado centro ou plexo solar, de onde saem os impulsos e as ações, e onde as duas linhas se encontram. É nele que nasce "o rio de energia que corre pelo corpo", segundo a descrição de Richards. Como já vimos, a maioria das tradições teatrais reconhece um ponto no corpo que considera como o centro[84] gerador de energia. De maneira geral, tanto nas artes teatrais do Ocidente quanto nas do Oriente, esse centro

---

83. A Artaud, *O Teatro e Seu Duplo*, p. 170.
84. Sobre o simbolismo do *centro* ver M. Eliade, *Imagens e Símbolos:* ensaio sobre o simbolismo mágico-religioso.

costuma coincidir com o abdômen ou com a base da coluna, região associada ao plexo solar.

Se pensarmos na divisão da Terra, tal como a conhecemos[85], veremos que a divisão do corpo concebida pelos atores do Workcenter não difere muito. O teatro, como qualquer manifestação artística, será sempre um fato social e, por conseguinte, não está livre das categorizações e das construções da realidade que predominam em seu tempo e em sua sociedade. Desse modo, não é certamente por acaso que a divisão do corpo na experiência de Pontedera se assemelha, de certa maneira, à divisão do mundo estabelecida no Ocidente. Talvez Grotowski não tenha sequer pensado nessa analogia. No entanto, assim como todas as demais categorias do pensamento que conformam o nosso olhar sobre o mundo, a idéia que temos a respeito deste influencia, de forma subliminar, nosso pensamento e nossas ações.

De modo geral, o mundo (a Terra) é concebido como sendo cortado por duas linhas principais: uma linha vertical, identificada simbolicamente com o tempo, e, a outra, horizontal, relacionada ao espaço. A linha vertical é considerada o eixo do mundo[86] e está associada, simbolicamente, ao meridiano de Greenwich, que norteia a contagem universal do tempo. A linha horizontal, por sua vez, é representada pela linha do Equador e divide o mundo em dois hemisférios, o Norte e o Sul. Ambas as linhas estão, de alguma maneira, relacionadas ao movimento de rotação da Terra. A primeira diz respeito ao tempo que o planeta leva para girar em torno de si e em torno do sol, enquanto que a segunda refere-se à direção do movimento de rotação que ele executa: oeste/leste. As duas linhas se cruzam, formando o desenho de uma cruz.

A cruz, o centro, o círculo e o quadrado constituem os quatro símbolos fundamentais. A cruz estabelece a relação entre eles, pela intercessão de suas duas linhas retas. Considerada, de maneira geral, "o mais totalizante dos símbolos", a cruz é também um dos símbolos mais antigos da humanidade[87]. Tal como o quadrado, simboliza a Terra e é "a base de todos os símbolos de orientação", nos diversos níveis de existência humana – do sujeito em relação a si mesmo, ao espaço e ao tempo[88]. A cruz tem a função de síntese. Nela se unem o céu e a terra, o tempo e o espaço: "ela é o cordão umbilical, jamais cortado,

---

85. Lembremos que tanto o Ocidente como o Oriente abrigam sociedades culturalmente muito diferentes entre si. Nas sociedades indígenas e em algumas comunidades camponesas, por exemplo, existem outras formas de representação do mundo. Refiro-me, neste estudo, àquela forma que, por razões históricas e político-econômicas, tem predominado até aqui.

86. Sobre a simbologia do *eixo do mundo* ver M. Eliade, op. cit.

87. De acordo com Chevalier e Gheerbrant, foi encontrada em Creta uma cruz de mármore que data do século XV a.C. *Dicionário de Símbolos*: mitos, sonhos, costumes, gestos, formas, figuras, cores, números.

88. Idem.

do cosmo ligado ao centro original"[89]. Talvez não por acaso, o corpo do ator seja concebido, em várias culturas teatrais, como dotado de um centro gerador, de onde nasce a energia.

A cruz parece ser, assim, uma construção arquetípica, uma espécie de universal, que reaparece nas diversas sociedades com variantes que giram em torno dos mesmos conteúdos direcionais, reintegrativos e ascensionais. Na tradição cristã, a cruz passaria a ser assimilada à paixão e à ressurreição de Cristo. A idéia de morte e de renascimento está presente tanto na definição de ator santo de Grotowski – cujo corpo é oferecido em sacrifício para surgir depois, renovado – como na concepção de Antunes, para quem "cada trabalho é uma morte e renascimento". Em algumas lendas orientais, a cruz é vista como ponte ou como escada pela qual os homens obtêm o acesso ao transcendente. A cruz, a ponte e a escada são símbolos que remetem a miríades de imagens e de representações, e, por essa razão, têm sido objeto de um sem-número de estudos e tratados[90].

Todos esses símbolos são muito utilizados na linguagem e na prática teatrais. Se pensarmos nos grupos aqui analisados, veremos que não é, talvez, por acaso, que o seminário de Iben Nagel Rasmussen recebe o nome de *Ponte sobre os Ventos*, ou que Grotowski utiliza a imagem da escada vertical ou do elevador primordial. Em Antunes Filho, a união de *pai* e *mãe* nos leva à união simbólica de céu e terra. A tentativa de estabelecer uma complementaridade e, por meio dela, uma possível ponte entre os aspectos imanente e transcendente da experiência humana parece estar na base das filosofias dos três diretores.

Assim, dividido o mundo em forma de cruz, as linhas horizontal e vertical estabelecem duas categorias fundamentais: Pólo Norte e Pólo Sul, Oriente e Ocidente. No que se refere ao corpo, temos as categorias: acima e abaixo do plexo solar, lado direito e lado esquerdo[91]. Embora laicas, ambas as divisões, a da Terra e a do corpo, parecem encerrar, ainda que de forma subliminar, uma concepção mítico-religiosa do mundo. Considerando que o sagrado e o profano são categorias que se mesclam, não seria de admirar que coexistam na geografia. Conforme observa Mircea Eliade, existiria uma geografia profana e uma geografia sagrada, mítica. Poderíamos dizer o mesmo a respeito do corpo: que há uma anatomia profana e, uma outra, mítica. Juntas, fornecem ao indivíduo a orientação diante do mundo.

---

89. Champeaux apud J. Chevalier e A. Gheerbrandt, op. cit., p. 309.

90. Para maiores detalhes, ver J. Chevalier e A. Gheerbrant, op. cit.; M. Eliade, op. cit.; e R. Guénon, *Le symbolisme de la croix*.

91. Na concepção de Antunes Filho, a linha vertical divide o corpo em parte da frente (o pai) e parte de trás (a mãe). Nesse sentido, ele acrescenta duas novas categorias ao modelo tradicional.

Na maioria das sociedades, a idéia de transcendência, de supranatural, costuma estar associada à de nível *superior* (ou *em cima*), ao passo que, em se tratando de imanência, de cotidianidade, a correlação se faz com o nível *inferior* (ou *embaixo*); estando presente, intrinsecamente, em ambos os níveis, a noção de valoração ascendente e descendente. No que diz respeito ao corpo, algo semelhante se verifica. Em muitos agrupamentos sociais, temos inclusive a partição cabeça e *resto do corpo*, sendo que em todos eles é comum associar o nível superior à mente ou à cabeça e o nível inferior às partes situadas abaixo dela. Como corolário, os *baixos instintos*, os instintos vitais, simbolicamente localizados da cintura para baixo, estariam numa escala de valor inferior se comparados aos *altos instintos*, estes associados às coisas do espírito e à região do corpo identificada com a cabeça. Tal divisão nos remete à "patológica dicotomia mente/corpo", de que fala Blacking, que consiste em dissociar o raciocínio, a razão de sentimentos e forças vitais ou orgânicas.

Diversos cientistas sociais constatam a inutilidade de adotar, nos dias de hoje, a clássica distinção entre natureza e cultura. O próprio Blacking, em seu artigo "Towards an Anthropology of the Body", aponta para essa direção. Entretanto, ousaria ir além, levantando, a título de registro para uma discussão ulterior, um aspecto que julgo pertinente, ainda que extrapole o objeto deste estudo. Considero que por trás de tais conceitos antropológicos podemos encontrar, residualmente, uma concepção mítico-religiosa de mundo que não é explicitada. A dicotomia natureza/cultura se consubstanciaria, na verdade, ainda que remotamente, na dissociação entre corpo e alma, matéria e espírito, e sendo assim, o corpo estaria para a natureza, assim como a mente para a cultura. À luz da antropologia, a cultura distinguiria o homem dos animais, enquanto que, para a religião, sobretudo a católica, tal distinção se faz a partir da existência da alma. Talvez devêssemos rever nossa crença na capacidade que a ciência teria de se apartar, completamente, do pensamento mítico-religioso. Afinal, o religioso e o secular são os dois lados de uma mesma moeda e, como tal, entrelaçam-se e influenciam-se mutuamente.

O conceito de natureza e cultura, caro à antropologia e objeto de muitos ensaios e discussões brilhantes, sempre me causou certo desconforto, porque parece trazer embutida uma forma velada de valorização dessa última em relação à primeira. Acredito que grande parte da tragédia ambiental que atualmente cerca o planeta deve-se, em parte, a essa visão fragmentária do Homem, que insiste em separá-lo da corrente vital e biológica da qual, em última instância, ele faz parte, em que pese sua capacidade de raciocínio, seu grau de desenvolvimento espiritual, econômico ou cultural. No caso específico da dicotomia mente/corpo, a valorização do aspecto racional, mental, quase sempre implica em prejuízo para o corpo, visto como foco de poluição, remanescente que é das *origens animais* do homem – o elo perdido da animalidade; algo perigoso, que deve ser vigiado de perto e punido.

O corpo é, quase sempre, relegado a um papel secundário e utilitário na vida cotidiana. Mesmo agora, quando é submetido aos excessos de uma mercantilização crescente, em função de uma obsessão estética que leva milhares de pessoas às mesas de cirurgia, em busca do corpo perfeito e da juventude eterna, o corpo, tornado objeto de consumo e de angústias existenciais, alçado, aparentemente, à categoria de protagonista, não passa de mero objeto – cada vez mais descartável e distante de ser o poderoso instrumento que ele é.

A divisão do mundo em parte de cima e parte de baixo e a do corpo em corpo e mente engendra outros desdobramentos. Não raro, os países situados na parte de cima da linha do Equador (o meio do mundo, o centro do corpo) são inseridos na categoria *mais desenvolvidos*, enquanto os países situados abaixo dela integram a categoria *menos desenvolvidos*. Nível superior, nível inferior. Cabeça, corpo. A parte de cima, associada ao desenvolvimento, à cultura, às coisas do espírito; a parte de baixo, relacionada à natureza, ao corpo, aos instintos. Quantas vezes não vimos esse esquema simplificador, que tende sempre a valorizar os atributos intelectuais dos habitantes da parte de cima do mundo e a reforçar a relação com a corporalidade atribuída aos habitantes da parte de baixo, ser reproduzido em centenas de trabalhos acadêmicos, na mídia e no cinema?

A tentativa, de grupos como os de Barba, Antunes e Grotowski, de reintegrar a experiência humana segue na direção oposta dos estereótipos, dos que teimam em conceber o corpo e a humanidade como metades divididas e apartadas. O que se almeja, nesses grupos, é resgatar a dimensão plural da experiência, a equivalência entre os diversos aspectos da aventura humana. Trata-se de perceber a experiência de forma dialética e, não, dicotômica. A busca de reintegração empreendida por grupos como o de Grotowski, por exemplo, parece reeditar, em roupagem contemporânea, o mito da unidade perdida, do retorno a um tempo mítico em que, como diz Platão, o homem era uno e indivisível. O teatro representaria, assim, a *téssera hospitalis* – o pequeno pedaço de osso, capaz de restituir a tão sonhada unidade.

6. A Ostra e a Pérola: Uma Anatomia do Ator

A gota que deixou seu lar, o oceano, e a ele depois retornou, encontrou a ostra à sua espera e nela se fez pérola.

JALAL UD DIN RUMI

Grotowski começou suas pesquisas nos anos de 1960, com um grupo de atores profissionais integrantes do seu Teatr 13 Rzedow, que mais tarde se transformaria, como vimos, no lendário Teatr Laboratorium de Wroclaw. Com pouco tempo à frente do Teatr 13 Rzedow – cerca de um ano –, sentiu a necessidade de imprimir mudanças na estrutura tradicional do teatro. Repensando a relação ator/espectador, e colocando-se perguntas a respeito do que vem a ser a natureza da representação, Grotowski desenvolveria conceitos que iriam marcar profundamente a cena teatral. Alguns deles, como o de teatro como laboratório, ou de Teatro Pobre, ainda hoje exercem uma influência generalizada no meio teatral, sobretudo, no universo do teatro de pesquisa. Seguindo de perto os passos de Stanislávski, Grotowski radicalizou a idéia de que o ator é a essência do teatro. Desse modo, todo o seu trabalho foi direcionado para a investigação sobre a arte de atuar. Se hoje existem tantos teatros laboratórios, isto se deve parte a Stanislávski e parte a Grotowski.

Eugenio Barba, por sua vez, é o grande divulgador da idéia de um treinamento específico para o ator. Contrário à tese de que o ator precisa ter talento ou dom – no sentido de uma qualidade inata, ou mesmo, de um dom divino – para representar, utilizou o treinamento do mestre polonês como base para iniciar suas próprias pesquisas junto ao Odin Teatret, formado, como vimos, por atores reprovados no teste de ingresso para a Escola de Teatro de Oslo, na Noruega.

Ambos os diretores têm em comum o fato de aliarem, a uma pesquisa que é essencialmente teatral, aspectos considerados científicos e metafísicos. Servindo-se de conceitos retirados das ciências humanas e da física, os diretores e seus atores constroem uma nova cartografia corporal, uma noção de corpo particular. A anatomia do ator é idealizada. O corpo é um mapa semântico, uma espécie de Pedra de Rosetta[1], pleno de significação simbólica, que transparece em uma linguagem quase hieroglífica de sons e gestos, elaborada a partir de pesquisas sobre mitos, ritos e arquétipos. Para alcançar tal refinamento, nesse teatro de imagens e de símbolos, é necessário desenvolver, ao mesmo tempo, um alto nível técnico, o que pressupõe um treinamento rigoroso e uma dedicação exclusiva, quase monástica, por parte dos atores.

Grotowski dirá: "as regras do trabalho são duras. Não há lugar para mimosas, intocáveis em sua fragilidade". E ainda: "quando digo 'ir além de si mesmo', estou pedindo um esforço insuportável. A pessoa é obrigada a não parar, apesar da fadiga, e a fazer coisas que bem sabe que não pode fazer"[2]. As regras, portanto, são rigorosas. Ao contrário do teatro tradicional, em que o ator tem um período de ensaios que dura em média de três a quatro horas, depois do qual está livre, nos grupos de pesquisa, a dedicação, como vimos, é integral.

Barba, Grotowski e Antunes buscam criar uma linguagem cênica que não seja realista, que vá além dos gestos e das posturas cotidianas. Para isso, faz-se necessário empreender a desconstrução de certos condicionamentos corporais, partindo do estranhamento da própria cultura, no que diz respeito ao que Marcel Mauss denominou as técnicas corporais cotidianas. É somente a partir da ruptura com o gesto ordinário, usual, que o ator cruza a fronteira em direção a uma cultura própria, inventada, original. Combate-se, portanto, a noção de espontaneidade no teatro, entendida como não sendo "mais do que reflexos cotidianos, reações que realizamos sem nos dar conta"[3].

Essa forma de ver o teatro compreende duas idéias diferentes, mas complementares entre si. A primeira diz respeito a uma necessidade puramente estética e artística, ligada, obviamente, a uma concepção filosófica do que seja a representação. A busca de uma linguagem cênica artificialmente construída enquadra-se, de modo geral, nos ideais da arte moderna, profundamente marcada, como vimos, pela influência da arte oriental e africana, no que toca ao uso de símbolos e ao teor não-naturalista da obra de arte. A segunda idéia está relacionada à concepção de arte como algo capaz de *re-ligar* o homem ao que se considera sua essência, aos eternos universais – como é o caso do teatro de Grotowski. Supõe-se que o teatro seja um instrumento, um veículo por meio do qual o ator possa ampliar a percepção e o campo da ex-

---

1. Para Eugenio Barba, o corpo do ator é como uma Pedra de Rosetta, cabendo ao espectador o papel de Champollion.
2. J. Grotowski, *Em Busca de um Teatro Pobre*, p. 197 e 205.
3. E. Barba, *Além das Ilhas Flutuantes*, p. 93.

periência física. A linguagem utilizada é, ao mesmo tempo, simbólica e poética, sagrada e profana.

Ora, se há alguma coisa que, de fato, seja natural no homem, esta é, sem dúvida, sua capacidade de abstração, de elaborar conceitos, de construir significados. Conforme observa Mauss, mesmo as técnicas corporais são construções que podem variar de sociedade para sociedade. Assim, tanto o andar como a forma de fazer amor, ou de olhar, são noções que se aprendem, que fazem parte da tradição de cada cultura, não havendo, portanto, uma maneira natural de comer, de falar, ou de dormir. Karl Marx[4] já chamara atenção, antes mesmo de Mauss, para o fato de que os sentidos são uma construção humana, e que, como tal, os cinco sentidos só se tornam humanos na medida em que o homem os transforma em objeto social. Desse modo, poderíamos dizer que os atores de Eugenio Barba e de Grotowski estão empenhados na construção de uma nova cultura cênica/corporal, de novas técnicas de manipulação do corpo e, por que não dizer, de uma nova educação dos sentidos.

Nessa perspectiva, para se servir do corpo de forma diferente é necessário primeiro livrá-lo de bloqueios e resistências que são reflexos do condicionamento cultural. Esse processo é associado, simbolicamente, à morte do corpo. Resulta disso a imagem de um corpo que, oferecido em sacrifício, ressurge depois renovado, liberto, translúcido, capaz de irradiar energia, em uma espécie de "transiluminação", como queria Grotowski[5]. Há, nessa idéia, uma evidente alusão ao mito da Paixão de Cristo, em que o corpo é crucificado, purgado de todos os males da carne e dos pecados mortais, a fim de permitir a ressurreição do espírito. A esse respeito, Grotowski dirá: "Se [o ator] não exibe seu corpo, mas anula-o, queima-o, liberta-o de toda resistência a qualquer impulso psíquico, então, ele não vende mais o seu corpo, mas o oferece em sacrifício. Repete a redenção; está próximo da santidade"[6].

O paralelismo com algumas idéias cristãs não pára aí. Revela-se, ainda, no conceito de ator santo, proposto por Grotowski (em oposição ao de ator cortesão, que vende seu corpo), para definir o que ele chama de um ato de amor por parte do ator: o *ato total*, em que esse, ao se despir da máscara cotidiana, revela-se e, ao se revelar, permite ao espectador empreender um processo semelhante. Para Grotowski, é possível transformar a mesquinharia do ator em um tipo de santidade – ainda que secular. Noções como essas, de santidade secular, de morte e ressurreição do corpo, revelam a tensão vivida pela dicotomia corpo/alma, matéria/espírito.

---

4. K. Marx e F. Engels, Le caractère historique et social des organes des sens, et l'éducation des cinq sens a seule permis la naissance des Arts, *Sur la Littérature et l'art*.
5. Cf. *Em Busca de um Teatro Pobre*.
6. Idem, p. 29.

A visão do corpo como uma cadeia que limita a livre expressão do espírito já se encontra em Platão e está na origem de uma discussão que atravessa a história do pensamento ocidental. Ao discorrer sobre o cortejo divino conduzido por Zeus para a contemplação do espetáculo sublime da beleza e da verdade, Platão nos fala de um estado original em que éramos puros e "libertos deste cárcere de morte que com o nome de corpo carregamos conosco e no qual estamos aprisionados como a ostra em sua casca"[7]. É, pois, a pérola contida na ostra que Eugenio Barba, Antunes Filho e Grotowski querem libertar[8]. Para isso, é preciso romper a casca, o casulo do corpo e deixar florescer o corpo vivo, dinâmico, consciente.

Uma vez vencidos os bloqueios e as resistências corporais – ou, ao menos, parte deles –, por meio de intenso e rigoroso treinamento baseado em exercícios físicos, improvisação e repetição, o ator passa a dominar uma técnica e, com ela, a construir uma outra forma de lidar com seu corpo. Seus gestos e ações, aos poucos, deixam de ser triviais, literais e tornam-se mais complexos, menos previsíveis.

Na concepção de Grotowski, o ator, como vimos, deve atuar *como se* estivesse em estado de transe. Mas um transe domesticado e não selvagem[9]. O que equivale a dizer que o ator jamais deve perder a lucidez e o sangue-frio, mesmo nos momentos extáticos por excelência. O treinamento, portanto, visa desenvolver no ator o pleno domínio de sua capacidade física e psíquica, de forma a torná-lo capaz de vivenciar o transe e, ao mesmo tempo, domá-lo[10]. Eugenio Barba, por sua vez, considera a lucidez e o sangue-frio qualidades essenciais para que o ator possa atuar sem "transbordamentos emocionais".

A idéia de que o treinamento rigoroso pode ensinar o sangue-frio já se encontra em Mauss. Para o etnólogo francês, a educação fundamental das técnicas corporais consiste em adaptar o corpo a seu emprego. Em sua opinião, "as grandes provas de estoicismo", que caracterizam "a iniciação na maior parte da humanidade, têm por fim ensinar o sangue-frio, a resistência, a seriedade, a presença de espírito, a dignidade, etc."[11].

A matéria-prima por excelência do ator é a energia. Guiado por Atenea e Hefesto (sabedoria e método), ou, na linguagem de Antunes Filho, pela *mãe* e pelo *pai* (*yin* e *yang*), o ator transforma a energia em

7. Platão, Fedro (250c), *Diálogos*, v. v, p. 61.
8. A imagem do corpo e da alma como a ostra que contém a pérola é recorrente também na poesia. O poeta mineiro Altino Caixeta de Castro dirá: "O homem lúcido verifica/ que a existência não se estanca/ [...] sabe que a vida é viscosa/ sabe que entre a náusea e a rosa/ foi que a ostra fez a pérola".
9. Sobre a noção de transe domado e transe selvagem, vide o artigo de J. J. de Carvalho, O Encontro de Velhas e Novas Religiões: esboço de uma teoria dos estilos de espiritualidade, em A. Moreira e R. Zicman, *Misticismo e Novas Religiões*.
10. É como a imagem a que se referia Thomas Richards, ao dizer que o corpo é o cavalo que o ator deve dominar sem, contudo, privá-lo de sua natureza selvagem.
11. M. Mauss, As Técnicas Corporais, *Sociologia e Antropologia*, v. 2, p. 232.

signos, em símbolos, em linguagem. É com ela que o ator-criador esculpe a sua obra. Ele deve ser técnico o suficiente para moldá-la, imprimindo-lhe a forma desejada. A energia é, portanto, a chave, o segredo do ofício do ator. Segundo Grotowski e Eugenio Barba – e, de resto, quase todos os diretores teatrais –, é a qualidade da energia que distingue o bom ator (ter ou não ter abdômen ou *Koshi*), o modo como articula tensões, ritmos, força e leveza, a precisão dos gestos e o vigor que imprime à atuação.

O conceito de energia contém certa ambigüidade. Permite estabelecer uma ponte semântica e, ao mesmo tempo, sincrética entre a ciência e a religião, uma vez que a energia é vista como uma força simultaneamente material e etérea. O caráter científico do termo confere credibilidade a aspectos, em geral, relacionados ao espírito. Refere-se à matéria, mas deixa margem para o sutil, o invisível, o diáfano – associados, via de regra, à espiritualidade. Quando o ator fala de energia, reporta-se, portanto, a duas categorias opostas e complementares: espírito e matéria. Novamente temos a dicotomia corpo/alma, matéria/espírito, o que faz com que o ator seja visto como um ser liminar, ambíguo, que transita entre mundos criando pontes entre o visível e o invisível. Como afirma Barba: "É através de tal rede de tensões, que se manifesta no ator aquela qualidade de energia, aquela luminosidade, aquela transparência, que parecem restituir a unidade do espiritual e corpóreo, do masculino e feminino, do repouso e do movimento"[12].

O atlas corporal do ator é, pois, constituído, fundamentalmente, de energia. É ela que estabelece a ligação entre os diversos membros do corpo e que, em última instância, confere o acabamento da forma, a expressividade. A energia é o instrumento que permite ao ator resgatar a pérola, quebrada a ostra.

A maioria das artes teatrais – inclusive a dança – associa o centro da energia corporal ao plexo solar e à região lombar. Esse centro atua como uma espécie de gerador, uma "usina atômica" que fornece a eletricidade necessária para a atuação. É a partir dele que se expande e recolhe a energia, o movimento.

A idéia de expansão e recolhimento lembra o processo da respiração De fato, supõe-se que o corpo do ator esteja em conexão direta com o pneuma, a respiração vital – conceito tomado de empréstimo à física. Conforme relata Fritjof Capra, Anaximandro concebia "o universo como uma espécie de organismo mantido pelo *pneuma*, a respiração cósmica, à semelhança do corpo humano mantido pelo ar"[13]. A respiração do ator, portanto, deve coincidir com a do Universo.

Mas a anatomia do ator não se restringe à energia ou ao seu centro gerador. O corpo do ator é como um arquipélago, no qual cada ilha

---

12. E. Barba, *Além das Ilhas Flutuantes*, p. 97.
13. F. Capra, *O Tao da Física:* um pararelo entre a física moderna e o misticismo oriental, p. 23. Grifo do autor.

possui sua importância, seu significado. Cabe a ele estabelecer pontes entre elas. O corpo é concebido como dotado de inteligência própria; como se cada parte tivesse uma racionalidade específica. O centro de gravidade é igualmente múltiplo. Supõe-se que cada membro do corpo possui seu próprio centro gravitacional, que é necessário descobrir.

A noção de equilíbrio torna-se mais complexa e elaborada. Eugenio Barba, por exemplo, estabelece o conceito de equilíbrio precário ou de luxo, entendido como o resultado de tensões, de forças opostas distintas daquelas da técnica cotidiana. Provocadas de modo consciente pelo ator, essas tensões têm o intuito de produzir uma "deformação do natural", que altera o equilíbrio comum. É essa deformação que caracteriza os diversos estilos, ou maneiras de representar, no entender de Barba. Assim, tanto o balé clássico como o teatro Nô japonês são exemplos de construção de uma técnica extracotidiana. Cada passo dos bailarinos, cada gesto ou olhar é construído e codificado e pertence a uma tradição.

Os atores-pesquisadores de Antunes Filho, Jerzy Grotowski e Eugenio Barba não possuem uma tradição cênica tão estruturada como aquela do teatro japonês ou balinês, ou mesmo como a do balé clássico, em que os movimentos são extremamente codificados e transmitidos de maneira quase ritual, de mestre para discípulo. No entanto, estão empenhados em criar sua própria técnica, seu universo cênico particular, ainda que não seja com o objetivo de codificá-lo de maneira tão rigorosa. Desse modo, o ator pode experimentar formas de caminhar, de olhar, de saltar, que não sejam aquelas a que já está habituado. Para isso, é necessário desenvolver uma tonicidade muscular capaz de transformar massa[14] e peso em energia mecânica. Assim, se o ator for uma pessoa grande e pesada, deve ser hábil e técnico o suficiente para transmutar seu peso em leveza e sua resistência em movimento. Da mesma forma, o inverso é exigido de um ator leve. Conforme observa Eugenio Barba, "o ator deve encontrar outro centro de gravidade, que o faça passar do natural ao artificial"[15].

O aparelho vocal e respiratório do ator é outro ponto importante. A maioria dos atores que possuem alguma técnica vocal trabalha com a respiração abdominal e usa apenas a cabeça ou, no máximo, o peito como amplificadores da voz. Buscando ir mais além, Grotowski desenvolveu em suas pesquisas o conceito de ressonadores vocais, que atuam como caixas de ressonância espalhadas pelo corpo. De acordo com ele, o número de ressonadores é quase ilimitado, o que nos dá uma idéia do corpo como "um grande aparelho amplificador", em que

---

14. Na concepção clássica de massa, esta "obedecia ao princípio da conservação: a massa de um sistema de corpos permanece constante, quaisquer que sejam as transformações físicas ou químicas que eles sofram". No entanto, atualmente, a teoria da relatividade já "admite a transformação de massa em energia" (Larrousse, *Grande Enciclopédia Delta Larousse*).

15. E. Barba, *Além das Ilhas Flutuantes*, p. 94.

cada parte pode fazer vibrar o som. Grotowski identifica alguns desses pontos ressonadores: "a cabeça, o tórax, a parte de trás da cabeça (o occipício), o nariz, os dentes, a laringe, a barriga, a espinha"[16].

Conforme visto anteriormente, os ressonadores são imagens vocais, licenças poéticas que podem ser associadas a quaisquer partes do corpo, permitindo ao ator ampliar sua capacidade e seu repertório vocal. Lembremos, como Marcel Mauss, que toda técnica corporal é culturalmente aprendida e que tudo em nós é imposto. "Temos" – diz ele – "um conjunto de atitudes permitidas ou não, naturais ou não"[17]. Isso explica por que determinadas sociedades desenvolvem – com o mesmo aparelho fonador – recursos vocais inimagináveis para as demais, como é o caso, por exemplo, dos harmônicos dos camponeses da Geórgia, ou de certos cantos xamânicos[18].

Na concepção de Grotowski, o ator deve empreender uma pesquisa profunda no sentido de descobrir sua verdadeira capacidade vocal e respiratória – que não se limita àquela utilizada no dia-a-dia. De acordo com ele, cada fase da atuação exige um tipo diferente de respiração. Investigação idêntica deveria ser realizada em relação à dicção, defende ele, pois a forma como é ensinada nas escolas de teatro "freqüentemente provoca o fechamento da laringe"[19], o que é lastimável, visto que o ator precisa ter total domínio sobre este importante órgão, podendo abri-lo e fechá-lo quando necessário[20]. Uma vez adquirida essa habilidade, o ator torna-se capaz de fazê-lo inconscientemente, sem pensar. Assim como o corpo, a voz do ator também deve possuir uma dimensão extracotidiana, distinta do *natural*.

Por intermédio da técnica, o corpo do ator adquire uma dimensão dilatada[21], como se a energia ultrapassasse a fronteira física da pele, formando uma espécie de bolha que o circunda em toda a sua extensão. É como se o corpo se tornasse maior do que o seu contorno visível; possuísse uma espécie de camada energética que o envolve, conferindo-lhe aquela dimensão aurática que percebemos nos grandes atores. É a essa espécie de aura que, no teatro, chama-se presença cênica. Sendo assim, o bom ator é aquele que possui um total domínio da técnica e da energia. Um ser capaz de reunir complementaridades, em geral

---

16. J. Grotowski, op. cit., p. 31.
17. M. Mauss, As Técnicas do Corpo, *Sociologia e Antropologia*, p. 408.
18. No Brasil, seriam extremamente importantes e oportunas a investigação e o registro das inúmeras técnicas corporais e vocais das sociedades indígenas e das diversas tradições populares, que, lamentavelmente, permanecem aprisionadas e acondicionadas sob o incômodo e generalizante rótulo de folclore, ou mesmo, de cultura popular, em vez de figurarem, como deveriam, nos diversos compêndios de teoria e história do teatro e da arte.
19. J. Grotowski, op. cit., p. 31.
20. Lembremos da indignação de Artaud (em *O Teatro e Seu Duplo*), ao referir-se ao fato de que os atores franceses de seu tempo não sabiam mais usar a garganta.
21. Essa é outra noção tomada de empréstimo à física.

vistas como dicotômicas, como por exemplo, corpo e mente, intelecto e instinto, pensamento e emoção.

Uma vez conquistada a técnica e libertado o corpo dos automatismos cotidianos, o ator pode, finalmente, entregar-se a Atenea e Hefesto e, em sua companhia, realizar belas obras. Seu corpo é, então, a tenra argila com a qual esculpirá os signos ancestrais, os eternos universais do homem. Como um texto ou história antiga que atravessa os séculos, o corpo do ator resgata a dimensão da transcendência, do simbólico, do mito. O ator passa a ser um construtor de símbolos, de cosmogonias, um "duplo marginal de dois mundos", uma espécie de xamã capaz de vibrar e entoar canções que nunca serão banais. O teatro torna-se, assim, espaço cosmogônico em que tudo pode ser criado, recriado ou destruído. Inclusive o corpo.

Os atores de Barba, Antunes e Grotowski – e, de maneira geral, os de teatro de pesquisa – lutam, pois, contra o naturalismo e a espontaneidade, entendidos como condicionamentos culturais. Pretendem fundar uma nova anatomia do ator, uma linguagem extracotidiana, não-naturalista e plena de significação simbólica. Para tanto, tomam de empréstimo noções oriundas do teatro, da física e da religião. Tal sincretismo confere ao seu teatro um caráter ao mesmo tempo científico e de "mística profana". Efetuam uma construção do corpo que resgata a idéia de uma ressurreição, simultaneamente, religiosa e profana, ou agnóstica, como é o caso de Eugenio Barba. José Jorge de Carvalho, em seu artigo "Encontro de Velhas e Novas Religiões: esboço de uma teoria dos estilos de espiritualidade", considera que a experiência mística "possui um matiz histórico relacionado com as chamadas 'grandes religiões', todas elas letradas; ou então, nos casos mais raros de *mística profana*, com a poesia, a literatura e a filosofia"[22].

A gramática do corpo estabelecida pelos grupos de pesquisa teatral difere radicalmente daquela imposta pelo cinema e pela televisão, que reduz o ator a mero objeto de consumo; uma mercadoria que, como outra qualquer, tem seu preço estabelecido pelo mercado. Eis a grande diferença entre as duas gramáticas: uma pertence ao ator santo, a outra, ao ator cortesão. Se o primeiro busca a redenção, a transcendência, o teatro como ato espiritual, o segundo procura vender sua força de trabalho, inserir-se no mercado. Walter Benjamin, em seu texto brilhante e profético sobre o declínio da aura da obra de arte na era das técnicas de reprodução, já observara essa tendência, trazida pelo cinema, e que hoje se difunde largamente por intermédio da televisão: "Nesse mercado dentro do qual [o ator] não vende apenas a sua força de trabalho, mas também a sua pele e seus cabelos, seu coração e seus rins, quando encerra um determinado trabalho ele fica nas mesmas condições de qualquer produto fabricado"[23].

---

22. J. J. de Carvalho, op. cit., p. 73. Grifo do autor.
23. W. Benjamin, A Obra de Arte na Época de Suas Técnicas de Reprodução, *Os Pensadores*, p. 17.

Barba, Antunes e Grotowski, ao contrário, lutam contra a perspectiva utilitária do corpo. Procuram, antes, livrar o ator de suas amarras culturais e ideológicas, de maneira a estabelecer uma nova cultura corporal, baseada em uma filosofia que lhe permita uma expressividade livre de bloqueios e de truques. Há, em todos eles, o desejo, a utopia de construir um mundo melhor e, para isso, investem na formação do ator como artista e como pessoa.

A idéia de uma hierarquia da mente sobre o corpo contou, durante muito tempo, com o respaldo de parcela considerável da ciência. Representada magistralmente na máxima de Descartes, "penso, logo existo", a valorização da razão, em detrimento dos sentidos, da experiência como fonte de conhecimento, deixaria marcas profundas no pensamento ocidental. Esse mito racionalizante permeia, ainda hoje, de forma subliminar, nosso modo de agir e de pensar. É preciso, no entanto, reconhecer a ideologia por trás do fenômeno e, a exemplo dos atores de Barba, Grotowski e Antunes, empreender um estranhamento radical de nossas concepções e tendências naturalizantes para, quem sabe, a partir daí, tentar construir um modelo, uma *práxis*, na qual matéria e espírito sejam complementares. Só assim será possível resgatar a dimensão do prazer e do equilíbrio; vivenciar a experiência humana em toda a sua amplitude, em toda a sua grandeza.

A experiência de grupos como o Odin Teatret, o Workcenter e o CPT demonstra que tudo o que se relaciona ao ser humano, inclusive ao seu corpo, é construção. E que, sendo assim, podemos escolher aquela que mais nos satisfaça. Como cientistas sociais, devemos abandonar a aparente neutralidade em que confortavelmente nos instalamos e ousar efetuar escolhas, dizer de que lado estamos, pois não estamos livres de idealizações. Nosso olhar é permeado por injunções tanto objetivas quanto subjetivas. Nossos imponderáveis poluem a tão propalada neutralidade. Fazem dela uma neutralidade suspeita. Sendo assim, nenhuma ciência está livre de valores. Nossa (suposta) imparcialidade esbarra no ambiente social em que nos formamos como pessoa e como profissionais. Vivemos em mundos diferentes, compreendemos de modo diferente os mesmos fatos do dia-a-dia. E, se o sol brilha, nem todos o percebem da mesma maneira. Por esse motivo, o indivíduo, sobretudo o cientista, precisa assumir sua responsabilidade como construtor de significados.

7. A Neve por sobre a Escada

Quem procura só encontra se pratica com o coração

THOMAS RICHARDS

É provável que muitas das idéias e práticas registradas neste livro já tenham sido reformuladas por seus criadores, e que a própria continuidade da experiência os tenha levado a outra direção. O propósito aqui, no entanto, foi o de tentar captar o que por si próprio é efêmero, na esperança de que tal registro sirva como instrumento de reflexão sobre a prática teatral e sobre nós mesmos. Como diz Schechner, "o mapa não é o território" e, assim, por mais que tenha procurado ser fiel ao pensamento e à prática dos grupos aqui analisados, este trabalho será sempre uma indicação, uma forma de olhar particular, um ângulo possível dentre dez mil outros. Espero, contudo, que ele possa ser útil aos atores e aos pesquisadores que, como eu, se interessam pelo teatro.

Muitos autores têm trabalhado com a questão da crise da arte no século XX. Gadamer, por exemplo, acredita que essa se deve à quebra de uma tradição que, até o século XIX, vinha sendo uniforme. De acordo com ele, em outras épocas, a arte fazia parte de um "grande contexto justificativo com o mundo que a rodeava" e, sendo assim, era capaz de realizar "uma integração evidente entre comunidade, sociedade, igreja e a autoconsciência do artista criador"[1]. O problema, segundo ele, é que, desde o século XIX, justamente essa "autoconsciência e, com ela, o traço comum dessa evidência abrangente" deixaram de existir[2].

---

1. H-G. Gadamer, *A Atualidade do Belo*: a arte como jogo, símbolo e festa, p. 16.
2. Idem, ibidem.

Walter Benjamin também se viu às voltas com a questão. Para ele, o declínio da aura da obra de arte coincide com o advento de suas técnicas de reprodução. Duas tendências "dentro das massas" seriam responsáveis por esse declínio, em sua opinião. De um lado, a exigência de tornar as coisas mais próximas, humana e espacialmente, e, de outro, a tendência para acolher as reproduções e "depreciar o caráter daquilo que é dado apenas uma vez"[3]. Ora, o teatro é, por definição, "aquilo que é dado uma única vez", que surge diante dos olhos, como diz Grotowski e, portanto, não é passível de ser reproduzido em série. O teatro é a arte do efêmero; volatiza-se, tão logo começa a existir. Metáfora e, ao mesmo tempo, metacomentário de seu tempo, padece dos mesmos males que as sociedades contemporâneas. Em uma época como a nossa, em que a medida da transcendência é dada por valores como poder aquisitivo e sucesso, o teatro parece ter duas opções: navegar a favor ou contra a maré.

Sendo assim, poderíamos dizer que a crise que atinge a obra de arte na era das reproduções é a mesma que atinge o teatro, seja do ponto de vista da perda de contato com a tradição, seja do ponto de vista das imposições de um mercado consumidor cada vez mais voraz, que tende a transformar tudo o que toca em mercadoria descartável. O teatro não é obra que se reproduza. Se, graças à palavra escrita, os grandes textos dramáticos se perenizam, o mesmo não acontece com o espetáculo teatral: ele é arte fugaz que a cada apresentação se desvanece. Processo semelhante se verifica em relação às suas técnicas. Essa qualidade do efêmero, esse *potlatch* simbólico que o teatro representa – sobretudo o teatro de pesquisa, que não quer ser a "baleia morta", de que falava Grotowski –, enfrenta muitas provações para se manter vivo em um mundo cada vez mais prosaico e pouco afeito a rituais.

Em suas origens, o teatro sempre esteve ligado à experiência do sagrado. Tanto o Egito quanto a Índia, a China e a Grécia viram o teatro nascer de ritos e celebrações religiosas. Teatro e religião eram, então, indissociáveis, como, de fato, ainda o são em diversas culturas contemporâneas. É o caso, por exemplo, do *Kathakali* indiano, das tradições teatrais balinesas, e de certas tradições brasileiras, que, embora *ainda* não sejam reconhecidas como teatro, possuem, no entanto, forte teatralidade. O teatro, nessas circunstâncias, é permeado por códigos de conduta compartilhados pela comunidade e pelo artista. Nele transitam deuses e demônios, heróis míticos e seres fantásticos, que habitam o imaginário coletivo. Sua saga, suas tragédias e iluminações resgatam o sentido da transcendência, das várias faces da experiência humana.

À semelhança do mito platônico do cortejo divino, em que a alma, tendo contemplado a verdade, perde às vezes suas asas e precisa con-

---

3. W. Benjamin, A Obra de Arte na Época de Suas Técnicas de Reprodução, *Os Pensadores*, p. 9.

templar o belo para resgatá-las, o teatro, nesses contextos, se serve da beleza poética como uma "reminiscência do que nossa alma viu quando andava na companhia dos deuses"[4]. É essa mítica unidade original, que se supõe perdida, que Barba, Grotowski, Antunes Filho e seus companheiros de pesquisa buscam alcançar com sua arte. Ou seja, que o teatro, ainda que efêmero, possa se transformar nesse pequeno momento de transcendência, em que o ator, por meio de sua arte, devolve aos mortais as suas asas.

Espaço de transcendência ou puro entretenimento, sagrado ou profano, o teatro sempre foi marcado por uma constante: para existir, é necessário, pelo menos, um ator e um espectador[5]. Dependendo do contexto cultural em que esteja inserido, o teatro pode suscitar diferentes imagens e significados. Entretanto, a idéia de que existe alguém que realiza o ato e alguém que presencia a atuação parece se encontrar em todas as tradições. Mesmo em Bali, onde sequer existe a palavra teatro e a representação não se dissocia da religião, há aqueles que são treinados, preparados para representar, e aqueles que assistem a representação.

A Arte como Veículo, idealizada por Grotowski, situa-se no extremo oposto da corrente teatral denominada por ele Arte como Apresentação. Constitui uma experiência liminar, na qual o teatro torna-se uma espécie de prática espiritual, em que a noção de platéia foi eliminada e substituída pela de testemunha. A proposta do Workcenter de Pontedera é singular, uma vez que, ao eliminar a figura do espectador, distancia-se tanto do teatro comercial como do teatro experimental e, mesmo, do teatro sagrado, como, por exemplo, o *Kathakali*, que, a despeito de representar igualmente um caminho de ascese e de autoconhecimento para seus integrantes, comporta espectadores.

Conduzidas, tal como títeres, pelas mãos do mercado, as sociedades contemporâneas vêm, gradativamente, se distanciando de todo e qualquer valor que não seja o da produtividade. Há um evidente desequilíbrio provocado pela ênfase na racionalidade em detrimento do simbólico. A busca de desvendar outras dimensões do processo teatral, por meio da utilização de técnicas que possuem forte conotação espiritual, aliadas a estruturas tomadas de empréstimo aos rituais – sejam eles antigos ou contemporâneos –, denota a preocupação e o esforço desses grupos de reagir contra esse processo, fazendo de seu ofício uma forma de reencantamento do mundo. Experiências como essas, que ressaltam o valor da artesania, parecem seguir na contramão da modernidade.

O século XXI é caracterizado pela pulverização dos valores, das crenças, do sentido do coletivo. A globalização, na realidade, mascara

---

4. Platão, Fedro, (249c), *Diálogos*, v. V, p. 60.
5. O dramaturgo espanhol Lope de Vega costumava dizer, a esse respeito, que, para ele, bastavam "quatro cavaletes, quatro pranchas, dois atores e uma paixão" (F. Lope de Vega apud P. Marchand, *O Teatro no Mundo*, p. 21).

o exílio e o isolamento a que foram submetidas as pessoas em relação aos conteúdos, aos costumes e às práticas simbólicas de suas tradições. Sob a atraente embalagem desenvolvimentista, modernizante, esconde-se, na verdade, uma caixa de Pandora. No que diz respeito ao teatro, enquanto Arte como Apresentação, por mais que se tente fazer dele uma arte tecnológica, capaz de concorrer com o cinema e a televisão e, hoje em dia, com o vídeo, a internet e todos os interativos (que, na verdade, fazem interagir o que está distante, distanciando o que é próximo), ele será sempre o encontro entre ator e espectador. Afinal, é a presença física, orgânica, de ambos, em um mesmo espaço, que tece o fio da representação, o ato teatral, "a neve por sobre a escada", a que se refere Roberta Carreri.

O teatro essencial de Eugenio Barba, Antunes Filho e Jerzy Grotowski possui a força germinal das utopias. Em conjunto com seus atores, eles tratam de abrir caminhos, de construir alternativas que garantam o espaço da transcendência, do simbólico. Como diria o grande poeta Antonio Machado: "Caminhante, não há caminhos, caminhos se fazem, ao caminhar".

O racionalismo implicou a idéia de um controle que se localiza na mente, deixando como herança a noção de pessoa que só existe porque pensa. Assim, nega-se ao corpo a possibilidade da racionalidade. Desconsidera-se a hipótese de que o pensamento possa vir do corpo, embora se aceite que o movimento venha da cabeça. A experiência do teatro lança luz sobre essas questões e demonstra que o corpo possui sabedoria, memória e inteligência.

Antunes, Barba e Grotowski não estão interessados em formar especialistas em teatro, ou virtuoses, mas em fazer de seu ofício um meio para ampliar as capacidades humanas. Há, em suas concepções teatrais, a busca de reintegração dos diversos níveis da experiência, a partir da noção de complementaridade. O corpo passa a ser visto como instrumento por excelência da experiência reintegradora. Ele é a ponte, a escada que permite transitar entre mundos. De forma que o treinamento do ator, no contexto do teatro de pesquisa, funciona como uma bússola que o orienta em sua prática teatral e em sua vida cotidiana. Ele é a base sólida de onde partir. É a estrutura por detrás do vôo.

Em uma época em que a cibernética e a multimídia ocupam cada vez mais espaço no dia-a-dia das relações interpessoais, e em que as regras de mercado ditam as preferências e absorvem toda e qualquer ameaçadora diferença, torna-se imprescindível resgatar a dimensão simbólica da vida, garantir espaços de transcendência e de troca que não seja monetária. Nesse contexto, é fundamental "não se deixar seduzir pela pele, pela superfície, pelos resultados", como diz Eugenio Barba. Voltar a contemplar e a valorizar a lógica dos processos e não a dos resultados.

É nesse sentido que trabalham os grupos de pesquisa teatral: estabelecer uma identidade para o ator e, em conseqüência, para o indivíduo, que não seja aquela ditada pela sociedade de consumo. Se o teatro parece ter perdido a força, o significado, a importância, é porque se deixou seduzir pelo argumento de que é puramente lugar de entretenimento, de diversão, de fuga do cotidiano. Não se pode negar a importância do teatro como entretenimento. No entanto, é necessário preservar-lhe também o espaço da sombra, do imponderável da vida humana.

O teatro, obra coletiva, metáfora das realidades, reedita constantemente os mitos de supressão da opressão. Libertário, igualitário, o teatro é esse espaço possível de transcendência, de liminaridade em que se desenrolam as paixões humanas. Esta é a especificidade do teatro: o encontro de humanidades, de tradições; a téssera platônica em que nos reconhecemos, sempre renovados.

Tu és o herdeiro.
Filhos são herdeiros,
os pais finam-se primeiro.
Mas filhos ficam e florescem.
Tu és o herdeiro:

RILKE

Bibliografia

ARISTÓTELES. *Arte Retórica e Arte Poética*. São Paulo: Difusão Européia do Livro, 1959.
ARTAUD, Antonin. *O Teatro e Seu Duplo*. São Paulo: Max Limonad, 1984.
ASLAN, Odette. *O Ator no Século XX*. São Paulo: Perspectiva, 1994.
AUSTIN, J. L. *How to Do Things with Words*. Cambridge: Harvard University, 1975.
BACHELARD, Gaston. *O Direito de Sonhar*. Rio de Janeiro: Bertrand Brasil, 1994.
BARBA, Eugenio. *Além das Ilhas Flutuantes*. São Paulo; Campinas: Hucitec; Unicamp, 1991
____. *A Arte Secreta do Ator*: dicionário de Antropologia Teatral. São Paulo: Editora Hucitec/ Campinas: Editora da Unicamp, 1995.
____. *A Canoa de Papel*: tratado de Antropologia teatral. São Paulo: Hucitec, 1994.
BARBA, Eugenio; SAVARESE, Nicola. *Anatomia del actor*: diccionario de Antropologia Teatral. México, DF: Gaceta; Universidad Veracruzana/SEP-INBA/Ista, 1988. (Colección Escenologia).
BENJAMIN, Walter. A Obra de Arte na Época de Suas Técnicas de Reprodução. In: *Os Pensadores*. São Paulo: Abril Cultural, 1980.
BLACKING, John. *The Anthropology of the Body*. London: Academic, 1977.
BORNHEIM, Gerd. *O Sentido e a Máscara*. São Paulo: Perspectiva, 1975.
BRANDÃO, Junito de Souza. *Teatro Grego*: tragédia e comédia. Petrópolis: Vozes, 1985.
BRECHT, Bertolt. *Estudos sobre Teatro*. Rio de Janeiro: Nova Fronteira, 1978.
BRODSKY, G. *Do Jardim do Éden à Era de Aquarius*: o livro da cura natural. Rio de Janeiro: Ground Informação, 1977.

CAPRA, Fritjof. *O Tao da Física*: um pararelo entre a física moderna e o misticismo oriental. São Paulo: Cultrix, 1984.
CARVALHO, José Jorge de. Antropologia: saber acadêmico e experiência iniciática. In: *Anuário Antropológico/90*. Rio de Janeiro: Tempo Brasileiro, 1993.
_____. O Encontro de Velhas e Novas Religiões: esboço de uma teoria dos estilos de espiritualidade. In: MOREIRA, Alberto; ZICMAN, Renée (orgs.). *Misticismo e Novas Religiões*. Petrópolis: Vozes, 1994.
_____. Antropologia e Esoterismo: dois contradiscursos da modernidade. In: *Revista Horizontes Antropológicos*. UFRGS; IFCH. Programa de Pós-Graduação em Antropologia Social. Porto Alegre: PPGAS, ano 1, n. 1, 1998.
CASTRO, Altino C. *Cidadela da Rosa*: com fissão da flor. Brasília: Horizonte, 1980.
CASTRO, Rita de Cássia de A. *Da Persona ao Si Mesmo*: uma visão antropológica do teatro de pesquisa. Dissertação de Mestrado apresentada ao PPGAS do DAN, Universidade de Brasília, 1992.
CHEVALIER, J.; GHEERBRANT, A. *Dicionário de Símbolos*: mitos, sonhos, costumes, gestos, formas, figuras, cores, números. Rio de Janeiro: José Olympio, 1988.
COOMARASWAMY, Ananda K. *Sobre la doctrina tradicional del arte*. Barcelona: La Tradición Unânime, 1983.
_____. *La danza de Siva*. Madrid: Siruela, 1996.
CRAPANZANO, Vincent. The Self, the Third, and Desire. In: *Hermes's Dilemma & Hamlet's Desire: on the epistemology of interpretation*. Cambridge, Mass.: Harvard University Press, 1992.
DIDEROT, Denis. Paradoxo do Comediante. In: *Textos Escolhidos*. São Paulo: Abril Cultural, 1979. (Coleção Os Pensadores).
DURAND, Gilbert. *As Estruturas Antropológicas do Imaginário*. São Paulo: Martins Fontes, 1997.
DURKHEIM, Émile. *As Formas Elementares da Vida Religiosa*: o sistema totêmico da Austrália. São Paulo: Paulinas, 1989.
ELIADE, Mircea. *O Mito do Eterno Retorno*: arquétipos e repetição. São Paulo: Martins Fontes, 1985.
_____. *Imagens e Símbolos*: ensaio sobre o simbolismo mágico-religioso. São Paulo: Martins Fontes, 1991.
ERIKSON, Philippe. Pères Fouettards en Amazonie: bats-moi, mais tout doucement. In: *L'univers du vivant*, n. 20, 1987.
EVANS-PRITCHARD, E. E. *Bruxaria, Oráculos e Magia entre os Azande*. Rio de Janeiro: Zahar, 1978.
FERREIRA, Aurélio Buarque de Holanda. *Novo Aurélio Século XXI*: o dicionário da língua portuguesa. Rio de Janeiro: Nova Fronteira, 1999.
FIRTH, Raymond. O Contexto Social da Arte Primitiva. In: *Elementos de Organização Social*. Rio de Janeiro: Zahar, 1974.
FOUCAULT, Michel. *A Ordem do Discurso*. São Paulo: Loyola, 1996.
FREUD, Sigmund. Sonhos e Ocultismo. In: *Novas Conferências Introdutórias sobre Psicanálise*. Rio de Janeiro: Imago, 1976. (Pequena coleção das obras de Freud, livro 28).
GADAMER, Hans-Georg. *A Atualidade do Belo*: a arte como jogo, símbolo festa. Rio de Janeiro: Tempo Brasileiro, 1985.

____. *Verdad y método:* fundamentos de una hermenéutica filosófica. Salamanca: Sígueme, 1988.

GEERTZ, Clifford. *The Interpretation of Cultures.* New York: Basic Books, 1973.

____. *A Interpretação das Culturas.* Rio de Janeiro: LTC, 1989.

GOFFMAN, Erving. *A Representação do Eu na Vida Cotidiana.* Petrópolis: Vozes, 1985. (Antropologia; 8).

GRIMAL, Pierre. *O Teatro Antigo.* Lisboa: Edições 70, 1986.

GROTOWSKI, Jerzy. *Em Busca de um Teatro Pobre.* Rio de Janeiro: Civilização Brasileira, 1992.

____. *Qué significa la palabra "teatro"?* Buenos Aires: Almagesto, 1992. (Colección Mínima).

____. De la compagnie théâtrale à l'art comme véhicule. In: RICHARDS, Thomas. *Travailler avec Grotowski sur les actions physiques.* Paris: Actes Sud, 1995.

GUÉNON, René. *Le symbolisme de la croix.* Paris: 1931.

INNES, Christopher. *El teatro sagrado:* el ritual y la vanguardia. México, DF: Fondo de Cultura Económica, 1992.

JAKOBSON, Roman. *Selected Writings,* v. II. Paris: Mouton, 1971.

____. *Lingüística e Comunicação.* São Paulo: Cultrix. s. d.

KLEIST, Heinrich von. Sobre o Teatro de Marionetes. In: *A Marquesa d'O ... e Outras Histórias.* Rio de Janeiro: Imago, 1992.

KONDO, Dorine. The Way of Tea: a symbolic analysis. In: MAN, v. 20. 1985.

LARROUSSE. *Grande Enciclopédia Delta Larousse.* Rio de Janeiro: Delta, 1973.

LE GOFF, Jacques. *O Imaginário Medieval.* Portugal: Editorial Estampa, 1994.

LEACH, Edmund. Ritualization in Man. In: LESSA, W.; VOGT, E. (eds.), *Reader in Comparative Religion.* New York: Harper & Row, 1972.

LÉVI-STRAUSS, Claude. *La voie des masques.* France: Plon, 1979.

LIMA FILHO, Manuel F. *Hetohokÿ:* um ritual Karajá. Goiânia: UCG, 1994.

MACHADO, Antonio. *Poesias Completas.* Buenos Aires: Espasa Calpe, 1993.

MAGALDI, Sábato. *Iniciação ao Teatro.* São Paulo: Ática, 1994.

MARCHAND, Pierre. *O Teatro no Mundo.* São Paulo: Melhoramentos, 1995.

MARX, Karl; ENGELS, F. *Sur la littérature et l'art.* Paris: Sociales, 1954.

MAUSS, Marcel. *Sociologie et anthropologie.* Paris: Presses Universitaires de France, 1968.

____. *Sociologia e Antropologia.* São Paulo: E.P.U./EDUSP, 1974. v. 2.

____. *Sociologia e Antropologia.* São Paulo: Cosac & Naify, 2003.

MAYER, Fred; IMMOOS, Thomas. *Japanese Theatre.* Londres: Studio Vista, 1977.

MELATTI, Júlio Cezar. *Índios do Brasil.* São Paulo: Hucitec; Brasilia: UnB, 1987.

MOGK, Eugen. *Mitologia Nórdica.* Barcelona: Labor, 1932.

ORTEGA Y GASSET, José. *A Idéia do Teatro.* São Paulo: Perspectiva, 1991.

PEIRCE, Charles. *Semiótica.* São Paulo: Perspectiva, 1995. (Coleção Estudos).

PAVIS, Patrice. *Dicionário de Teatro.* São Paulo: Perspectiva, 1999.

PESSANHA, José Américo. Bachelard: as asas da imaginação. In: BACHELARD, Gaston. *O Direito de Sonhar.* Rio de Janeiro: Bertrand Brasil, 1994.

PESSOA, Fernando. *O Eu Profundo e os Outros Eus*. Rio de Janeiro: Nova Fronteira, 1980.

PLATÃO. Fedro. In: *Diálogos*, v. v. Belém: Universidade Federal do Pará, 1975.

_____. O Banquete. In: *Os Pensadores*. São Paulo: Nova Cultural, 1987.

RAMOS, Alcida R. *Vozes Indígenas*: o contato vivido e contado. Brasília: UnB, 1988. (Série Antropológica, n. 66).

RENOIR, Jean. *Escritos sobre Cinema, 1926-1971*. Rio de Janeiro: Nova Fronteira, 1990.

REPENSADOR, O. *Bravo*, ano 1, n. 9, jun. 1998.

RICHARDS, Thomas. *Travailler avec Grotowski sur les actions physiques*. Paris: Actes Sud, 1995.

RODRIGUES, Patrícia M. *O Povo do Meio*: tempo, cosmo e gênero entre os Javaé da Ilha do Bananal. Dissertação de Mestrado apresentada ao PPGAS do DAN, UnB, 1993.

RUMI, Jalal ud-Din. *Poemas Místicos*: Divan de Shams de Tabriz. São Paulo: Attar, 1996.

SAHLINS, Marshall. *Historical Metaphors and Mythical Realities*. Michigan University, 1981.

SANTOS, Ana Flávia M. *Linguagem e Construção*: considerações sobre a peça "O Beijo no Asfalto: tragédia carioca em três atos". Trabalho apresentado no curso de Ritos Sociais; DAN, UNB, 1994.

SAUSSURE, Ferdinand. *Curso de Linguística Geral*. São Paulo: Cultrix, 1974.

SCHECHNER, Richard. *Between Theater and Anthropology*. University of Pennsylvania, 1985.

SHAKESPEARE, William. *Hamlet, príncipe da Dinamarca*. Rio de Janeiro: Nova Aguilar, 1988.

SKEEL, Rina (Org.). *A Tradição da Ista*. Londrina: Filo, 1994.

STOCKING JR., George. *Observers Observed:* essays on ethnographic fieldwork. Madison: The University of Wisconsin Press, 1983.

TAMBIAH, Stanley J. *Culture, Thought and Social Action:* an anthropological perspective. Cambridge: Harvard University, 1985.

TEATRO de Antunes Filho, El. *La Escena Latinoamericana*, n. 6, maio 1991.

TODOROV, Tzvetan. *A Conquista da América*. São Paulo: Martins Fontes, 1982.

TRAJANO FILHO, Wilson. *Músicos e Música no Meio da Travessia*. Dissertação de mestrado apresentada ao PPGAS do DAN, Universidade de Brasília, 1984.

TURNER, Victor. *The Forest of Symbols*. Ithaca: Cornell University, 1967.

_____ *From Ritual to Theatre:* the human seriousness of play. New York: PAJ, 1982.

_____ *Dramas, Fields, and Metaphors:* symbolic action in human society. Ithaca and London: Cornell University, 1975.

VALOR do Sucesso, O. *Veja*, ano 31, n. 43, out. 1998.

VAN GENNEP, Arnold. *Os Ritos de Passagem*. Petrópolis: Vozes, 1978.

ENTREVISTAS

ANTUNES FILHO (Diretor. Grupo Macunaíma, do Centro de Pesquisa Teatral – CPT/Sesc. São Paulo), realizada em 4.4.1998, São Paulo.
CARLOS SIMIONI (Ator. Grupo Lume. Campinas-SP), realizada em 7.6.1998, Belo Horizonte.
DANIELA NEFUSSI (Atriz. Grupo Macunaíma, CPT/Sesc. São Paulo), realizada em 4.4.1998, São Paulo.
EUGENIO BARBA (Diretor. Odin Teatret. Holstebro-Dinamarca), realizada em 8.6.1998, Belo Horizonte.
FRANÇOIS LECOQ (Ator/ dançarino e diretor. École Jacques Lecoq. Paris-França), realizada em 08.06.1998, Belo Horizonte.
GABRIEL NÓBREGA (Músico. Teatro Brincante. São Paulo), realizada em 3.4.1998, São Paulo.
IBEN NAGEL RASMUSSEN (Atriz. Odin Teatret. Holstebro-Dinamarca), realizada em 08.06.1998, Belo Horizonte.
JOSÉ CELSO MARTINEZ CORRÊA (Ator e Diretor. Teatro Oficina Usyna Uzona. São Paulo), realizada em 3.6.98, Belo Horizonte.
MARCO DE MARINIS (Professor. Universidade de Bolonha-Itália), realizada em 28.5.1998, Belo Horizonte.
PATRICE PAVIS (Professor. Paris VIII. França), realizada em 5.6.1998, Belo Horizonte.
PAULO AUTRAN (Ator. Brasil), realizada em 2.5.1998, Brasília-DF.
RAIMUND HOGHE (Ator/ Dançarino, Dramaturgo e Diretor. Alemanha), realizada em 5.6.1998, Belo Horizonte-MG.
RICARDO NAPOLEÃO (Ator. Brasil), realizada em 8.6.1998, Belo Horizonte.

Impresso em São Paulo, em outubro de 2008,
nas oficinas da Gráfica Vida e Consciência,
para a Editora Perspectiva s.a.